U0559118

全国教育科学“十三五”规划2018年度国家青年课题
“乡村振兴战略下农村成人教育网格组团学习模式研究”（CLA180280）

◎现代教育治理丛书

农民学习故事

田野中的
网格组团学习模式

马颂歌　王　雨——著

Stories of Farmer Learning

The Grid-Group Learning Model in the Field

·杭州·

图书在版编目（CIP）数据

农民学习故事：田野中的网格组团学习模式 / 马颂歌，王雨著. -- 杭州：浙江大学出版社，2025.7

ISBN 978-7-308-26548-5

Ⅰ. G725

中国国家版本馆 CIP 数据核字第 20252PL279 号

农民学习故事：田野中的网格组团学习模式

NONGMIN XUEXI GUSHI:

TIANYE ZHONG DE WANGGE ZUTUAN XUEXI MOSHI

马颂歌　王　雨　著

策划编辑　吴伟伟

责任编辑　梅　雪

责任校对　刘婧雯

封面设计　雷建军

出版发行　浙江大学出版社

（杭州市天目山路 148 号　邮政编码 310007）

（网址：http://www.zjupress.com）

排　　版　大千时代（杭州）文化传媒有限公司

印　　刷　杭州高腾印务有限公司

开　　本　710mm×1000mm　1/16

印　　张　19.75

字　　数　292 千

版 印 次　2025 年 7 月第 1 版　2025 年 7 月第 1 次印刷

书　　号　ISBN 978-7-308-26548-5

定　　价　98.00 元

目　录

CONTENTS

绪　论

一、我国农村成人教育的历史沿革

笔者出生于20世纪80年代，那时候，农村成人教育似乎是一项“说起来重要，做起来次要，忙起来不要”[①]的事业。尽管“忙起来不要”，但在不那么忙的时候，还是有许多区县取得了一些成就。比如杨树铮老先生耕耘了30年的江苏吴县(现已并入苏州市)，1980年基本完成了扫盲任务；“从1983年开始由点到面逐步发展乡镇成人教育中心校”[②]，改变了农村成人教育“长期处于一无办学基地，二无专用教室，三无教育设备的‘打游击’状况”[③]；20世纪80年代末又重点发展电视教育，解决了农村成人教育师资不足、教材不足、地点闭塞的问题。

杨老在1984年撰写的文章中说，“农民教育的基本目的是：提高劳动生产率，使农村经济得到较快发展”；“农民教育的对象和内容，要从当地农村实际出发，与农民的生产、生活相联系，与分工分业后不同教育对象的特点和要求相适应，进行文化教育和各种专业技术教育，实行务农学农，务林学林，务牧学牧，务副学副，务渔学渔，务商学商，务工学工”。[④] 农民教育需要投资，但受过

---

① 杨树铮.农村成人教育改革与发展[M].苏州：苏州大学出版社，2018：32.

② 杨树铮.农村成人教育改革与发展[M].苏州：苏州大学出版社，2018：44.

③ 杨树铮.农村成人教育改革与发展[M].苏州：苏州大学出版社，2018：16.

④ 杨树铮.农村成人教育改革与发展[M].苏州：苏州大学出版社，2018：22-23.

教育和培训的劳动者,“一旦与社会生产结合起来,就能创造出巨大的物质财富”①。彼时的农村成人教育,“主要是对已经走上各种生产或工作岗位的从业人员进行的教育”②(以农民和乡镇企业的工人为主),奉行缺啥补啥、干啥学啥、学用结合、学以致用的指导原则。那时候的农村成人教育同社会生产的结合十分紧密(比如帮助乡镇企业大幅降低废品率和事故率),为地方经济建设提供了实打实的服务,提高了地方经济效益。

教育内容上,20 世纪 80 年代的我国东部发达地区的农村成人教育先是完成了扫盲教育的收尾工作,接着转向文化教育(更高级别的读写教育、学历教育等)和技术教育,随后又加入了政治教育。教育组织形式上,县级以下主要是乡镇成人学校指导下的村(厂)办学——成人学校发挥集成作用和指导作用,将乡镇一级的成人教育课程、师资和教材全部集中,帮助村(厂)解决办学过程中遇到的问题,监督村(厂)办学,同时利用电视教育的手段提供更多的教育机会。以上教育内容和组织形式直到 20 世纪 90 年代初仍收效甚丰,中西部地区虽然进程较慢,但也经历了类似的阶段。照此势头,我国的农村成人教育必定大有可为。然而,如今的农村成人教育在气势上远不及当初,甚至略显凋敝,由此倒推,过去近 30 年或许发生了一些变化,改变了我国农村成人教育的发展趋势。

其一,文盲和低学历者的“存量”逐渐耗尽,而基础教育的普及又有效遏制了二者的增量,在客观上抢夺了文化教育这一主营业务。其二,乡镇企业的技术发展牵出了两个问题:一是乡镇企业的技术水平超出了成人学校的技术教育指导能力;二是技术的涉密性筑起了成人学校和乡镇企业之间的壁垒。其三,随着企业培训类著作的引进和推广,乡镇企业的内部培训能力得到了较大提升。越来越多的技术供应方有能力为乡镇企业提供更为直接的技术指导,在客观上抢夺了成人学校的技术培训业务。其四,1988 年,国家教委开始实施“燎原计划”③,将大部分的农业技术培训纳入政府部门的管辖。在一些地

① 杨树铮.农村成人教育改革与发展[M].苏州:苏州大学出版社,2018:53.

② 杨树铮.农村成人教育改革与发展[M].苏州:苏州大学出版社,2018:73.

③ 郭福昌,孙文正.“燎原计划”实施 10 周年的回顾与展望[J].教育研究,1998(12):31-36.

方，乡镇成人学校只接受乡镇政府和教育部门的领导，仅在场地和管理上配合政府部门执行培训任务，丧失了课程设计、师资选择等方面的自主权。后来，部分职业技术学校也加入了农民培训的队伍，导致乡镇成人学校的农业技术培训业务量进一步缩减。

站在国家的角度，农村成人教育的衰颓并不是坏事，反而是扫盲成功、农村基础教育普及成功、农业技术培训走向专业化的写照。既然如此，农村成人教育是否仍有存在的必要？乡镇成人学校是否应当保留建制？答案当然是肯定的。一方面，从实然角度看，成人教育和成人学校仍有一些“保留业务”，比如思想政治教育，少量的学历教育，一部分农业技术培训（有些地方的乡镇成人学校是由农业部门管理的），以及越来越多的生活、闲暇类学习活动。在一些终身教育理念深入人心的乡镇，除了单独设立乡镇党校，还将这些“保留业务”融入社区教育，鼓励村（居）民在村庄和社区中全员、随时、随处学习。随着社会的进步和老龄化的加剧，成人学校开始为老年人提供专门化的服务。由此，在许多乡镇，社区教育和老年教育成为成人教育的主营业务。

另一方面，农民的学习需求是无限的，国家所能提供的学习机会却是有限的。千百年来，广大农民始终在自己生活的土地上创造、分享着学习机会，为了谋求生计和享受生活，他们用自己的方式开展群体学习，习得他们想习得的东西并管理自己的学习活动。学界习惯用“非正式学习”[①]一词来描述这些做法，认为“农民学习主要以非正式的方式发生”[②]。正是因为“非正式”（没有固定的场所、教师和组织形式），农民对学习活动的实践创造几乎没有文字记载，导致外界误以为农民缺少这样的创造，误以为农民“不爱学习”或“不必学习”，进而导致农民自组织的学习活动一直缺少专业的指导，长期停留在某地、某时的实践水平。从当代人的区域概念出发，农民自组织的学习活动均发生在村庄和社区之中，属于社区教育的范畴。因此，从应然的角度看，农村成人教育

① Marsick V, Watkins K. Informal and Incidental Learning in the Workplace[M]. London: Routledge, 1990:26-27.

② 赵雨，康红芹．新型职业农民培育路径探析——基于女性视角的个案研究[J]．职教论坛，2020(2):108-114.

不仅应当致力于“保留业务”和老年教育，而且应当在终身学习的理念下，研究农民学习的规律，关心、指导农民在村庄和社区中自主发起的学习活动，以更新颖的治理模式，和农民一同进行农村成人教育治理，推动农村成人教育自治。为了实现这一目标，首先需要把握我国农村成人教育的治理现状。

二、我国农村成人教育的治理现状

比起管理，治理更强调主体多元、渠道多样和资源共享①。当代社会的治理讲求“纵向到底”和“横向到边”②。其中，“纵向是一个结构性用语。从政治学的角度看，‘纵向到底’主要指自上而下的政府治理一直延伸到社会最底部，俗话说便是‘一竿子插到底’”③。“纵向到底”体现的是国家政治权力向基层的延伸，更偏重权力如何触及每一个基层组织和百姓，是“官治”的体现；“横向到边”关注的是民间组织和百姓如何在“官治”尚未触及或尚未生效的地方予以补充，属于“民治”的范畴。

（一）我国农村成人教育治理的“纵向到底”

“官治”方面，中国社会素有“皇权不下县”的说法，即如费孝通先生所言，“中央所派遣的官员到知县为止，不再下去了，自上而下的单轨只筑到县衙门就停了，并不到每家人家大门前或大门之内的”④。“尽管吃皇粮的官员不下县，县级以下却一直有‘皇权’，这就是国家权力的‘纵向到底’。”⑤田野政治学家徐勇曾论述过我国的国家权力从传统历史时期的“税收到底”到计划经济时

---

① 张文显，徐勇，何显明，等. 推进自治法治德治融合建设，创新基层社会治理[J]. 治理研究，2018(6)：5-16.

② 徐勇. 现代国家的建构与村民自治的成长——对中国村民自治发生与发展的一种阐释[J]. 学习与探索，2006(6)：50-58.

③ 徐勇. 何为“纵向到底”？[EB/OL]. (2023-04-11)[2023-04-12]. https://mp. weixin. qq. com/s/DnLIXdzJdNNZZMRN3Zh8vw.

④ 费孝通. 乡土中国　生育制度　乡土重建[M]. 北京：商务印书馆，2011：381.

⑤ 徐勇. 何为“纵向到底”？[EB/OL]. (2023-04-11)[2023-04-12]. https://mp. weixin. qq. com/s/DnLIXdzJdNNZZMRN3Zh8vw.

期的“任务到底”再到当下的“服务到底”的转变：从建立以皇帝为代表的中央集权国家开始，“皇权”便一直延伸到社会最底部，比如宋代到民国的保甲制度，其主要目的是获取税收，这就是“税收到底”；20 世纪以来，特别是 1949 年后，国家政权开始进入乡村，人民公社作为自上而下的基层政权组织，除了生产、税收，还要负责完成各级安排的任务，这就是“任务到底”；农村改革后，人民公社体制被废除，国家实行“乡政村治”，设立乡镇政府和村民委员会，开始转向“服务到底”。①

对照以上阶段划分，扫盲时期的农村成人教育基本是“任务到底”，文化教育、技术教育、政治教育并重的农村成人教育则处于“任务到底”向“服务到底”的过渡时期。随着生产技术的进步、社会分工的改变、教育的普及和社区教育理念的渗透，文化教育逐渐由普教系统的中小学接手，技术教育逐渐由农业部门和职业技术学校分担，政治教育逐渐由专门设立的党校承担，以生活技能和闲暇技艺为主体的社区教育逐渐成为农村成人教育的核心板块，基本上由“任务到底”转向“服务到底”。

以上海市嘉定区为例，在组织架构上，基层成人教育的“服务到底”是这样实现的：镇设立独立建制的成人中等文化技术学校（简称成人学校或成校），对应中专级别，专职教师持有初中教师资格证或高中、高校教师资格证。成人学校承担多项教育职能，包括：成人学历教育（主要是成人中专自考班，有的成校已经不再举办学历教育）；职工教育（主要是计算机、英语、会计、育婴、社会工作等职业技能培训）；社区教育（以村委会、居委会管辖区域的边界来划定服务的群体，服务于村庄、社区内的村民和居民）；老年教育（以教育对象的年龄来划定服务的群体，和社区教育中的老年教育有重合）；农民职业技能培训（主要是配合实施“燎原计划”）。有的成人学校还挂牌镇党校，承担镇内基层党员、干部的教育工作，合称“党成校”。同时，成人学校还兼具促进镇学习型社会建设的职能，拥有“镇教委办”或“镇学习型社会建设与终身教育促进委员会办公

① 徐勇.何为“纵向到底”?［EB/OL］.(2023-04-11)［2023-04-12］. https://mp. weixin. qq. com/s/DnLIXdzJdNNZZMRN3Zh8vw.

室”的身份。一线实践中，成人学校的称谓比较复杂，在不同的场合，可自称“成校”“社区学校”“老年学校”“学促办”等，于是有的成校在服务百姓时，干脆把自己写成“成人(社区、老年)学校”。

如今，“成人学校”是一个带有乡镇烙印的称谓，因为在一座城市中，城区里承担类似教育任务的单位一般会被称为“社区学校”而不是“成人学校”。站在城市本位的视角，大家一般将此类单位统称为“社区(成人)学校”，站在农村本位的视角，则统称为“成人(社区)学校”。与之对应，其上级业务指导单位在城区一般被称为“社区学院”，在郊区一般被称为“成人教育学院”。伴随城市化的进程，如今许多郊区成人学校和成人教育学院也挂牌社区学校和社区学院，但城区的社区学校和社区学院一般不会同时挂牌成人学校和成人教育学院。

在嘉定区，镇成人学校的行政主管部门是区教育局，财政拨款单位是镇政府，业务指导单位是区成人教育学院。嘉定区各成人学校的校长由嘉定区教育局任免，成校校长和成校教师的工资由镇政府发放，成校还需接受区成人教育学院(简称成教院)的业务指导，配合成教院完成各项任务。成人学校实行党委领导下的校长负责制，任命校长 1 名(多数学校由校长兼任书记)，十年轮换一次。2008 年，《上海市教育委员会关于进一步推进镇(乡)成人中等文化技术学校标准化建设的意见》提出：“镇(乡)成人学校教师编制原则上按所在乡(镇)总人口万分之一点五到万分之二配备。”①但绝大多数成人学校达不到这一要求，有些学校甚至仅有 1 个编制，校长身兼数职，实为“光杆司令”。校长之下设置若干“社区教育教师”岗位，即前文所说的乡镇成人学校专职教师，分为在编教师和编外教师两类。由于编外教师月收入过低，校长分配工作时顾虑较多，因而大多数工作由在编教师(包括校长)承担。成人学校对接设立在村(居)委中的村(居)学习点，学习点对接“办学干部”，这些办学干部还兼任村委或居委中的其他工作，接受的是村委或居委的领导，对成人学校的工作仅

---

① 上海市教育委员会. 上海市教育委员会关于进一步推进镇(乡)成人中等文化技术学校标准化建设的意见[EB/OL]. (2008-12-20)[2023-04-12]. http://edu.sh.gov.cn/cmsres/21/2109e55853a747d39759c42e671b2fb0/e5583c3b1c2c2b842c679626d74c0f46.doc.

有“配合”义务。

对应“皇权不下县”的说法，以上海市嘉定区为例，区级层面设立了嘉定区成人教育学院，同时挂牌嘉定区社区学院和上海开放大学嘉定分校，还拥有嘉定区学习型社会建设服务指导中心的身份。成教院的教师有时也会到村（居）学习点走访和指导，但他们同学习点联系的紧密程度远不及成校校长。成校校长每到一地上任，首先要把辖区内的学习点跑熟，和辖区内的村委及居委建立长期的合作与指导关系。他们还要和村（居）办学干部经常往来，熟悉村庄和居民区的特色，调研村庄和居民区的学习需求，为后续的课程设计与配送做准备。

在嘉定区，农村成人教育的“服务到底”是依靠镇成人学校来实现的。所谓“到底”，就是落实“人人皆学、时时可学、处处能学”的终身教育理念，让每一个村（居）民在每一个想学习的时刻都能在任何地方实现学习的愿望。成人学校发挥承上启下的作用，向上承接区一级的成人教育学院和区教育局，向下对接村（居）学习点，一方面贯彻区（及以上级别）的相关政策，另一方面为辖区内的村庄和居民区提供教育服务。成人学校的主营业务——思想政治教育、学历教育、职工教育、社区教育、老年教育、农民职业技能培训等，被成校工作人员称为“条线”。这些“条线”的分类维度并不一致，有的是按照教育对象划分，比如老年教育；有的是按照教育内容划分，比如思想政治教育；有的是按交叉维度划分，比如农民职业技能培训，其中“农民”是对象，“职业技能”是内容，“培训”是方式。

划分维度不一致的原因是这些“条线”并非根据学理上的逻辑起点从零开始统一划分，而是为满足不同历史阶段中的社会需求而出现，延续了当年约定俗成的称谓。这些“条线”中，社区教育和老年教育在实际工作上有许多重合，因为上海社区教育中的“社区”一般是以村委和居委的属地来划分，表现为一个行政村、一个大型居民区或者若干个居民小区的联合，由于村（居）干部的工作时间和多数村（居）民的上班时间重合，在这样的区域中开展社区教育，参加者自然以闲暇时间较多的老年人为主，这导致以属地为分类依据的社区教育在对象上和老年教育发生重合。然而“人人皆学”的社区教育是一种理想状态，以老年人为主要对象的社区教育是当前历史阶段的客观现实，二者的存在都是合理的，不能互相取代。在未来相当长的一段时期内，社区教育和老年教育在“条线”上的高度重合仍是乡镇成人教育不可避免的，大概只有在镇老年学校中专门设置的老年学习班才能算作“专门”的老年教育“条线”上的工作。

既然社区教育是实现“人人皆学”的主阵地，那么上海市农村成人教育的“服务到底”多半在社区教育“条线”上实现也就不足为奇了。根据笔者在嘉定区的调研，农村成人教育的“服务到底”分为以镇成人学校为主体的“服务到底”、以村（居）学习点[①]为主体的“服务到底”，以及镇成人学校和村（居）学习点“二级串联”的“服务到底”三种。

以镇成人学校为主体的“服务到底”是以课程的开发和配送为核心来开展的。在课程开发环节，课程的内容有两个主要来源：一是由当年或近年的上级政策文件规定；二是由成校校长根据自身所能调配的资源来决定。政策文件规定的主要是思想政治教育类的内容，校长自主选择的内容则比较多样，基本取决于校长能邀请到哪方面的师资。对大多数成人学校来说，能根据事先决定的内容列出年度课程表，校级层面的课程开发任务就完成了一大半，接下来的课程开发任务则由授课教师完成。由于绝大多数成人学校的专职教师都不具备成人教育课程开发的学历背景，加上人手不足，学校要想围绕某一主题形成系统化的课程设计，就得借助外部专业团队的力量。不过，无论是外部专业团队还是任课教师，成人社区教育的课程开发均不似中小学那般有可参照的课程标准，专业团队主要参照西方的学理标准，任课教师则主要根据自身的教学经验进行开发。后一种情况下，师资的质量基本上决定了课程的质量。

在课程配送环节，成人学校先是配送课表，再是配送师资。其过程中也有两种模式：第一种模式是成人学校在年度课程表上挑选几门课程发送给村（居）学习点上的联系人，由学习点确认报名者和授课地点后，成人学校直接派遣任课教师并开课。第二种模式是成人学校将年度课程表（包括全镇、全年、

① 村（居）学习点是指成人学校设在村委会、居委会上的村（居）民学习场所。学习点上兼管社区教育事务的社会工作者被称为“办学干部”或“教育干部”。村（居）学习点是上海市的称谓，不是全国所有地区都设立了村（居）学习点，也不是所有此类机构都这样命名。

全部可开设的课程）发送给学习点，由学习点根据村（居）民的学习需求来选择课程，再由成人学校在该学习点上开设被选中的课程并配送师资。第二种模式被称为“基层点单，学校配送”，更能满足学习点上村（居）民的个性化学习需求，因而也更能体现“服务到底”。成校校长当然知道此种模式要优于第一种模式，但由于学校及自身资源的限制，并非每一所学校都能实现年度课程表的“点单”。在资源比较单一的成人学校，全年可能只有一到两种课程，也就谈不上“点单”。

以村（居）学习点为主体的“服务到底”，主要由村委会和居委会根据上级的政策文件、本村（居）的经济社会发展需求和村（居）民的学习需求来组织，包括思想政治、安全生产、医疗健康、子女教育、传统文化、生活技能、闲暇技艺等，品类很多。村（居）学习点之间差别很大，有的学习点配备了专门的学习场所和设备，学习活动比较多样，有固定的活动安排，活动的频率也比较高；有的学习点则很难看到“学习”的影子。随着上海市社区教育品牌建设和老年标准化学习点建设的普及，许多学习点的硬件设施得到了很大改善，配备了专门的教室和专业的设备，目前的问题更多是学习场所的利用率不高。笔者跟着成人学校的校长走访学习点的时候，总能看到学习点在举办各种活动，但等到我们私下前往，总能看到点上的学习场所大门紧锁、空无一人。有些村庄的学习点创立了学习品牌，评比的时候很是热闹，平日里看上去却寂寞得很。在一些上级的“规定动作”上，村（居）学习点享有政府相应“条线”提供的师资，除此之外的大多数活动由学习点上的办学干部在辖区内自行寻找师资，课程也由任课教师来设计，课程的质量同样取决于师资的质量。无论是为成人学校授课还是为村（居）学习点授课，这些师资都算是社区教育兼职教师，都是提供无偿服务或只收取微薄的报酬，因而这些师资多数是在自身水平的基础上，依靠“情怀”或“良心”来保证课程的质量。

在镇成人学校和村（居）学习点“二级串联”的“服务到底”模式中，服务的要点多了一个，那就是“需求调研”和“需求反馈”。以成人学校为中心的模式中，成人学校的年度课程表基本上是依据上级要求和自身资源来制定的，一般不会专门开展针对村（居）民学习需求的系统性调研和走访，村（居）学习点直接接收成人学校配送的课程，或者直接在成人学校提供的年度课程表中选择课程，而不会参与制定年度课程表。通过“二级串联”模式，成人学校在制定年度课程表之前到村（居）学习点调研其地理特色、经济特色、文化特色和村（居）民的学习需求，将这些特色和需求融入年度课程表的制定，不再拘泥于学校现有的资源，而是为了满足村（居）民的需求而去拓展新的资源。师资等资源确定之后，成人学校将年度课程表下发至各学习点，学习点既可以接受成人学校经过调研走访而研发的个性化定制课程，也可以继续在年度课程表上“点单”，选择其他学习点的定制课程或通用课程。同时，学习点获得了主动提出学习需求的渠道，有机会将新的学习需求融入新一轮的个性化课程开发。

以镇成人学校为中心的模式和以村（居）学习点为中心的模式都没能实现乡镇同村庄、居民区之间的真正串联。成人学校在规划课程时更多考虑的是自身的任务和资源，村（居）学习点在开展学习活动时更多考虑的是如何调用村庄或居民区的资源，很少主动提出利用所属乡镇的资源，也很少主动与成人学校发生联系，成人学校对村（居）的指导作用比较薄弱。“二级串联”模式能让镇成人学校和村（居）学习点围绕村（居）民的学习需求而发生真正的、长期的联系，建立真实有效的合作关系。不难判断，农村成人教育的“服务到底”应当从单一中心（以成人学校或者学习点为中心）模式向“二级串联”模式转变。

然而，“二级串联”模式需要由成人学校发起，基于各成人学校不尽相同的能力和意愿，其服务水平差异较大，有的学校已经形成了比较成熟的“二级串联”模式，有的学校刚开始对这种模式的探索，有的学校的课程总量才刚能凑够一张年度课程表，有的学校还停留在配送一两门课程甚至无课可送的阶段。由此可见，单一中心模式在满足村（居）民的学习需求上有比较明显的局限性；“二级串联”模式能在一定程度上弥补这种不足，但需要一定的实现条件，比如成人学校办学经费的充足程度、成人学校及外部合作团队在课程开发上的专业程度、成人学校（尤其是校长）的积极性和主动性、校长的人脉资源和处世方式、学习点的配合意愿和学习活动承办基础、村（居）民的学习意愿和基本素养等。

(二)我国农村成人教育治理的“横向到边”

成人学校是一种“单位组织”,是纵向政治权力向基层的延伸,通过成人学校完成农村成人教育的治理可以算作“官治”。不过成人学校在乡镇成人教育的治理上有较大的自主权,尤其是以成人学校为中心的“服务到底”模式和“二级串联”式的“服务到底”模式,它们并非遵循上级单位的明文规定,而是近年来一些有能力、有意愿、有胆识的校长连同一些配合度高的村(居)学习点在实践中摸索出来的,有比较鲜明的自治性。尽管成人学校和村(居)学习点的服务可以直接落到村民、居民这一层级,但无论是单一中心模式还是“二级串联”模式,以课程为核心的送教和管理模式都无法实现对百姓学习活动的全面治理。在“纵向到底”留下的缝隙中,仍有许多空间需要“横向到边”来填补,也就是需要百姓自组织的学习活动及其管理机制来弥补。

比起“纵向到底”,学界对农村成人教育“横向到边”的研究更为欠缺,相对可参考的资料不多。通过对我国东、中、西部村庄的调研,笔者发现许多村庄都有农民自组织的学习活动,除了参加活动的农民学习者,没有任何外部力量来干涉这些活动,尤其是没有类似成人学校、村委会、居委会这样带有官方属性的单位和组织的干涉。农民根据自身的生计需求、兴趣爱好、亲缘关系等选择学习的内容,自行“发动”学习的过程并达成自己所认定的学习结果。当学习者从一个人变为若干人再变成一群人时,他们会自行组成学习群体,甚至会自行将相对非正式的学习群体转化为相对正式的学习团队。个体向群体再向团队转化的过程中,会逐渐出现团队名称、团队规则、团队分工等标志,随后,这些群体或团队会以“民治”的形式长期存在,也可能转化为“官治”管理的学习团队,体现了我国农村成人教育治理的“横向到边”。

三、网格组团学习模式的内涵

基于对上海市嘉定区江桥镇“网格化管理、组团式服务”社区教育管理模式的个案研究,以及对我国东、中、西部数十个村庄中农民学习活动和村庄网格化管理的田野调查，经过比较系统的理论分析，本书提出一种全新的、理想化的农村成人教育治理模式——网格组团学习模式。该模式主要应用于农村成人教育中的乡镇社区教育治理，根据具体应用情境，也可以称其为“网格组团教育模式”或“网格组团治理模式”。网格组团学习模式由乡镇社区教育管理层面上的“网格组团管理模式”和农民学习发生机制层面上的“网络组团学习模式”融合而来，是一种以网格为基本管理单元，以网格中的服务团队为中介，以网格中的学习团队为落脚点，以多方社会主体和多种社会资源来催生团队学习动力的农村社区成人教育治理模式。其目的是提升农村成人教育的治理水平，促进农村成人教育自治，助力乡村振兴。

（一）网格组团学习模式中的“官治”：网格组团管理模式

网格组团学习模式的第一个概念来源是上海市嘉定区江桥镇的社区教育“网格化管理、组团式服务”实践，笔者将其命名为“网格组团管理模式”，亦称“江桥模式”。网格组团管理模式是江桥镇成人中等文化技术学校的前任校长（任期：2012 年 10 月—2018 年 7 月）提出的社区教育管理模式，也是江桥镇频受嘉奖的终身教育管理品牌，分为网格化管理和组团式服务两部分。网格化管理最早是一种城市管理模式，“就是在保持原有街道—社区管理体制不变的基础上，按一定标准将城市社区划分为若干个单元网格（一般一个网格内常住人口为 4000—5000 人），并搭建与统一的城市管理数字化平台相连接的社区信息化平台，通过加强对单元网格的部件和事件的巡查，建立起一种监督与处置相分离的新型基层管理体制”[①]。“组团式服务即根据网格的划分，对应每一网格内的群众设置服务团队，通过整合公共资源，为网格群众提供多方位的动态管理和多元化、人性化、即时化、精细化服务，解决民生困苦，就地化解矛盾。”[②]江桥镇的网格组团管理模式即为网格化管理和组团式服务向乡镇成人教育的迁移和改编，为的是解决辖区内的社区教育管理问题。

---

① 田毅鹏，薛文龙. 城市管理“网格化”模式与社区自治关系刍议[J]. 学海，2012(3)：24-30.

② 胡重明. 再组织化与中国社会管理创新——以浙江舟山“网格化管理、组团式服务”为例[J]. 公共管理学报，2013(1)：63-70，140.

“网格化”主要是为了解决社区教育专职教师管理幅度(一名管理者直接管理的下属人员数)过大导致的效率低下问题。2015 年 12 月,江桥成校将镇内 56 个村(居)学习点划分为四个网格,将镇内 20 个中小学校和幼儿园组合为一个网格,称为“一级网格”;每个一级网格之内,将部分村(居)学习点上的办学干部“提拔”为网格站站长和副站长;一级网格之下,辖区内的 56 个村(居)学习点被统称为“二级网格”。江桥成校还打破了校内九名社区教育专职教师的“条线”分割,无论他们分管学历教育、技术培训还是社区教育、老年教育,除了兼任书记的校长,都要由 2—3 名教师组成一个小组,担任“联络员”,同网格站站长、副站长对接,完成网格站所集成的课程开发、师资培训、活动举办、成果展示、绩效考核等核心任务。

“组团式”有两个方面,一是组建社区教育网格管理团队,二是组建社区教育网格服务团队并送教上门。前者即为由联络员、网格站站长和副站长、村(居)学习点上的办学干部组成的管理团队,后者即为由百姓宣讲员组成的“梅源百姓宣讲团”和前文提到的“基层点单,学校配送”模式。组团式服务灵活调用社区教育专职教师、兼职教师和志愿者,任命有实力、有热情、有威望的宣讲团成员为“宣讲团长”,让身怀绝技的村(居)民成为“宣讲员”,将多样化、个性化的课程配送到学习点,满足百姓个性化的学习需求。

作为网格组团管理模式的“总控制站”,江桥成校在划分网格和组建团队的同时,还配套发布了一系列的管理制度。由于成人学校对村(居)学习点有指导权而无领导权,为了保障配套制度的效力,成人学校专门向镇领导班子申请将村(居)委的“社区教育”政绩纳入镇级考核体系,赋予一定的考核分值。在这样的网格组团管理模式中,成人学校负责发布年度计划,组织一级网格站的活动,制订并实施奖惩规定,控制网格组团管理模式的整体运营过程。一级网格上设置的网格站负责落实成人学校下发的年度计划和奖惩规定,有权组织二级网格暨村(居)学习点开展社区教育活动,有权控制网格组团管理模式在网格站及以下层级的运营。

该模式中,成人学校行使着一般管理中的计划、组织、激励和控制职能,同时将这些职能中的部分权限下放给网格站,由网格站对村(居)学习点进行直接管理。网格组团管理模式下，属地内的企事业单位、社会组织和村（居）民等多元主体只是配合成人学校和网格站的工作，并未参与网格组团制度本身的制订和协商，实施过程中的自主性也比较有限，自治程度仍有待提高。同时，笔者在调研中发现，江桥镇的网格组团管理模式对居民区的管理成效明显优于村庄。其中比较重要的原因是，以成人学校为主导的社区教育学习活动以有组织的课程为主，无论这些课程是体验式的还是讲授式的，都有比较完整的规定和组织——包括课程名称、任课教师、授课时间、授课地点、课程计划、课程教案、课程资源等——比较接近普通中小学的课程组织模式。大多数城市居民都有类似的受教育经历，因而比较适应这样的课程安排。成人学校推行此类模式的时候，明显感到居民区更容易出成果，更能做出特色和品牌，居民也比较愿意配合，甚至会争抢学习机会，而大多数村庄则呈现相反的情状。针对这种情况，成人学校一般会将原因归到农村成人学习者身上，认为他们的文化水平不高、感兴趣的内容比较“土”、学习的意愿不强烈等。假设全盘接受成人学校对农村成人学习者的假设，那么这些低文凭、“接地气”、不好学的人，是不是有他们独特的学习渠道和方式，有不同于城市居民的学习机制？关于这个问题，笔者所调研的成人学校未能给出答案，尽管有学者认为农民学习主要是非正式的，但关于农民非正式的学习如何发生，学界尚未给出系统的原理性的解答。鉴于此，本书提出了网格组团学习模式的第二层内涵——网络组团学习模式。

（二）网格组团学习模式中的“民治”：网络组团学习模式

既然“网格组团管理模式”诞生于江桥镇，理想状态下，对农民学习机制的研究也应当首先在江桥镇开展。但由于江桥镇不具备相应的田野条件，笔者及研究团队的成员无法长期居住在江桥农民的家里进行田野调查，加之笔者原本就打算研究“江桥模式”如何在我国其他乡镇推广，于是本书便将田野调查的地点转向江苏省、山东省、陕西省、河南省、江西省以及上海市其他区县的村庄，随后在山东省临沂市城北的一些村庄中发现了比较完整的农民群体非正式学习形式，本书将其命名为“网络组团学习模式”。

网络不同于网格,它是伴随农民的人际交往而天然形成的,二者的区别在于:人为划分的管理网格在区域边界、管理者和管理制度方面都是相对固定的,存续时间也比较有保障;自然形成的学习网络没有固定的区域边界,成员的加入和退出比较自由,规则以简单的口头约定为主,存续时间没有保障。在网络的形成过程中,谁会成为第一个组织某种学习活动的农民,这个农民会首先和谁成为学习伙伴,谁会逐渐加入这个学习群体,这个学习群体在何处开展活动,这个群体的属地边界在何处等,都没有事先的人为规定,这个学习群体逐渐转变为学习团队之后,其活动的内容、场地、经费乃至未来的发展,也基本没有外部的人为规定。即一村一户之中,哪里有一个想要习得某种技艺的人,这个人就有可能在哪里织出一张"学习的网",这个人就是这张网的第一个节点,和他有某些渊源的人会逐渐加入这个群体,成为这张网的其他节点。当节点逐渐组成一个稳定的网络,这个非正式的学习群体就很有可能转化为一支学习团队,他们会确定一名领队(往往是充当第一个节点的人),给自己起一个名字,制定一些规则,并且在学习热情存续期间自行组织学习活动,在一个相对固定的人际网络中进行组团式的学习——这是网络组团学习模式的第一个阶段。

有些学习团队可能会进入网络组团学习模式的第二个阶段,这一阶段中,出现了和江桥镇"组团送教"类似的形式。假设某个村庄诞生了一支专攻某种技艺的学习团队,这个团队因其独有的技艺种类或高超的技艺水平而声名远播,其他村庄的农民就会慕名而来,上门"讨教"。如果这个村庄中有许多农民想要求教,他们就会派一名"大使",邀请这支团队的主要成员到自己的村子里"送教"。村庄之间的"讨教"和"送教"往往依赖农民之间的私交,一般没有村委会或乡镇政府的介入。这样的"讨教"和"送教"只在"讨教"的个人和"送教"的学习团队之间直接发生,不存在"团队的团队",即不存在一个资源调配组织,将掌握各种技艺的团队骨干再组成一个类似于"梅源百姓宣讲团"的团队,根据各个村庄的学习需求来调配这些骨干去送教。

田野调查和分析显示,网络组团学习模式的主要优势在于,在学习群体形成的初级阶段,该模式表现出强大的内在动力,发动者凭借自身的学习热情和熟人社会中的亲缘优势，一般都能迅速促成学习群体的生成以及学习群体向学习团队的转化。这一模式的优势还在于它的灵活性，学习活动的开展时间、地点和参与人员均不受限，各类事项均可以通过商议进行调整。从团队长期维系的角度看，这个模式也有劣势，当内在动力衰竭出现的时候，如果缺少外部力量的推动，这支团队很有可能逐渐衰落甚至消失。团队内部有很高的自由度，但是约束力不足，成员因为缺少规则参照而发生矛盾的情况数见不鲜，而基于亲缘组建的队伍又会反过来影响亲缘，让问题变得复杂，影响团队的正常运行。

(三)网格组团学习模式的特色:“官治”和“民治”的对接

农村成人教育的“官治”和“民治”可能存在先天的转化关系，但就我国农村成人教育的现状来看，仍存在许多种情况，比如:“民治”和“官治”分割，官不管民，民不理官;“民治”寻求“官治”的补充，但官不理民;“官治”想要收编“民治”，但民不理官;“官治”强行收编“民治”，“民治”遭破坏;“官治”和“民治”相向而行，但无法顺利对接;“官治”和“民治”相向而行，实现了“民治”和“官治”的有机结合等。本书探讨网格组团学习模式，主要是希望通过这一模式来促进农村成人教育治理中“纵向到底”和“横向到边”的对接，也就是“官治”和“民治”的对接。

通过长达五年的田野调查和分析论证，笔者认为，实现这种对接的关键是把握农民学习的发生机制在其中的关键作用，而不是跳过农民学习的原理，直接基于实践现状的对比将一地的经验和模式迁移至另一地。因此，网格组团学习模式论证中非常重要的一点就是要比较透彻地分析农民学习的发生机制，尤其是农民群体学习的发生机制。农民从个体学习到群体学习再到团队学习的转化机制，对于网格组团学习模式的整体设计有重要作用，是关系到“官治”和“民治”如何对接的重要问题。从农村成人教育治理的角度看，若要将“纵向到底”和“横向到边”相结合，实现治理主体的多元化、治理方向的多样化，保障治理机制的灵活性和稳定性，就应当在充分研究农民网络组团学习模式发生机制的基础上，结合对江桥镇“网格组团管理模式”的实践研究，探索我国农村成人教育网格组团学习模式的整体运营方式。

四、本书的写作思路与写作风格

本书的写作思路是先交代理论框架(第一章),帮助读者梳理那些对笔者的写作产生重要影响的成人学习理论的要点和分类,并对本书的核心理论基础——工作场所模仿学习理论和拓展性学习理论——做了比较全面、系统、深入的解读。更重要的是,第一章还提出了拓展性学习理论经典模型的应用方法——要素定位法,这是对拓展性学习理论的创新。本书主要通过质性研究方法获取一手资料,因而第二章的主要任务是介绍田野调查的实际情况以及本书采用的资料分析方法。根据农民访谈的情况和特点,本书提出了一种新的访谈方法——教学式访谈法,同时将拓展性学习理论配套的资料分析方法——矛盾话语表现法——引入我国。

第三章和第四章以夹叙夹议的方式,集中讲述了农民学习农业生产技术的故事和学习闲暇技艺的故事,尽量通过细节的铺陈将读者带入农民学习的真实情境。在第三章的叙事中,农民学习的重要本土概念“看会”(包括“看”)得以浮现;而在第四章的叙事中,读者将看到“看会”这种偏向个体的学习方式如何与“拓展”这种偏向群体的学习方式发生联系和转化,以及这两种学习方式的具体发生过程。

第五章对农民个体学习的“看会”和群体学习的“拓展”的发生机制进行了集中的理论分析和阐释,同时也是对农民自组织的网络组团学习模式的解释。针对“看会”的发生机制,第五章解释了“看”的现象、“看”的条件、“看”的结果、“看”的诱因和“看”的特点,探讨了“看”“学”“教”的内在矛盾关系,提出了农民学习的“直接转化定律”——学能致用才叫“学”。针对“拓展”的发生机制,第五章结合农民闲暇学习的叙事,阐释了农民群体非正式学习发生机制的五个阶段、三个层次和三种动力。

鉴于农民学习的场所在网格组团学习模式中的重要作用,第六章专门对成人学校、村(居)学习点、专门场馆、天然场所等物理场所,以及虚拟群聊、手机应用、公众号等虚拟学习场所进行分类和分析，提出了这些场所存在的问题及解决对策。第七章呈现的是乡镇成人社区教育网格化管理“江桥模式”的原貌，包括“江桥模式”的诞生历程，该模式的做法、特色、推广优势及推广障碍等。“江桥模式”是乡镇级别的网格化管理，对村(居)内部的网格化管理没有涉及，根据田野调查结果，在我国其他地区的农村，从村一级开始推行成人社区教育的网格化也应当是一种合理的选择。因此第八章专门讨论了村庄学习网格的划分，将村庄学习网格分为学习专项网格和代理网格。前者是专门管理村中学习活动的网格，分为内容网格、热度网格和身份网格；后者则是在综合治理类的网格中加入学习活动的管理功能，可以空间区隔、关键人物、产业聚集、人际网络等为依据分为地形网格、乡贤网格、产业网格、亲缘网格等八种网格。第八章还针对村庄学习网格建设中存在的问题提出了体系设计方面的建议。

在前八章的基础上，第九章研究的是网格组团学习模式的整体运营问题，包括运营体系、运营思路、网格中的学习团队组建模式和学习活动组织模式，以及网格组团学习模式的评价监测。第九章提出了三个模型，分别是网格组团学习模式的运营体系模型、网格组团学习模式的运营思路模型和以学习者经验和特质为中心的学习团队组建模型。

成书过程中，笔者遇到了许多挑战，比如田野调查的工作量大、资料分析难度大；拓展性学习理论内容艰深、迭代频繁；研究的内容比较新，很难找到可供直接引用的文献等。再加上笔者还提出了一系列的专有名词、术语、理论和研究方法，都难免会给读者的阅读带来比较大的挑战。为了增强可读性，笔者尽量一边写作一边在内心与读者对话，不断问自己：这个问题应当从何说起？读者想知道的下一个问题是什么？这个问题的答案写清楚了吗？按照合理的逻辑，以答疑解惑的思路进行撰写。为了增强对话性，本书在故事性较强的部分中采用了一些相对口语化的表达方式。

第一章 理论框架

根据绪论中的讨论，网格组团学习模式的特色在于，把农村成人教育已有的“网格组团管理模式”和农民特有的“网络组团学习模式”结合起来，实现“官治”和“民治”的对接。本书的原理性内容主要围绕“民治”中农民学习的发生机制展开，包括偏向个体学习的“看会”和偏向群体学习的“拓展”，因而理论框架中的绝大部分内容均与此相关。

一、概念界定

（一）农民

根据田野调查和理论研究的实际情况，笔者使用农民、老农民、村民、村（居）民、百姓、学习者等词语来表示本书中的农民群体，具体分为若干种情况。实践中，在率先实施“网格组团管理模式”的江桥镇，社区教育是成人学校的主营业务，江桥成校习惯使用村民、居民、村（居）民、百姓、学习者等词语来指代他们的服务对象，其中“百姓”和“学习者”是比较泛化的说法，其他说法则和服务对象居住地的行政归属有关，居住在村庄中则为村民，居住在居民小区中则为居民，二者统称为村（居）民。社区教育网格化管理的“江桥模式”是以镇为单位开展的，实际研究中，笔者不能将“居民”从江桥镇的社区教育网格体系中拆分出去，于是保留了村（居）民这一说法。而在笔者调研的其他地区以及一些研究性文献中，人们更习惯用农民、老农民等词汇来称呼自己、社交对象和研究对象。比如在华北地区和华中地区的一些村庄，当地百姓喜欢把自己和村子里的其他人都叫成“农民”或者“老农民”;学界一般也习惯用“农民学习”而非“村民学习”来凸显农村成人教育的对象特性。

学理上,“农民”这一术语有三层含义:一是“从事农业生产的劳动者”①;二是“拥有农民身份的人”②;三是“拥有农村户籍的人”③。第一层含义基本等同于“从事耕作的农民”④,即以耕作的方式从事农业生产的人;第二层含义基本等同于“认同的农民”,即认可自己农民身份的人;第三层含义基本等同于学理意义上的“村民”。随着时代的变迁,这三层含义不断交叉,现实生活中“农民”的概念也随之复杂起来。

首先,“从事农业生产”不再是认定“农民”身份的唯一标准,户籍的城乡划分也决定了人口统计意义上的农民身份;有些人不认为自己是农民但被统计为农民,比如很少务农的、农村考出来的大学生。其次,有农村户籍、世代居住在村庄中但不再从事农业生产的人(比如那些过去务农后来成为乡镇企业老板的人)也会自称“农民”,他们未必真的认为自己还是农民,但因为周围的人都自称农民,他们也必须跟着自称农民。再次,有一些出于商业目的而以农业为职业的人,他们的户籍可能不在农村,祖上或家庭成员也不以耕作的方式务农。他们或许可以被称为“新型职业农民”⑤或“高素质农民”⑥,但他们并不认同自己的农民身份,私交上也不十分愿意和那些自称农民的人往来。最后,自身及祖上均从事耕作型农业生产且拥有农村户籍的人,无论是在统计层面还是在认同层面,都是毋庸置疑的农民。

尽管理论和实践各有界定,但由于笔者在田野调查中遇到了以上所有情况,每一种情况都对本书所要探讨的各类问题有独特的意义,故无法将其中任何一种定义强行安插在不同地区、不同条件、不同境况的农民群体上。为了和

---

① 夏征农,陈至立.大辞海[M].上海:上海辞书出版社,2015:37.

② 卢荣善.农业现代化的本质要求:农民从身份到职业的转换[J].经济学家,2006(6):64-71.

③ 王雨.基于拓展性学习理论的农民闲暇学习研究[D].上海:上海师范大学,2022:10.

④ 芮德菲尔德.农民社会与文化:人类学对文明的一种诠释[M].王莹,译.北京:中国社会科学出版社,2013:54.

⑤ 朱启臻.新型职业农民与家庭农场[J].中国农业大学学报(社会科学版),2013(2):157-159.

⑥ 彭超.高素质农民培育政策的演变、效果与完善思路[J].理论探索,2021(1):22-30.

田野保持一致，在涉及农民学习故事和原理的部分，本书多使用农民、老农民等词语；在涉及农民学习场所和管理、治理模式的部分，多使用村民、村（居）民、百姓、学习者等词语。

（二）农村成人教育

本书所谓"农村成人教育"是指基层成人教育。基层不是一个固定不变的概念，相对县（区）级而言，乡镇和广大农村地区是"基层"[①]。基层成人教育即为乡镇、村庄、社区中的成人教育及学习活动，在形式上包括学历教育、技术培训和非正式学习活动等；在内容上包括文化教育、技术教育、思想政治教育、生活技能教育、闲暇技艺教育等。需要特别说明的是，镇一级的成人教育不仅涉及行政村（村委会管辖的区域），还涉及社区（居委会管辖的区域）。一般认为，居委会管辖的区域属于城市而非农村，但"镇"是一个整体，实际工作中，镇内的成人教育管理者不会把行政村和社区截然分开，因而在操作上，本书的农村成人教育也包括镇内的社区教育。

（三）农民非正式学习

本书中的农民非正式学习，特指农民在村庄或社区中自主发起、自主组织的学习活动。农民参与的由政府、村委会、居委会、学校等组织的学习活动不在此列，也不包含农民在日常生活中"顺便"发生的知识和技能习得（即偶发性学习）。这一界定之下的农民非正式学习大致分为两类：一是个体习得类，即农民在生产生活中比较分散的自学或求教，比如借助手机 App 自学一段舞蹈，向邻居询问新电器的用法等；二是群体共创类，即农民群体以自组织的方式创新某种技艺，或是创造出更高水平的群体实践，比如将传统秧歌与现代广场舞相结合，共创舞蹈新文化。

---

① 周定财. 基层社会管理创新中的协同治理研究[D]. 苏州：苏州大学，2017：48-49.

二、作为“类型论”的非正式学习

非正式学习(informal learning)的概念源自学校教育活动同校外教育活动的特征类比。20世纪中后期,有西方学者提出,学校教育更注重通过语言符号传递普适的价值和抽象的知识,拥有固定的标准和组织形式;与之相对,非正式学习发生在具有内在意义的生活情境中,通常没有固定的标准、内容和形式,更注重实践知识和情感的融合,“具有很强的观察性和参与性”①。后来,学界提出了若干种基于这种类比的分类方法,比如正规教育、非正规教育和非正式学习的三分类法②,正规学习、非正规学习和非正式学习的三分类法③,正式学习、非正式学习和偶发性学习(incidental learning)的三分类法等④。

在我国,“正规”一词一般同“教育”搭配,谈论的是资质的问题。比如正规教育和非正规教育的主要区别是,前者有颁发文凭的资质,后者不能颁发文凭,仅有颁发证书的资质。由于以学习者为主体的学习活动在本质上既不需要牵涉文凭也不需要牵涉证书,而真实的实践情境中也确实存在许多不需要颁发文凭和证书的学习活动,因而学习与是否“正规”关系不大。不过笔者也发现,一些学习活动有比较规范的组织形式,包括有相对固定的场所、指导者、流程、素材和成果认证形式,而另一些学习活动则比较“放任”,没有这些组织形式,或者组织形式的模块不够齐全。为了区别这两种类型的学习活动,国内学界一般用“正式”和“非正式”对此进行标记,谈论的是学习活动是否具备一

---

① Scribner S, Cole M. Cognitive consequences of formal and informal education: New accommodations are needed between school-based learning and learning experiences of everyday life[J]. Science,1973(4112):553-559.

② 马颂歌,吴刚.工作场所学习的类型辨析——历史渊源与理论模式[J].远程教育杂志,2016(1):19-27.

③ Halliday-Wynes S, Beddie F. Informal learning: At a glance[EB/OL].(2009-07-22)[2022-02-01]. https://www.ncver.edu.au/data/assets/file/0008/2402/nd08022.pdf.

④ Marsick V, Watkins K. Informal and Incidental Learning in the Workplace[M]. London: Routledge,1990.

定的组织形式，以及学习的组织形式是否规范的问题。当英语中的formal、non-formal、informal等术语必须在汉语中对应准确的译名时，formal与“教育”搭配时翻译成“正规”，与“学习”搭配时翻译成“正式”；non-formal一般与“教育”搭配，翻译成“非正规”；informal一般与“学习”搭配，翻译成“非正式”。西方文献中出现“non-formal learning”也是比较少见的，主要是因为此类文献在终身学习的语境中直接用“学习”一词替换“教育”，因而正规、非正规和非正式都被用来修饰“学习”，但其实际的含义比较接近正规教育、非正规教育和非正式学习的三分类法。

本书使用正规教育和非正规教育、正式学习和非正式学习的两对四分类法，第一对是正规教育和非正规教育，第二对是正式学习和非正式学习，后者的主要区别在于学习的组织形式，其中非正式学习是指缺少固定的组织者、学习场所、学习记录和管理制度的学习方式。对于发生在群体中的学习，非正式学习有自然过渡为正式学习的趋势。这种过渡表现为一个连续统一体(continuum)，既可同时发生在组织者、学习场所、学习记录或管理制度等方面，也可从任一要素开始向正式学习转变。农民学习的网格化，就是一种尝试将非正式学习以组建网格的形式转化为正式学习，或者在已经网格化的正式学习体系中纳入非正式学习活动的治理形式。

目前学界对于非正式学习的讨论，都是基于非正式学习同正式学习的区别，有比较明显的“类型论”印记，至于采取非正式学习方式的成人究竟是如何学习的，还需要借助其他成人学习理论来解答。

三、经典的个体成人学习论

(一)普适性学习理论与限定性学习理论

本书中，所谓成人学习理论，是指能够解释个体及群体成人学习的发生机制的理论。按照学习成果的归属，可将学习成果归属于个体的学习理论称为个体学习论，将学习成果归属于群体的学习理论称为群体学习论。个体学习论认为,学习是个体的学习,主要表现为知识和技能的积累、能力的提升以及价值取向的改变;群体学习论认为,学习是群体的学习,主要表现为群体实践的演进。成人教育学界经典的个体学习论包括自我导向学习理论(self-directed learning theory)①、体验式学习理论(experiential learning theory)②、质变学习理论(transformative learning theory)③、全视角学习理论(comprehensive learning theory)④和情景学习理论(situated learning theory)⑤,这些理论又可以分为普适性学习理论和限定性学习理论两种。

学习理论的普适性和限定性能反映理论提出者的"野心"以及理论的提出背景和适用范围。普适性理论往往是研究者基于思辨(和辅助性的实证证据)提出的,一般不会限定自身在群体和情境的普适性,同时会宣称其理论可适用于全体成人(甚至青少年)。限定性理论则是研究者基于特定的社会群体和社会情境提出的,一般不会宣称其具有普遍解释性,如果后继者需要将此类理论从原初情境中迁移出来,则需要新的实证证据。按照这一分类标准,自我导向学习理论、体验式学习理论、质变学习理论和全视角学习理论属于普适性学习理论;情景学习理论属于限定性学习理论。

(二)普适性学习理论之自我导向学习理论

诺尔斯(Knowles)的自我导向学习理论是成人教育学界比较早的基于成人学习的特征提出的学习理论。诺尔斯认为,"与儿童不同,成人具有独立自主的、成熟的自我概念,认为自己是一个自我导向的独立个体,能够自我决定、

① Knowles M S. Self-directed Learning: A Guide for Learners and Teachers[M]. New York: Association Press, 1975:18.

② Kolb D. Experiential learning theory and the learning style inventory: A reply to Freedman and Stumpf[J]. Academy of Management Review, 1981(2):289-296.

③ Mezirow J. Transformative Dimensions of Adult Learning[M]. San Francisco: Jossey-Bass, 1991:38.

④ Illeris K. Transformative learning in the perspective of a comprehensive learning theory[J]. Journal of Transformative Education, 2004(2):79-89.

⑤ Lave J, Wenger E. Situated Learning: Legitimate Peripheral Participation[M]. Cambridge: Cambridge University Press, 1991:27-44.

自我管理，并为自己的行为承担后果”①，这些特征合称为“自我导向性”，即相当一部分的成人能够判断自身的学习需求，能够把握学习的方向，能够调集学习的资源，也能够对自己的学习成果做出基于自身设定的标准的评价。因而成人课程的设计应当尊重成人在学习上的自我导向性，减少教师在课程设计上的强制推行和干预，鼓励教师转变为“助力者”(facilitator)②，充分发挥成人的自我导向性。

“成人在学习上的自我导向性”是一个具有普适意义的原理，这是相对于儿童学习的依赖性而言的。尽管不同成人的“自我导向能力”不同，但和儿童相比，成人在学习上的自我导向性显而易见。在自我导向学习理论提出的年代，学者们比较坚持自我导向性是成人学习的特有属性，但随着“尊重学习者的自我导向性”理念的不断普及，青少年晚期甚至儿童的自我导向性也得到了研究。但不论怎样，自我导向学习在理念上的普适性是毋庸置疑的。

操作方面，该理论实际上有比较明确的适用范围，主要用于课程的设计和学习者“自我导向程度”的测量③。诺尔斯基于成人教育课程设计的背景提出自我导向学习的六个基本步骤，即营造一种有益学习的气氛、诊断或确定学习需求、形成学习目标、确定人力与物力资源、选择与执行适合的学习策略、对学习结果进行评价④。尽管自我导向学习操作过程的提出主要是为了给当时的成人教育教师提供有利于激发成人自我导向性的课程设计指南，这些步骤在普适意义上也可以解释所有的成人学习过程，只是脱离课程设计语境的过程解释比较缺乏针对性。

(三)普适性学习理论之体验式学习理论

库伯(Kolb)在提出体验式学习理论时明确指出，自己的理论具有普适

---

① 刘奉越.西方成人自我导向学习理论发展的比较研究[J].现代远距离教育，2014(2)：28-33.

② Knowles M S. Self-directed Learning: A Guide for Learners and Teachers[M]. New York: Association Press，1975：33-34.

③ Williamson S N. Development of a self-rating scale of self-directed learning[J]. Nurse Researcher，2007(2)：66-83.

④ 刘奉越.西方成人自我导向学习理论发展的比较研究[J].现代远距离教育，2014(2)：28-33.

性，能解释一切（个体）成人的学习原理[①]。他的第一版《体验式学习——体验是学习和发展的源泉》有一个知名的四步骤模型，从具体的体验、反思性观察、抽象概念化到主动的实验[②]，比较清晰地解释了个体成人的学习发生过程。这一体验式学习模型在成人教育学界得到了比较广泛的应用，甚至有不少人将其窄化为拓展训练的理论基础，引发了一些误解。后来，该模型在高等教育领域也得到一定程度的应用，成为“以学生为中心”的教学理念和新式教学大纲的理论基础[③]。

不过库伯本人并不希望学界将他的理论限定在学习发生的四个步骤，反而更想要凸显自身对学习类型和学习风格的偏好。2015 年，库伯在第二版《体验式学习——体验是学习和发展的源泉》中增加了大量的内容，强调体验式学习的四个步骤必须符合陀螺状的循环上升规律[④]，具有发展层面的象征意义。更重要的是，他以荣格的类型论为基础，强调四个步骤所涉及的四个核心术语实际上是四种基础性的学习类型，以此为基础，能排列组合出数十种学习类型。库伯后来的研究更注重基于这些类型来开发量表，测定不同的人的学习风格[⑤]。就库伯本人来说，尽管体验式学习理论以过程论而闻名，但他似乎更希望自己的理论被当作类型论而不是过程论。

（四）普适性学习理论之质变学习理论

质变学习理论（另译作“转化学习理论”“转换学习理论”等）的提出者麦基罗（Mezirow）对成人学习发生原理的思考始于其夫人在夜大的学习经历。夫

① Kolb D. Experiential Learning: Experience as the Source of Learning and Development [M]. 2nd ed. Upper Saddle River: Pearson Education, 2015: xvii.

② Kolb D. Experiential Learning: Experience as the Source of Learning and Development[M]. Englewood Cliffs: Prentice Hall, 1984: 41.

③ 邢以群，鲁柏祥，施杰，等. 以学生为主体的体验式教学模式探索——从知识到智慧[J]. 高等工程教育研究，2016(5): 122-128.

④ Kolb D. Experiential Learning: Experience as the Source of Learning and Development[M]. 2nd ed. Upper Saddle River: Pearson Education, 2015: 90.

⑤ Kolb D. Experiential Learning: Experience as the Source of Learning and Development[M]. 2nd ed. Upper Saddle River: Pearson Education, 2015: 143-145.

人告诉他，班上有一些女性忽然意识到，身边的女同学并非都以丈夫、孩子和家务为中心，这极大地改变了她们对家庭、事业和学习的看法，令她们很大程度上摆脱了家庭妇女角色造成的生活困境。麦基罗很好奇，这些女性身上的变化是否可以被界定为学习，以及这些变化是如何发生的。以哈贝马斯（Habermas）的交往行为理论为基础，基于对存储、同化、顺应和解放等学习观念的探讨，麦基罗提出了以“意义视角的转变”为根本标志的“质变学习”[①]，后来又将比较难以定义的“意义视角”（meaning perspective）等同为“参照框架”（frame of reference），同时将意义视角的下位概念——意义图式（meaning scheme）——也作为衡量“质变”的参照依据。也就是说，在麦基罗学术生涯的晚期，由于“意义视角”的界定比较模糊，意义视角转化层面的质变学习难以被确证，他不再像早期那样坚持以“意义视角的转变”为达成质变学习的唯一标准。

麦基罗把意义视角定义为“个人对世界的看法和期望的总体框架。它是我们对事物的认知方式、信念和思维模式的集合，以及我们对事物产生的期望和评估的倾向。意义视角反映了个人的价值观、文化背景、经验和教育等因素”；把意义图式定义为“形成特定解释的具体元素，包括知识、信念、价值判断和感受等。它们是个人在特定情境下习惯性地使用的思维模式和解释框架。意义图式是基于个人的经验、社会环境和个人背景形成的，影响着我们对经验的理解、反应和行为”。[②] 为了更直观地理解质变学习话语体系中的意义视角和意义图式，可以简单地把意义视角理解为由世界观、人生观和价值观凝结而成的成人的本质（form）；意义图式则类似于个体成人为人处世时所套用的“公式”，代表着个体成人习惯性行为背后所特有的心理参照，或者是“动态的均衡”[③]。所谓“质变”，就是成人的本质的改变，或者至少是成人的“处世公

---

① Mezirow J. Perspective transformation[J]. Adult Education Quarterly，1978(2)：100-110.

② Mezirow J. Transformative Dimensions of Adult Learning[M]. San Francisco：Jossey-Bass，1991：45-46.

③ Kegan R，Lahey L. How the Way We Talk Can Change the Way We Work：Seven Languages for Transformation[M]. San Francisco：Jossey-Bass，2002：5.

式”的改变，这些当然适用于所有心智正常的成人，因而麦基罗的理论也具有普适性。

麦基罗曾经以阶段拆解的形式来解释质变学习的发生过程，先后更新过多个版本，有七个步骤、十个步骤等，但核心步骤不外乎“从问题的识别开始，经过反思、经验或共识验证、富有想象力的洞察，最终形成新的解释”①。而在方法论层面，麦基罗认为应当通过哈贝马斯的“商谈”来促进质变学习的发生，提出了许多理想化的商谈条件，比如，平等机会、解说性语言行为自由、表意语言行为的相互理解以及规范性语言行为的平等使用等。② 这些探讨一经问世就被指摘“过于理想化”③，其主要原因可能是麦基罗对哈贝马斯商谈规则的引用过于原汁原味，毕竟哈贝马斯的理论本来就比较理想化——“福柯(Foucault)称之为‘交往的乌托邦’，布迪厄(Bourdieu)称之为‘乌托邦现实主义’”④。后来，学界又从批判性反思⑤、情绪⑥、历程⑦、生态⑧等角度重新探讨麦基罗的理论，同时开发出许多有助于激发质变学习的成人培训活动，弥补了麦基罗流派的方法论缺陷。

(五)普适性理论之全视角学习理论

伊列雷斯(Illeris)的全视角学习理论主要收录在《我们如何学习：全视角

---

① Mezirow J. Transformative Dimensions of Adult Learning[M]. San Francisco: Jossey-Bass, 1991:49.

② 傅永军. 哈贝马斯交往行为合理化理论述评[J]. 山东大学学报(哲学社会科学版)，2003(3)：9-14.

③ Cranton P. Understanding and Promoting Transformative Learning: A Guide to Theory and Practice[M]. 3rd ed. Sterling: Stylus Publishing, 2016:15.

④ 晏扩明，李义天. 话语、交往与政治转向：哈贝马斯商谈伦理学的思想历程及其反思[J]. 国外理论动态，2021(6)：42-50.

⑤ Brookfield S. Understanding and Facilitating Adult Learning: A Comprehensive Analysis of Principles and Effective Practices[M]. San Francisco: Jossey-Bass, 1986:1-3.

⑥ Dirkx J M. Transformative learning theory in the practice of adult education: An overview [J]. PAACE Journal of Lifelong Learning, 1998(7):1-14.

⑦ Daloz L A. The story of Gladys who refused to grow: A morality tale for mentors[J]. Lifelong Learning, 1988(4):4-7.

⑧ O'Sullivan E. Transformative Learning: Educational Vision for the 21st Century[M]. London, New York, Toronto: Zed Books Ltd, University of Toronto Press, 1999:5.

学习理论》一书中。他对学习的界定是"发生于生命有机体中的任何导向持久性能力改变的过程，而且，这些过程的发生并不是单纯由于生理性成熟或衰老机制的原因"①。不难看出，伊列雷斯的学习理论的适用范围是"生命有机体"，具有很强的普适性。然而从他对学习机制的阐释来看，他解释的主要还是人类的学习。基于对累积学习、同化学习、顺应学习和质变学习的融合，全视角学习理论用一个模型来解释学习的发生机制（见图 1-1）。

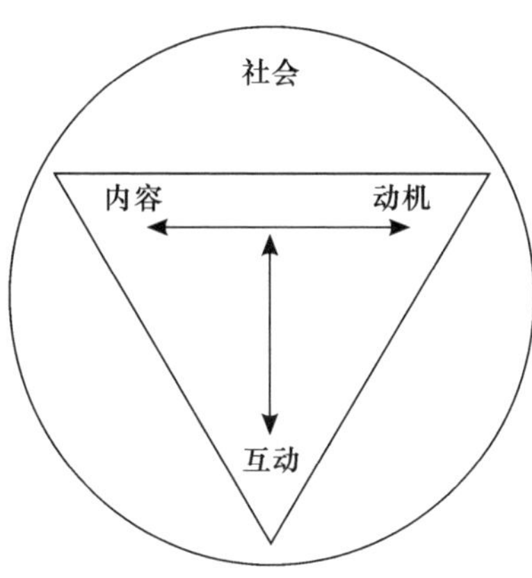

图 1-1　全视角学习理论模型

该模型由外围的圆形、圆形中的倒三角和倒三角中的箭头组成，外围的圆形表示"社会"，圆形中的倒三角形分为上部和下部，上部表示的是个体学习者的获得过程，下部表示的是个体学习者与环境的互动过程。获得过程有两个重要的方面：一是内容，即知识、技能以及对事物的理解；二是动机，即动力、情绪和意识。内容和动机的相互增进能让学习者增强心智与身体的平衡性，增强自身对社会环境及内部心理过程的敏感性，获得更深层次的、对社会意义和功能的理解。个体获得的过程始终同个体与环境的互动发生作用，其中"互动"是指个体对社会活动的参与以及参与过程中的对话及合作，包括感知、传递、体验、模仿等。全视角学习理论对学习发生机制的解释确实能够在面上回答"我们如何学习"这一问题，但具体到特定的群体或特定的社会情境，该理论

① 伊列雷斯. 我们如何学习：全视角学习理论[M]. 2 版. 孙玫璐，译. 北京：教育科学出版社，2021：4.

往往因为其“万金油”式的解释而变得难以落地，也比较难以用来挖掘具有群体特征性的学习过程。

（六）限定性学习理论之情景学习理论

莱夫（Lave）和温格（Wenger）的情景学习理论是基于传统学徒制的工作情境提出的，用于解释学徒从入门到出师的学习过程，即学徒通过“合法的边缘性参与”（legitimated peripheral participation）最终获得实践共同体（community of practice）认可的成员身份的过程。在这一过程中，学徒通过一个又一个的操作场景（情景）来学习，其学习过程具有情景依赖性、情景启发性和情景适应性，因而得名“情景学习理论”。“合法的边缘性参与”是情景学习理论的核心概念，其中“合法的”与法律、法规无关，主要是“认同”层面的两层含义：一是实践共同体的“准入合法性”，即必须经过共同体成员的同意才能成为该共同体（一般是某些工坊或工作室）的学徒，否则就是“非法偷师”；二是“身份合法性”，学徒身份并不是真正的共同体成员身份，学徒不具备独立从业的资格，也没有获得共同体成员的认可，只有走完“合法的边缘性参与”的全部历程，得到共同体成员（也就是“师傅们”）的认可，才能获得真正的从业身份和从业资格（也就是“师傅身份”）。

所谓“边缘性参与”，是指从边缘到中心的过程。学徒起初作为门外汉，处于技艺（多半是手艺）接触程度和精深程度的外缘，从简单的、代价低的任务开始（比如给布料画线），在一个又一个的任务情景中精进，逐步从边缘向中心移动，直到能够接触难度较大、代价较高的任务（比如制作衣领），最终达到独立完成各类任务的水平，也就是到达“获得共同体成员身份”这个中心点。尽管有不少学者认为从边缘到中心的过程也能解释传统学徒制之外的社会情境中的成人学习机制，但情景学习理论最初是基于对传统学徒制的研究提出的，对于当代具有类似特质的工作和学习情境中的学习有较强的解释意义，一旦脱离了类似的实践共同体情境，我们便不能强求这一理论仍然适用。同时，有不少学者批判从边缘到中心的过程“实际上不是一个单向的、线性的关系”[①]，没能解释过程中可能出现的反复，也没有关注“获得共同体成员身份”之后的学习问题。笔者认为这也同该理论提出时的研究素材有关，属于该理论的“限定性”范围。即基于莱夫和温格当时所依赖的研究素材，其结论是基本可信的，一旦超出这个范围，便应当留给后继者去讨论。

四、工作场所模仿学习理论

工作场所模仿学习理论由澳大利亚学者比利特（Billett）于2014年提出，是一个尚处于形成过程之中的成人学习理论，目前未见国内学界有系统性的梳理。工作场所模仿学习理论解释的是处于或将要处于工作情境中的成人及大学生如何通过观察、模仿和练习来习得特定岗位或职业所必需的知识和技能[②]。工作场所模仿学习理论的英语原文术语是 mimetic learning，并没有“工作场所”这一限定，但该理论出自《工作中的模仿学习——在实践环境中学习》一书，其主要研究素材限定在工作场所，探讨的也是如何在工作情境中进行模仿学习的问题，因而是一个比较明显的限定性学习理论，为了同班杜拉（Bandura）等在普适意义上的模仿学习理论作区分，笔者添加了“工作场所”这一限定词。

相较于班杜拉等的经典模仿学习理论，比利特所说的模仿学习，是一种带有个体价值意识的模仿。这种模仿比意图性模仿提升了一个层次，体现为个体的内部心理过程及心理间过程对模仿对象的加工[③]。内部心理过程是指个体在模仿学习过程中自身内部的思维和认知过程，包括个体对模仿对象的注意力、感知、记忆、思考和推理等认知过程的参与。在观察和模仿他人时，个体

① 周建平.大学实践教学的变革：情境学习理论的视角[J].高教探索，2009(4)：80-83.

② Billett S. Mimesis: Learning through everyday activities and interactions at work[J]. Human Resource Development Review，2014(4)：1-21.

③ Malle B F, Moses L J, Baldwin D A. Intentions and Intentionality: Foundations of Social Cognition[M]. Cambridge：The MIT Press，2001：1-26；Billett S. Mimetic Learning at Work: Learning in the Circumstances of Practice[M]. Dordrecht: Springer，2014：50-53.

会关注模仿对象的行为、动作、语言和情感表达，并通过自己的认知过程对这些信息进行加工和理解。例如，个体可以通过观察和模仿他人的行为来学习新的技能或采纳他人的价值观念。心理间过程指的是个体与模仿对象之间的心理互动和交流过程，包括个体对模仿对象的情感共鸣、情感理解、情感推理和情感表达等过程的参与。当个体观察和模仿他人时，他们会试图理解模仿对象的内在动机、情感状态和意图，从而更好地模仿其行为或表达相似的情感。这种情感共鸣和情感理解可以促进个体与模仿对象之间的情感连接和情感互动。这意味着个体不但会思考自己愿不愿意模仿眼前的对象，还会思考在哪些方向上、在多大程度上模仿眼前的对象。同时在模仿的过程中，要在哪些方向上、在多大程度上修正模仿对象的做法，从而达成这样一种效果：自身的行为源于模仿对象，或者说受到模仿对象的启发，但模仿者既可以直接通过观察、模仿和练习来达到与模仿对象相似的水平，也可以先在价值意识上修正模仿对象的做法，再通过观察、模仿和练习，来达成与自身所认可的模仿对象（那一部分做法的）相似的水平。

（一）工作场所模仿学习理论对经典模仿学习理论的加工

工作场所模仿学习的概念界定包括对一系列“模仿”概念的区分和嵌套。工作场所模仿学习理论探讨个体学习问题的基本前提是区分学习发生的学校教育情境和社会学习情境，并将模仿学习的解释范畴限定在社会学习情境中。学校教育情境和社会学习情境的主要区别是，学校教育情境注重教育规程和教师资质；社会学习情境则少有教育规程的限定和有资质教师的指导，更依赖环境条件的创设和学习者的主动参与。

个体主动参与社会环境而引发的学习现象都可以用“模仿”来解释，分为四个级别（见表1-1）：一级模仿（mimicry）是对身体动作或效果的表面形式模仿[①]，模仿者在主观意图上不追求同模仿对象一致，时常重复自身的错误；二

① Donald M. Origins of the Modern Mind: Three Stages in the Evolution of Culture and Cognition[M]. Boston: Harvard University Press, 1991: 168.

级模仿(imitation)除了包含一级模仿，还包括对行为和做事方式的持续进阶式模仿，模仿者在主观意图上希望同模仿对象保持一致，复制模仿对象的行为和做事方式，会尽力避免已经出现过的错误，逐步接近模仿对象的表现[①]；三级模仿(mimesis)是“为达成特定的表现而主动参与(比如观察)、模仿(指二级模仿)和练习的过程，也是微遗传(micro-genetic)发生意义上的逐时(moment by moment)学习过程”[②]；四级模仿(mimetic learning)就是模仿学习，是三级模仿所需的内在心理过程和心理间过程，它构成了三级模仿的秩序[③]。

表 1-1　四个级别的模仿之间的区别

模仿等级	对应术语	模仿的对象	模仿的过程
一级模仿	mimicry	身体动作或效果	意图不明的表面复制
二级模仿	imitation	行为和做事方式	意图明确、为相似而纠错
三级模仿	mimesis	事件和关系	参与、(二级)模仿和练习
四级模仿	mimetic learning	特定的表现	协调内在和外在心理关系

比利特是在重新界定三级模仿的基础上提出模仿学习这一概念的，同三级模仿相比，模仿学习增加了个体的内部心理过程及心理间过程(个体的外部心理)，以及个体对内部、外部心理现象的协调，实质上是补充了三级模仿的实现条件和实现过程。比利特以唐尼(Downey)提出的三级模仿概念为基础，做了一处修订和两处补充。他将唐尼提出的“观察、(二级)模仿和练习”(observation，imitation and rehearsal)[④]修订为参与(engagement)、(二级)模仿和练习，理由是“观察”一词在英语中带有视觉感知的限定，而个体在工作实

① Colman A M. Modelling imitation with sequential games[J]. Behavioral and Brain Sciences，1998(5)：686-687.

② Scribner S. Vygostky's use of history[M]// Wertsch J V. Culture，Communication，and Cognition：Vygotskian Perspectives. Cambridge：Cambridge University Press，1985：119-145.

③ Billett S. Mimetic Learning at Work：Learning in the Circumstances of Practice[M]. Dordrecht：Springer，2014：6.

④ Downey G. “Practice without theory”：A neuroanthropological perspective on embodied learning[J]. Journal of the Royal Anthropological Institute，2010(S1)：22-40.

践中的模仿会动用听觉、触觉、嗅觉等其他感知，应当用含义更广的词汇来替代[①]。

比利特还提出了“达成特定的表现”(required performance)这一目的性前提，用来补充二级模仿中行为和做事方式背后的意图性。二级模仿中，尽管模仿者有意识地复制模仿对象的行为和做事方式，但对二级模仿的界定一般不包含行为和做事方式背后的目的；二级模仿中的意图性更侧重行为意图性而非目的意图性。而在工作场所学习的语境中探讨三级模仿，工作本身所要求的绩效对个体有引导作用，个体会为了达成工作要求而刻意模仿特定的行为和做事方式，更侧重目的意图性而非行为意图性。

(二)工作场所模仿学习理论对学习的界定

阐释三级模仿时，比利特还界定了“学习”这一概念。工作场所模仿学习理论中的“学习”是指个体学习而非群体学习，在结果上表现为个体的变化，包括所知之事、能为之事和价值意识的改变，比利特称其为“微遗传发生意义上的逐时学习过程”[②]，同时也是个体“为达成特定的绩效而主动参与、模仿和练习的过程”[③]。这一学习过程的特征包括：第一，意图性，即“为工作而学”，为了追求更优秀的工作表现而学；第二，经验性，即“借工作而学”，个体通过参与日常的工作活动(activities)，在活动中和他者发生互动(interactions)，再由活动和互动生成相关的工作经历(experiences)；第三，反思性，通过对当下经历及过往经验的解读(construe)和建构(construct)，个体会进行有针对性的反思；第四，个体参与活动和互动时，微遗传现象时刻都在发生，也就是“学习”时刻都在发生。

---

① Billett S. Mimetic Learning at Work: Learning in the Circumstances of Practice[M]. Dordrecht:Springer,2014:5-6.

② Scribner S. Vygostky's use of history[M]// Wertsch J V. Culture, Communication, and Cognition: Vygotskian Perspectives. Cambridge:Cambridge University Press,1985:119-145.

③ Billett S. Integrating learning experiences across tertiary education and practice settings: A socio-personal account[J]. Educational Research Review,2014,12:1-13.

（三）工作场所模仿学习理论的方法论框架

如图 1-2 所示，工作场所模仿学习理论的方法论框架可以概括为两个目的、三项内容、三个功能和三个条件。两个目的分别是“为工作而学”和“借工作而学”，也就是要帮助个体借助工作本身所能创造的学习资源来提升个体的工作绩效；外围的内容设计都要服务于目的的实现。实践课程、实践教学法和个体认识论则是方法论的核心内容，分别发挥供给功能、拓展功能和参与功能。

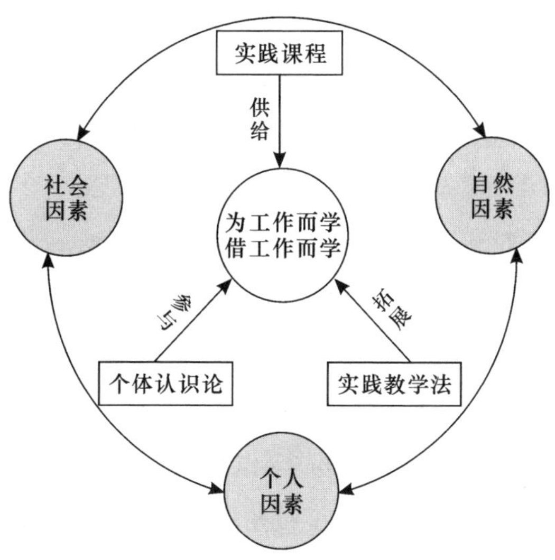

图 1-2　工作场所模仿学习的方法论框架模型

实践课程是指发生在工作实践中的、经过一定设计之后提供给学习者的经验（即工作中的活动和互动）。实践课程的实现前提是学习者必须长期参与真实的（而不是模拟的）工作，拥有比较稳定的、参与日常工作中的活动和互动的机会。实践课程有三个设计要点，分别是经验列表、经验分类和经验排序。首先，将某一具体工作岗位上所有的工作经验全部整理出来，为这些经验命名，并且将其中需要传授给学习者的经验全数罗列，形成一套完整的经验列表。其次，按照一定的标准对这些经验进行分类，比如小学语文教师的经验可以分为教学类、班级管理类和家校合作类等。最后，在各个类别之内，按照难度从低到高、代价从小到大对经验进行排序。完成以上三点，便完成了最基础的课程设计，具备向学习者传授工作经验的基本条件。按照难度和代价从小到大、从低到高的顺序，让学习者先接触难度最低、代价最小的工作（比如裁缝工作中的布料画线），再接触难度和代价居中的工作（比如布料裁剪），最后接触难度较大、代价较大的工作（比如衣领制作），按步骤、分阶段地进行工作经验的供给。

实践教学法是与实践课程配套的教学法，其目的是以更有效的方式向学习者提供实践课程所准备的经验，也就是在课程设计阶段经过罗列、分类、排序之后提供给学习者的经验。实践教学法有许多类别，比如围绕专门的工具、典型的任务、特定的情景等设计工作场所教学活动。比如在农民学习的工作场所，防旱、防涝、防治病虫害是典型的任务，可以围绕这些任务，以图示说明、田间指导、科学实验等形式来设计学习活动，以多种感知、多种形式的活动来丰富农民对田间管理经验的实际体验，以便农民更好地接受相关经验和准则。

个体认识论是指学习者对某个岗位或职业的兴趣、从业意愿及其努力程度。实践课程和实践教学法必须经过个体认识论的加工才能体现出对于某位学习者的真实效用。假如某位学习者不认同工作经验本身或学习活动设计所代表的价值意识，此人便不会将这份"工作"认可为"职业"，也很难真正投入对这份"工作"的学习，导致先前的课程和教学设计收效甚微。学习者只有通过长期参与工作，经过个体认识论的加工，将岗位认可为职业，才会生出学习的意图和努力工作的行为，而将岗位认可为职业的个体认识论加工，就是个体评价该岗位是否符合自身能力、兴趣和意愿的过程。个体认识论相当于一条通道，实践课程和实践教学法都必须经过这条通道的加工才能对个体学习者发挥作用。即个体认识论在很大程度上决定了个体是否参与以及如何参与工作场所中的学习，决定着学习的实际效果。

外围的自然因素（brute factors）、社会因素（social factors）和个人因素（personal factors）则是课程、教学和个体认识作用的发生前提。前两项条件来自比利特对哲学家塞尔提出的无情性事实（brute facts）和制度性事实（institutional facts）的改编。无情性事实是指不依赖人类约定或社会制度而客观存在的事实，其中最典型的便是自然事实，比如物体下落时的重力、珠穆朗玛峰常年积雪等。[①] 制度性事实则相反，它是基于人们共同认可的社会约定或社会制度（塞尔称之为集体意向性）而创造的事实，比如货币的价值、政府的权威和法律的效力等，而这些只在特定的社会或文化背景下有意义。[②] 比利特所谓的自然因素，是指社会制度之外的、不受人类主观意志干涉的因素；社会因素是指人们共同认定的事项，典型地表现为各项工作制度；个人因素是产生个体认识论的前提，比如学习者以往的人生经历和当下的人生境遇。自然因素、社会因素和个人因素相互影响，并且一同对模型内部的要素和过程产生影响，是内部要素和过程的前提条件。

五、拓展性学习理论

以上学习理论比较清晰地解释了以个体为中心的学习机制，强调了他者、情景及社会文化背景与个体学习者之间的互动。不过，这些理论也存在一些值得被质疑的前提假设，比如：从本体论的角度出发，学习是个体的学习，群体和环境的主要作用是同学习者互动；从认识论的角度出发，知识、技能和身份是事先存在的，学习者需要通过识记、训练或建构的方式去获取。此处有两个疑问：一是非正式学习的本体是否一定是个体，如果有“群体非正式学习”，应当如何解释其机制；二是非正式学习是否一定要“学习已知之物”，如果是“学习未知之物”的学习，应当如何解释其机制。

和这些学习理论不同的是，拓展性学习理论是一个限定性的群体学习理论。拓展性学习理论的提出者——芬兰学者恩格斯托姆（Engeström），在1987年的奠基性专著《拓展而学》中首次提出了拓展性学习理论对学习的界定，随后又进行了一些修正，但由于中国和芬兰文化背景的差异，中国的学者很难直接理解恩格斯托姆的解释。笔者自2011年开始从事拓展性学习研究，

① 张立立，宗成河，卢敏. 社会现实的建构——约翰·R. 塞尔的社会事实本体论[J]. 国外社会科学，2002(3)：88-91.

② 塞尔. 社会实在的建构[M]. 李步楼，译. 上海：上海人民出版社，2020：1-2.

希望在此处化繁就简，帮助读者更清楚地理解这一理论。

(一)拓展性学习理论对学习的界定

拓展性学习中，“学习”是人类群体创造新实践的过程，它指的是某一个人类群体的学习，而不是某一个人的学习①。该理论体系中的群体学习不是指知识、技能的习得或价值观念的转变，也不是组织学习理论中经常提到的提升绩效或改变管理方式，而是指这个群体从一个较低的实践水平走向一个较高的实践水平，产生了具有历史进步意义的、先进的实践。这一过程中，新观点的产生、新工具的研制和新概念的生成都被视作拓展性学习的标志性成果，其中新概念是最高级别的学习成果。“新概念”不同于我们日常理解的陈述性的、界定性的概念(这种概念比较接近对术语的解释)，拓展性学习中的新概念是由更先进的文化成果抽象而成的概念，具有历史进步意义的新实践则是这些概念的日常表现形式。换言之，在一个群体创造出具有历史进步意义的新实践之后，该群体的成员以及该群体的外部观察者，都可以从新实践中抽象出新概念②。

基于拓展性学习理论对学习的界定，所谓“学习”主要是某个人类群体对“未在之物”(what is not there)的创造，这种创造是通过“拓展”来实现的。“拓展”是指个体行动(individual action)向群体活动(collective activity)的演化过程。③ 这里的“行动”和“活动”都是文化历史活动理论所使用的术语，该理论最初以维果茨基(Vygotsky)、列昂捷夫(Leontyev)和鲁利亚(Luria)(合称维列鲁学派)为代表人物，后来恩格斯托姆继承、发展了维列鲁学派的理论，成为活动理论芬兰学派的创始人。事实上，行动和活动的主要区别之一就是

① 魏戈.人如何学习——解读恩格斯托姆的《拓展性学习研究》[J].北京大学教育评论，2017(3)：169-181.

② 马颂歌，李静静，徐雄伟.革新实验室的原理、案例、模型与教育应用展望——拓展性学习方法论的创新[J].远程教育杂志，2022(1)：37-49；马颂歌，李静静，徐雄伟.家校社协同育人机制如何生成——基于跨界革新实验室的方法探索[J].教育发展研究，2022(22)：40-50；吴刚，马颂歌.革新实验室：一种新的工作场所学习方法的基模[J].现代远程教育研究，2015(2)：43-53，70.

③ Engeström Y. Learning by Expanding: An Activity-theoretical Approach to Developmental Research[M]. 2nd ed. Cambridge：Cambridge University Press，2015：XV.

行动是个体的行动，活动是群体的活动，因此“个体行动”和“群体活动”的说法本来就是语义重复，加上“个体”和“群体”的限定，只是起到强调作用，并不存在群体行动或个体活动等其他说法。

恩格斯托姆经常借用列昂捷夫的“狩猎案例”来解释行动和活动的区别：在原始的狩猎活动中，猎手们有不同的劳动分工，有的人负责引出猎物，有的人负责释放猎犬，有的人负责捡拾猎物，还有的人负责运输猎物。负责引出猎物的人即为诱猎者，此人借助哨子等工具弄出声响让猎物现身，猎物现身之后，他便完成了自己分内的事情，由捕猎者（负责释放猎犬的人）继续完成狩猎活动。[①] 一般意义上的个体行动模型由主体、客体（或称对象）和工具三个要素组成，个体行动的名称和性质由客体决定，主体借助工具对客体进行作业，作业之后便有所产出（见图 1-3）。具体到诱猎者的诱猎行动（见图 1-4），诱猎者借助哨子等工具引诱出躲藏的猎物来完成他的行动。

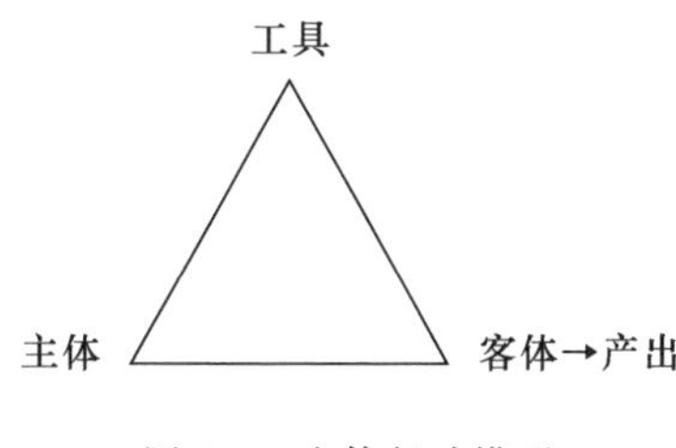

图 1-3　个体行动模型

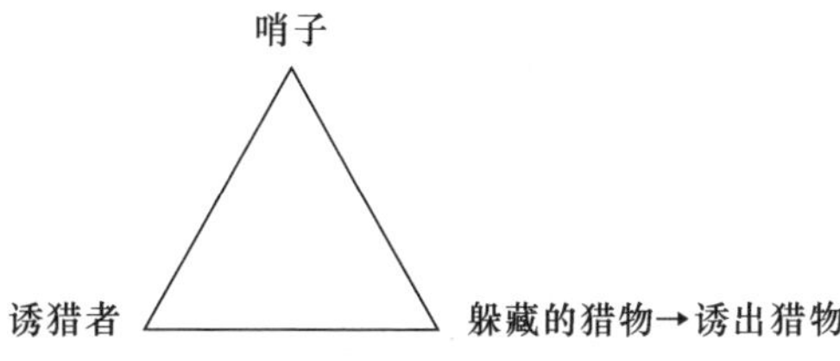

图 1-4　诱猎者的诱猎行动模型

① Engeström Y. Learning by Expanding: An Activity-theoretical Approach to Developmental Research[M]. 2nd ed. Cambridge: Cambridge University Press, 2015: 53.

诱猎者的行动只是整个狩猎活动的一个环节，其前提是诱猎、捕猎、运输等劳动分工的存在。劳动分工之下，无论是诱猎者还是捕猎者，每一种分工的承担者都比较关注自身行动的劳动产出，无法比较清晰地把握整个狩猎活动的全貌①。

而所谓“活动”，是由共同的客体引导的（多数时候是有共同目标的），有多种分工组合的，有共同的合作性产出的群体劳作过程。

列昂捷夫指出了活动和行动的区别，但未能在一般意义上解释人类活动内部的结构、要素和关系。恩格斯托姆则更进一步提出了人类活动的系统性模型（见图 1-5），实现了对人类活动之结构、要素和关系的可视化的、理论性的表达。人类的活动由主体（subject）、客体（object）、工具（instruments）、规则（rules）、共同体（community）和劳动分工（division of labour）等六个要素构成，其结构表现为由四个小三角形组成的一个大三角形。大三角形中，上部的正三角形代表的是个体的行动，也就是上文解释过的图 1-3；加上规则、共同体和劳动分工三个要素之后，多出了下部的梯形，也就是下部的两个正三角形和一个倒三角形。四个小三角形分别代表人类活动的四个子系统，即由主体、客体和工具组成的生产子系统；由主体、规则和共同体组成的交换子系统；由共同体、客体和劳动分工组成的分配子系统；由主体、共同体和客体组成的消费子系统。整个大三角形也是一个生产系统，也有其产出，和标注了“生产”的小三角形不同的是，大三角形表示的是群体活动层面的生产，“生产”小三角形表示的是个体行动层面的生产。

恩格斯托姆在不同的语境、著作和时期中使用了不同的名称和画法来表达这一模型，令学界产生了不少困惑和误解，比如是否要标注子系统，主体和劳动分工之间、客体和规则之间、工具和共同体之间是否使用连线，连线之后是否要在各要素之间标注箭头等，答案是“根据使用情境的不同，以上均可”，同时可以确定的是，模型的三角形结构、模型的六大要素及其位置是不变的，

① Leontyev A N. The Development of Mind: Selected Works of Aleksei Nikolaevich Leontyev [M]. Pacifica: Marxists Internet Archive Publications, 2009: 187-191.

因此根据国际通用的“昵称”，本书将这一模型及其变体统一称为“三角模型”。

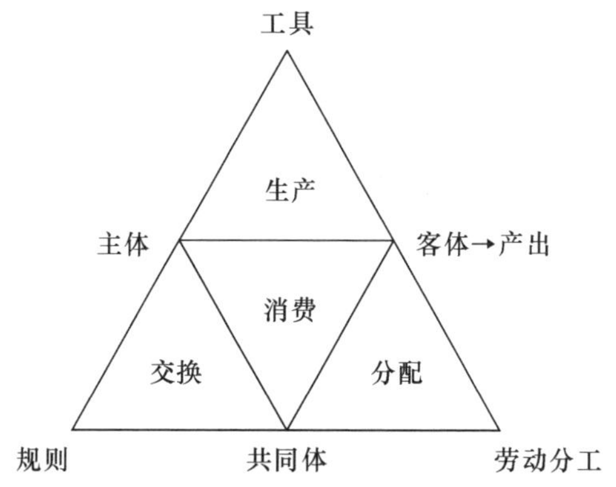

图 1-5　人类活动模型(三角模型)

图片来源：Engeström Y. Learning by Expanding: An Activity-theoretical Approach to Developmental Research[M]. 2nd ed. Cambridge:Cambridge University Press,2015:63.

既然“拓展”是指个体行动向群体活动的演化过程，那么这一过程是如何发生的？由此引出了第二个拓展性学习理论的经典模型——拓展性学习循环，本书将其称为“环状模型”。环状模型有两个版本，一是“五阶段版本”，二是“七阶段版本”，一般情况下，五阶段版本更适合解释自然情境中的拓展性学习发生机制，七阶段版本更适合解释拓展性学习的方法论——革新实验室(change laboratory，或译作变革实验室)中的形成性干预(formative intervention)。本书侧重解释自然情境中农民群体学习的发生机制，故只对五阶段版本做解析。

如图 1-6 所示，环状模型解释了学习的过程和动力：“活动 1”表示旧活动，“活动 2”表示稳定后的新活动；学习的过程包括需求状态、双重束缚、客体/动因建构、应用与泛化、固化与反思五个阶段，其中双重束缚阶段的“分析”是指活动主体对历史和现实的分析；学习过程中有两次转化，第一次是主要矛盾向次要矛盾的转化，强调学习动力的积蓄，第二次是行动向活动的转化，强调新活动的形成；学习的动力包括活动要素内部的主要矛盾(在需求状态阶段作用凸显)、活动要素之间的次要矛盾(在双重束缚阶段作用凸显)、新旧活动之间的三级矛盾(在应用与泛化阶段作用凸显)以及新活动与相邻活动之间的四级矛盾(在固化与反思阶段作用凸显);双向弧形箭头表示学习过程中可能发生的前进和倒退;向外延伸的单向箭头表示整个学习过程的循环。

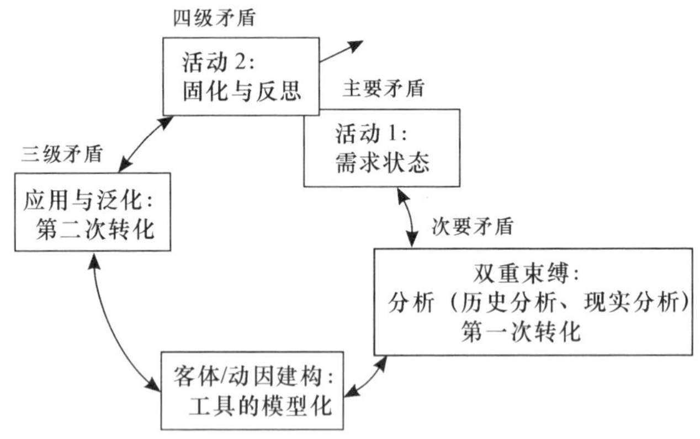

图 1-6　拓展性学习循环模型(环状模型)

图片来源:Engeström Y. Learning by Expanding: An Activity-theoretical Approach to Developmental Research [M]. 2nd ed. Cambridge:Cambridge University Press,2015:150.

需求状态和双重束缚是两个隐喻,分别用来说明"个体互相矛盾的一对需求"①以及个体面临社会性困境时冲击心理阈限的重大两难选择。双重束缚由需求状态激化而来,是次要矛盾的具象化表现,也是个体心中无法忍受的痛苦,这种痛苦迫使个体突破两难困境,创造出"第三种选择"②。产生需求状态和双重束缚的个体通常为第一个发动拓展性学习的人,本书称之为"始动主体"。突破双重束缚意味着第二次转化的开始:始动主体使更多的主体卷入学习过程,产生了活动与行动的关键区别——劳动分工③,继而逐渐从个体发动转为群体建构,基本形成新的活动。无论是拓展性学习在真实情境中的发生过程,还是恩格斯托姆对拓展性学习的解释,都有"前重后轻"的特点,模型中的最后两个学习阶段可视作前三个阶段的自然延续,在拓展性学习理论中着

① Bratus B S,Lishin O V. Laws of the development of activity and problems in the psychological and pedagogical shaping of the personality[J]. Russian Education and Society,1983(3):38-50.

② Engeström Y. Learning by Expanding: An Activity-theoretical Approach to Developmental Research[M]. 2nd ed. Cambridge:Cambridge University Press,2015:166.

③ Engeström Y. Learning by Expanding: An Activity-theoretical Approach to Developmental Research[M]. 2nd ed. Cambridge:Cambridge University Press,2015:66-88.

墨不多，但研究者通常需要对第五阶段的主要矛盾（稳定后的新活动的主要矛盾）进行分析，从而与第一阶段中旧活动的主要矛盾形成对比，进一步证实创新的发生。

（二）拓展性学习理论的应用方法：要素定位法

拓展性学习理论对三角模型和环状模型本身的解释是比较清晰的，但没能针对其使用方法做出有效说明。关于模型使用的疑问主要来自两个方面：其一，三角模型共有六个要素，基于其完全对称的位置关系，很难判断要素之间的先后顺序，究竟该从哪一个要素着手分析？其二，三角模型和环状模型的关系是什么，二者是否需要结合使用？如果仅从三角模型本身出发，多数人会以为应当从"主体"这一要素开始分析，但这会造成一种常见的误用，那就是脱离拓展性学习成果，仅凭常识去判断谁是主体。例如，大家容易想当然地认为，在教学活动中，教师是主体，学生是客体，但"教学活动"只是一种泛指，并不是某一特定对象群体（比如某个教研室）的学习成果（比如一种新的教学模式），此时研究者实际上仍未找到真正的研究对象——创造出进步性实践的群体。换言之，在研究拓展性学习时泛泛地指出所谓教学活动、医疗活动、管理活动的主体和客体是没有意义的，研究的真正起点应当是找到一项具有进步意义的群体性实践创新（学习成果），再找到实现这一创新的群体（主体）。

实际上，恩格斯托姆从未在任何论著中明确提出过这一点，但通过他在《拓展而学——一种发展性研究的活动理论取向》（*Learning by Expanding: An Activity-theoretical Approach to Developmental Research*）一书中对"门捷列夫发现元素周期律""从核裂变到'曼哈顿计划'"等拓展性学习实例的分析可以看出，所有分析都是从定位学习成果开始的，恰是主人公取得了典型的拓展性学习成果，这些案例才得以入选。以"从核裂变到'曼哈顿计划'"为例，正因为"曼哈顿计划"制造出原子弹并成功引爆，同时创造了科学研究的产业化模式（之前是独立科学家的实验室模式），恩格斯托姆才将其视作典型的拓展性学习案例，并以此为起点，追溯至核裂变实验时期主要科学家（始动主体）的需求状态和双重束缚，同时用三角模型进行了细致的分析。随后，从最初的核裂变科学家到爱因斯坦、罗斯福，再到“曼哈顿计划”中的其他人物，恩格斯托姆以各类主体的卷入为主线，根据环状模型分析了拓展性学习循环中的剩余阶段，又借助三角模型分析了新活动巩固后的主要矛盾①。由此可知，分析学习机制时，应当把活动系统置于拓展性学习循环的各个阶段中，联合使用三角模型和环状模型，用三角模型来分析环状模型中第一阶段的主要矛盾、第二阶段的次要矛盾以及第五阶段的主要矛盾；具体到三角模型内部时，才应当从“主体”这一要素开始分析。

基于对恩格斯托姆分析思路的发现、总结和改编，笔者提出一种用拓展性学习理论分析农民非正式学习发生机制的方法，同时也是正确使用三角模型和环状模型的方法——要素定位法②。要素定位法的总体思路是：首先，找到对象群体典型的群体性学习成果，以成果为先导追溯学习过程。其次，引入三角模型，从始动主体开始，依次找到六个要素在实际学习过程中的具体对应。最后，根据环状模型中学习发生的五个阶段来分析整个学习过程。上述思路可简要描述为“定位群体性学习成果→定位始动主体→定位其他要素→总述学习机制”。具体到农民非正式学习可表述为四个步骤：①群体＋成果定位，找到一个在一定历史时期产出了非正式学习成果的农民群体；②主体定位，找到群体中的始动主体，通常是某位自主带动村民学习的农民；③其他要素定位，根据主体来定位客体、工具、规则、共同体和劳动分工；④总述学习机制，通过要素及活动之间的矛盾运动阐释学习发生机制。其中，①至③本身也包含在学习发生机制的阐释中。

要素定位法的关键在于主体定位，主体可分为始动主体和卷入主体。本书对始动主体的定义是“根据学习成果被追溯为第一个推动学习进程的人”；卷入主体则是指“被始动主体和矛盾动力卷入学习进程的人”，通常由旧活动的主体和共同体成员转化而来。主体定位一般是对始动主体的定位，始动主

① Engeström Y. Learning by Expanding: An Activity-theoretical Approach to Developmental Research[M]. 2nd ed. Cambridge:Cambridge University Press,2015:211-219.

② 马颂歌，王雨. 拓展性学习视域下的农民非正式学习发生机制——基于要素定位法的理论分析[J]. 现代远程教育研究，2022(6):82-91.

体的出现是学习发动的直接表现，而卷入主体是一个相对自然的过程性要素，通常不需要刻意定位。个别情况下，学习由多个主体同时发动，此时始动主体是一个复数概念。主体定位完成后，客体等其他要素随主体的确定而确定。其他要素中，客体是附着活动目的的劳动对象，可以是物、人、文化等；工具是改造客体的中介人工制品（intermediate artifact），包括手工工具、大型机械、思维模型等；规则是活动群体中达成共识的行事方式及制度等；共同体是主体所在的“圈子”，比如核裂变科学家所在的原子物理学界；劳动分工是任务及权力划分，其中横向分工是基于任务的分工，纵向分工是基于权力的分工。

六、治理单元理论

本书中，治理单元理论主要用于解释村庄学习网格的划分。治理单元理论是治理理论的分支，可用于解决治理单元的划分依据和功能定位问题。治理单元理论为网格的划分提供了一个切入点、两大标准和五大要素。其中，一个切入点是指社会联结：“社会联结是影响村民自治基本单元的关系基础。社会联结越紧密、越频繁、越持久，则越有利于村民自治的开展；社会联结越松散、越稀疏、越短暂，则越不利于村民自治的开展。”[①]村庄大小和村民的交往机制会影响村庄社会联结的类型，比如伦理联结更适合自然村的自治，制度联结更适合规模适中的行政村的自治，契约联结更适合合作社的自治。两大标准是指参与标准和效能标准。“前者要求便于村民直接参与基本单元内的公共事务，后者要求能够回应村民的共同需求，有效解决基本单元内的公共问题。”[②]五大要素是指利益相关、规模适度、地域相近、文化相连和群众自愿。以上内容为网格划分的总体思路、具体依据及其命名提供了参照性的思路和标准。

---

① 李鹏飞.社会联结：探索村民自治基本单元的关系基础[J].求实，2017(9)：69-82.

② 侣传振，李华胤.家户联结：探索村民自治基本单元的社会因素[J].广西大学学报(哲学社会科学版)，2017(6)：69-75.

七、本书的理论框架

本书的理论框架由四个部分组成，各部分的逻辑和功能如图 1-7 所示。由于网格组团学习模式主要涉及农民的非正式学习方式，本书对农民学习治理的讨论便始于对农民非正式学习原理的剖析。自我导向学习理论等普适性成人学习理论和情景学习理论等限定性成人学习理论都能在一定程度上解释农民非正式学习的发生机制，但笔者主要采用了对本书的研究问题和研究情境更具解释力的工作场所模仿学习理论和拓展性学习理论。

本书对“学习”的界定更偏重创新的产生，将农民创造出的具有历史进步意义的全新实践形式作为学习的成果；其中“历史”是指属于某个农民群体的具体历史。围绕这一学习成果，农民的学习既可以体现为以个体为单位的“看会”（“看会”是笔者在田野中发现的本土概念），也可以体现为以群体为单位的“拓展”，分别用个体主义取向的工作场所模仿学习理论和群体主义取向的拓展性学习理论来解释。

为了阐释农民学习成果的产生机制，本书论证了一套专门的方法，即要素定位法，其流程为“定位群体性学习成果→定位始动主体→定位其他要素→总述学习机制”，也可表述为“群体＋成果定位→主体定位→其他要素定位→总述学习机制”。

最后，本书基于治理单元理论讨论了村庄学习网格的划分问题，提出了网格划分的一个切入点（社会联结）、两大标准（参与标准和效能标准）及五大要素（利益相关、规模适度、地域相近、文化相连、群众自愿）。

需要特别说明的是，本书只有第五章比较明显地使用了拓展性学习理论，其他各章都是以嵌入的方式，将各种理论视角融入研究，并不会刻意使用某一理论框架来解释某一现象。因此，读者很少会在本书中看到对某一种理论的直接套用。

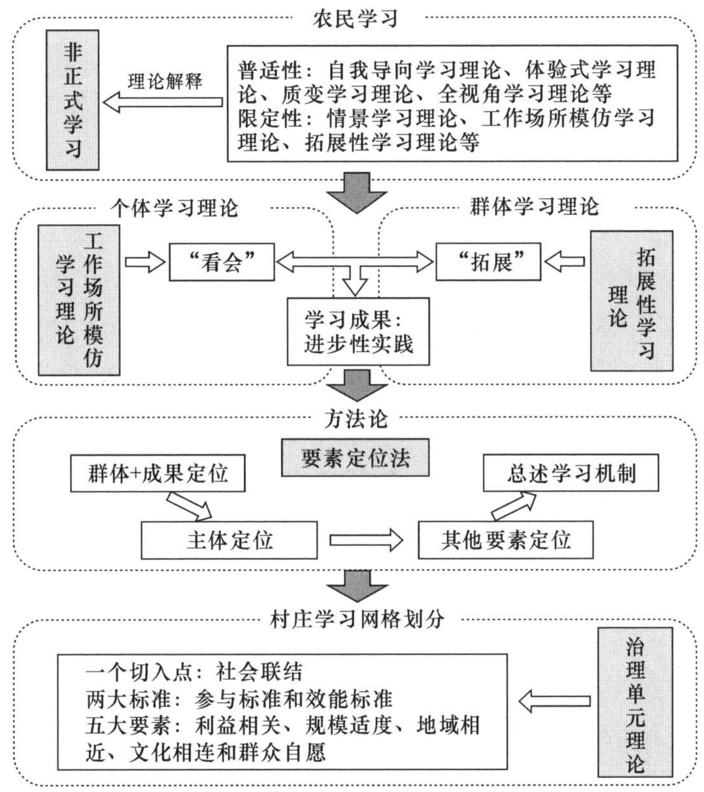
农民学习
非正式学习
理论解释
普适性：自我导向学习理论、体验式学习理论、质变学习理论、全视角学习理论等
限定性：情景学习理论、工作场所模仿学习理论、拓展性学习理论等
个体学习理论
群体学习理论
工作场所模仿学习理论
“看会”
“拓展”
拓展性学习理论
学习成果：进步性实践
方法论
要素定位法
群体+成果定位
主体定位
其他要素定位
总述学习机制
村庄学习网格划分
一个切入点：社会联结
两大标准：参与标准和效能标准
五大要素：利益相关、规模适度、地域相近、文化相连和群众自愿
治理单元理论

图 1-7　本书的理论框架

第二章　田野实况

本书主要采用质性研究方法，相关田野调查始于 2017 年，目前还在继续。为了更清晰地交代田野调查的时间段，笔者将田野素材的时间跨度限定在 2017 年 7 月至 2023 年 7 月，其中，2017 年 7 月至 2020 年 1 月采集的数据基本奠定了本书的核心观点，后续调查主要起到补充和修正作用。

一、田野的分布

本书主要通过参与式观察法（participative observation）①、访谈法和实物搜集法在田野中采集一手数据。其中“田野”是一个人类学概念，源于人类学发展过程中最具特色的研究方法——田野调查（field work）。田野调查“是人类学家获取研究资料的最基本途径……是经过专门训练的人类学者亲自进入某一社区，通过直接观察、访谈、住居体验等参与方式获取一手研究资料的过程”②。作为开展田野工作的场域，田野是“一个特定的、具体的物理空间，在其中，形成社会关系、行动利益乃至身份建构等方面的互动”③。

本书的田野地跨我国东、中、西部的五省一市，即江苏省、山东省、陕西省、河南省、江西省和上海市。实际的田野调查时间为：江苏省高邮市（2019 年 11 月 26 日至 11 月 28 日）；山东省临沂市兰山区（2019 年 12 月 28 日至 2020 年 1 月 6 日，随后每年的寒假、暑假有回访）；陕西省永寿县（2021 年 7 月 9 日至 7 月

---

① 庄孔韶. 人类学通论[M]. 太原：山西教育出版社，2004：248-250.

② 庄孔韶. 人类学通论[M]. 太原：山西教育出版社，2004：247-248.

③ 卜玉梅. 虚拟民族志：田野、方法与伦理[J]. 社会学研究，2012(6)：217-236，246.

23 日)；河南省新郑市(2022 年 7 月 21 日至 8 月 1 日)；江西省丰城市(2022 年 1 月 4 日至 2 月 14 日、3 月 10 日、7 月 26 日至 8 月 10 日)；上海市松江区泖港镇(2020 年 6 月 28 日至 7 月 3 日)；上海市嘉定区江桥镇、马陆镇、外冈镇、真新街道、新成路街道、安亭镇、徐行镇、嘉定区成人教育学院(2017 年 7 月至 2023 年 7 月，平均每月 2 次，每次 1—2 天)。其中，泖港镇的田野调查访谈了 34 位农民和 2 名村干部，但由于数据质量欠佳，没有用于本书的撰写，故下文不再介绍该田野的受访者情况。在上海市嘉定区江桥镇和山东省临沂市兰山区收集的数据奠定了本书核心观点的生成基础，是本书的“主田野”。

2017 年 7 月，笔者和研究团队开始调研上海市嘉定区的“江桥模式”以及当地成人社区教育的开展情况(见表 2-1)。后来为了挖掘农民学习的机制(嘉定区的田野均不具备相应的田野调查条件)，以及“江桥模式”向其他地区复制、推广的可行性，2019 年 11 月，笔者开始对我国东、中、西部的 31 个村庄开展田野调查(见表 2-2)。田野抽样的原则是：第一，田野具备提供真实、可信数据的条件；第二，田野具备接纳研究者进行参与式观察的条件；第三，田野在“农民学习”或“网格化管理、组团式服务”方面具有典型性。

表 2-1　田野调查概况(上海市)

田野名称	调研形式	数量(次)	对象/地点/活动
江桥田野	访谈	7	成校校长、村(居)办学干部
	座谈会	3	成校校长、网格站站长、村(居)办学干部、村(居)民
	走访	9	网格站、村(居)学习点
	出席活动	5	表彰大会、课题汇报会
	闲谈	/	成校校长、成校教师
	文档搜集	/	制度汇编、工作总结、科研材料、课程材料、地图
	实物搜集	7	自编图书、宣传册、村(居)民的作品
马陆田野	座谈会	4	成校校长、村支书、村办学干部、村民
	走访	3	村庄学习点
	出席活动	3	课程发布会、学习型乡村建设推进会、课题汇报会
	闲谈	/	成校校长、副校长、成校教师
	文档搜集	/	制度汇编、工作总结、科研材料、课程材料

续表

田野名称	调研形式	数量(次)	对象/地点/活动
外冈田野	座谈会	4	成校校长、成校教师
	走访	5	村(居)学习点、乡镇企业
	出席活动	2	学习型乡村建设推进会、课题汇报会
	闲谈	/	成校校长
	文档搜集	/	制度汇编、工作总结、科研材料、课程材料
真新田野	闲谈	/	成校校长
	文档搜集	/	制度汇编、工作总结、科研材料、课程材料
新成田野	闲谈	/	成校校长
	文档搜集	/	制度汇编、工作总结、科研材料
	实物搜集	3	宣传册
安亭田野	出席活动	1	农业参观体验活动
	闲谈	/	成校教师
	文档搜集	/	内刊论文
徐行田野	出席活动	1	黄草编体验式学习活动
成教院田野	座谈会	3	学院书记、学院教师
	访谈	1	学院书记、学院教师
	闲谈	/	学院书记、学院教师
	文档搜集	/	工作总结、科研材料、活动材料

表 2-2　田野调查概况(其他地区)

田野名称	调研形式	数量(次)	对象/地点/活动
高邮田野	访谈	3	村支书
	走访	3	连片村庄
	闲谈	/	当地村民
	文档搜集	/	网格化管理的相关文件
兰山田野	参与式观察	/	当地村民的日常生活及学习活动
	访谈	39	当地村民、村干部
	走访	13	连片村庄
	闲谈	/	当地村民、村干部
	文档搜集	/	制度文件(按需摘录)、村庄基本信息
	实物搜集	2	村庄网格图复印件、村民缝制的棉袄
永寿田野	参与式观察	/	当地村民的日常生活及学习活动
	访谈	9	当地村民、返乡大学生
	走访	7	连片村庄
	闲谈	/	当地村民、返乡大学生

续表

田野名称	调研形式	数量(次)	对象/地点/活动
新郑田野	参与式观察	/	当地村民的日常生活及学习活动
	访谈	3	当地村民、返乡大学生
	走访	2	连片村庄、连片村庄的村民
	闲谈	/	当地村民、返乡大学生
丰城田野	参与式观察	/	当地村民的日常生活及学习活动
	访谈	12	当地村民、村干部、新型职业农民
	走访	5	连片村庄、连片村村民
	闲谈	/	当地村民

二、数据的标注

本书中，田野地名的使用情况为：上海市各街镇及其辖区内的村庄、居民区的名称均为本名；其他地区的乡镇、村庄及村庄内的地名均为社会学意义上的“学名”，也就是社会大众理解的“化名”；为确保地理方位准确，田野内较为知名的山川、河流均为本名；地名的化名多使用动植物的名称，这只是出于便利，与该地方的真实名称无关；区县及以上的地名均为本名。人名方面，只有受访者提及的知名人士使用本名，其余均为化名或仅保留姓氏。

访谈文本按照化名的首字母缩写进行编号，整体的编号形式为“访谈日期-受访者的化名首字母缩写-访谈主题”，例如“20191229-ZBH-GCW”表示的是一次2019年12月29日开展的、受访者化名首字母缩写为ZBH的、以广场舞为主题的访谈。

书中出现对话式访谈文本时，对话之前的数字表示“话轮”(下文介绍话轮分析法的部分会有相应的解释)，例如，50 二姨父：“问什么，那个还用学吗？就跟种庄稼一样。你以为还有什么技术。”前面的“50”表示的是整个访谈中的第50个话轮。如果同一章或同一节中大部分的访谈数据均来自同一人且引用次数较多，则访谈编号标注在该章或该节标题之下的括号中，如：“本节访谈文本编号：20191229-ZBH-GCW”；如果同一章或同一节中的访谈数据来自若干人，则访谈编号标注在被引用的对话之前或被引用的独白之后。在同一人的访谈数据被大量引用的部分，如出现少量其他人的访谈数据，则访谈编号直接标注在被引用的对话之前或被引用的独白之后。

被引用的访谈数据为楷体字，使用的是受访者的原话，为保证真实性，本书尽量不对其表述进行调整。内容中，圆括号标注的是缺失的语言成分，如："（蔬菜里）第一干净（的就是）豆芽（和）豆腐"中的"（蔬菜里）"等。方括号标注的是补充说明的内容，如："头两天为了叫他掰活[教]俺泡豆芽"中的"[教]"是对"掰活"的解释。方括号内有省略号标注的是省略了一部分与访谈主题无关的访谈内容，如："我一看见菠菜长那么高了，我就告诉你二姨父赶紧去打药，[……]如果看出来得斑了，再打药就晚了"中的"[……]"。

三、数据的收集

本书的田野数据主要通过参与式观察法、开放式访谈法和教学式访谈法来收集，此外还有走访、文档搜集和实物搜集三种方法。走访是指以行走、骑行、闲谈、笔记、摄影等方式描绘村庄的地貌、文化和逸事，让村容和村情在研究农民学习及网格化问题的过程中发挥不可或缺的背景性作用。后来证明，关于村容和村情的记录为农民学习的场所和村庄学习网格的划分提供了重要线索。

（一）参与式观察法

20 世纪初，马林诺夫斯基（Malinowski）创新田野工作方法，提出了参与观察的田野调查方式，现代人类学的田野工作基本继承了马林诺夫斯基的方法。[①] 田野工作包含着许多具体的数据收集方法，参与式观察法是收集一手资料的最基本方法。该方法要求"调查者深入实地和现场，全身心地投入调查研究的社群生活和文化环境，长期或定期地住下来，和当地人共同生活，参加

---

① 庄孔韶. 人类学通论[M]. 太原：山西教育出版社，2004：248-250.

他们的各种活动，学会他们的语言，在感情上融成一片，其中有的甚至作为该社群中的一个成员，以便从这个社会的内部来感受文化的氛围，考察人们的种种行为和方式，全面了解该社会和文化的现状”①。这种方法的特点在于，研究者要以一种平等的、促进相互理解和信任的态度作为同当地群体建立作业关系的基础，尽可能地减少或避免隔阂；研究者直接接触、观察和参与当地文化的行动，能够确保获得更多更为确切的实际资料，克服口头资料提供者的主观局限性。②

进入田野后，笔者和研究团队居住在农民家中开展田野调查，每到一个田野，便从居住的这户人家开始，先对这家的主人进行访谈，主题包括村庄的基本情况、主人从事的学习活动、村中逸事等。访谈的过程中，这家的主人会更加了解我们想获得什么样的素材，同时告诉我们还应该访谈村中的哪些人，他们总是顺手拿起手机，帮我们给合适的受访者打电话。有时候，这家的主人会想到一些和他们很亲近的人，告诉我们无需预约就可以上门，这也是村民互相拜访时经常采用的方式——敲门碰运气。我们碰到过“运气”，也碰到过受访者外出或者午睡的情况，好在这些随机发生的访谈都穿插在时间表的缝隙里，没能遇上的受访者也被安排在后续的预约中。

笔者在田野的日程是，六点起床并做好外出准备，七点开始走访村庄，在受访者方便的时段穿插访谈。访谈的时间安排完全取决于受访者，笔者仅协调受访者之间的时间冲突而不会考虑自己的作息。早七点到晚九点，笔者都在田野里进行观察和访谈，之后再整理录音、录像、田野笔记和灵感记录，凌晨一点左右休息，日工作时间超过 18 小时。经此一役，研究生们充分体会到质性研究者的工作量，一个比我小十岁的研究生惊讶地说道：“我堂堂一个 95 后，你怎么比我还有精神！”

---

① 蔡家麟. 试论田野作业中的参与观察法[J]. 云南民族学院学报（哲学社会科学版），1994(1)：52-56.

② 蔡家麟. 试论田野作业中的参与观察法[J]. 云南民族学院学报（哲学社会科学版），1994(1)：52-56.

(二)开放式访谈法

本书所谓访谈“是一种研究性交谈,是研究者通过口头谈话的方式从被研究者那里收集(或者说‘建构’)第一手资料的一种研究方法”[①]。访谈法“可以从行动目标与价值规范两个维度着手”[②],“尤擅描述社会和政治过程,也就是事物怎样变化和为什么变化”[③],适于阐释农民学习的社会文化现象,并将其放进“更大的政治、经济和文化框架之中进行分析”[④]。根据是否限定提问方式和问题的答案,访谈分为开放式、半开放式和封闭式三种。为了保证田野数据的丰富性和深度,本书采用开放式访谈法,其中一部分是开放的深度访谈,以邀请农民讲述生活史[⑤]的形式进行;一部分是开放的教学式访谈,以邀请农民向访谈者传授某种技艺的方式进行;一部分是开放的座谈会,以群体访谈的方式进行。

研究团队一共进行了94次和本书内容相关的访谈,其中深度访谈25次、教学式访谈39次、座谈会14次,其他时长较短、形式各异的访谈16次。访谈对象包括各个年龄段(20岁至85岁)、各种学历(文盲到硕士)、各种从业状态的农民,其中从业状态包括务农、本地务工、外地务工、经营企业、经营小商铺、打零工、当干部、退休返厂、全职养育、年老赋闲、年轻无业等。由于涉及的地区较多,一旦出现语言不通的情况,笔者便邀请返乡大学生协助进行访谈和转录。尽管研究团队已经做了万全的准备,也向受访者提出了请求,但田野中突发状况较多,加上受访者的伦理考虑,有一小部分访谈没能获得录音和录像数据。

---

① 陈向明.质的研究方法与社会科学研究[M].北京:教育科学出版社,2000:165-170.

② 徐琴.乡村社会的行政化整合:表征、根源与效应——基于社会行动理论的分析[J].求实,2022(6):75-90,110.

③ 赫伯特·鲁宾,艾琳·鲁宾.质性访谈方法:聆听与提问的艺术[M].卢晖临,连佳佳,李丁,译.重庆:重庆大学出版社,2010:3.

④ 费特曼.民族志:步步深入[M].龚建华,译.重庆:重庆大学出版社,2007:45-49.

⑤ 赫伯特·鲁宾,艾琳·鲁宾.质性访谈方法:聆听与提问的艺术[M].卢晖临,连佳佳,李丁,译.重庆:重庆大学出版社,2010:5-7.

（三）教学式访谈法

所谓教学式访谈法，是指通过邀请受访者向访谈者传授某种技艺的方式，来反推受访者当初的个体或群体学习过程的田野数据采集方法。如图 2-1 所示，教学式访谈法是这样诞生的：研究者在路边观察到农民的聚集现象，其聚集的目的是从事某项活动；研究者观察这项活动，发现这项活动涉及特定技艺的学习；研究者希望追溯这种技艺的个体习得过程和群体拓展过程，便邀请农民进行访谈；但是绝大多数农民无法用语言描述自己当初是如何学会这些技艺的，甚至声称这些技艺不用学。笔者想到，教和学在某种程度上是一体的，如果让农民扮演教师的角色，请他们"教"我们这些技能，我们或许可以从他们的"教"中反推他们的"学"。同时，"教"的过程有助于唤起他们关于"学"的回忆，有助于帮助他们梳理自己对于"学"的看法。于是，笔者提出了教学式访谈法。

教学式访谈法是在参与式观察法和开放式访谈法的缝隙中"生长"出来的田野数据采集方法。基于当时、当地和当事者的特殊情况（比如难以回忆、表达当初的某些学习过程），完全的观察和完全的访谈均无法满足数据采集的需要——借用拓展性学习的术语表达，这是研究者的"需求状态"和"双重束缚"——于是研究者引入"教学"这一中介，发挥参与式观察法和访谈法的优势，规避其劣势，突破"双重束缚"的窘境，走出了数据采集方法的"第三条路线"。

教学式访谈法相当于将参与式观察法融入访谈，在访谈中人为"制造"一部分可供观察的场景，对传统的访谈进行场景构建式的改造，以达到追溯一部分已经消失的场景同时引发顺畅的对话的目的。教学式访谈中，因为从事的是自己喜爱、擅长的事，受访者通常会比较放松，乐意站在"上位者"的立场向研究者讲述一些和教学内容有关的人生故事，向研究者展示自己的教学行为和教学习惯，谈论自己对"教"和"学"的看法（尽管大多数人只是说"没教"或"不用学"）。与此同时，访谈者既能感受受访者的"教"，又能思考他们当初的"学"，还能将之与自身以往的"教"和"学"做出对比，进而引发更深入的思考和追问。总之,教学式访谈法不仅能在教学和访谈的双向过程中勾起受访者的回忆,达到追溯学习和教学过程的目的,而且还能加深访谈者对受访者的学习和教学活动的体验,激发更多的研究灵感,可以说是为“成人技艺学习”量身定制的开放式访谈方法。笔者认为,这种方法的思路也可以应用于其他领域的访谈,只是有待进一步的研究和开发。

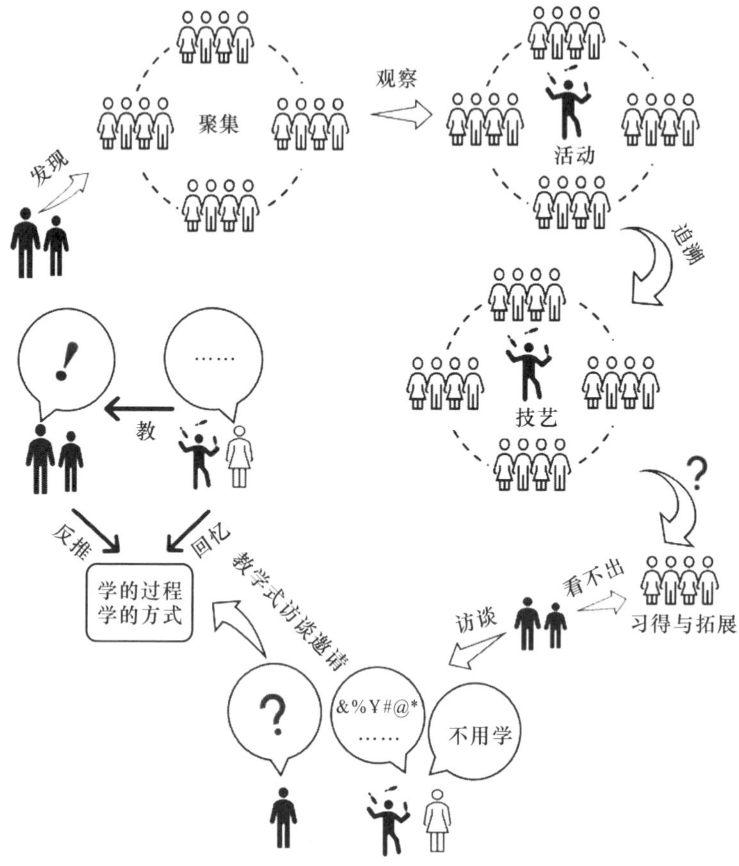

图 2-1 教学式访谈法示意

四、数据分析的方法

(一)话轮分析法

进行整体研究设计时,笔者本打算依照学界比较熟知的扎根理论来采集和分析质性数据。这一设计在调研“江桥模式”和高邮市的新型职业农民培训时仍是可行的,因为当时从田野采集的质性数据(尤其是访谈数据)仍然以受访者“成段落的回答”为主。所谓“成段落的回答”,是指受访者在回应研究者的提问时能长时间地提供答案,单次回答能组成一个或数个完整段落的回答。比如在单次回答中讲清一个完整的事实、叙述一个完整的事件或者阐述一个完整的观点。通过分析扎根理论研究方法和运用该方法的作品,笔者发现这种研究方法比较依赖受访者“成段落的回答”。从开放式编码到后续两级类属的发现,扎根理论不仅依赖研究者的理论素养,还在一定程度上依赖受访者的“理论”素养,或者说,它至少需要受访者比较完整地阐述一些事实和事件,并且对这些事实和事件有所思考。“成段落的回答”实际上是会话中的独白,是以访谈的形式将受访者的“独白”嵌套在受访者和访谈者的会话中。

进入其他地区的田野之后,研究团队也从一些中青年农民那里采集了一些“成段落的回答”,但在大多数访谈中,我们经历了会话权的频繁交替。其中的原因有受访者想法少、意愿低、表达不清、语义不明,也有访谈者的用词、逻辑、表达和受访者有较大差异,导致必须时常转换提问的角度,直到获得比较清晰、准确、可信的回答。此外,教学式访谈法也增加了会话权的交替,让一些访谈变得更接近“会话”而非“独白”。

下文是一段典型的会话型访谈,受访者是一位被我们称为“大爷”的农民。这段会话中,笔者试图通过追问一些印象深刻的事件来追溯他当年学吹笛子的过程。相较于以往对政府工作人员和专业技术人员的访谈①,大爷的回答明显比较简短,对关键信息的叙述不明确。其中还包含一个典型表述——“没什么”。“没什么”可用来表示“记不清”“懒得说”“不值得说”“我说了你也不懂”“我说了你也不能共情”等含义,可以用来省略许多信息。这段访谈能反映笔者所经历的大多数访谈的结构特征。访谈中事实和逻辑的不完整,以及受访者对会话权的主动出让,迫使我们不断追问细节,从而令会话权的更迭更加频繁,最终形成了转录文本的会话属性。

本节访谈文本编号:20200105-THZ-DZ

小雨:“那你表演那么多年了,有没有印象很深刻的、哪一次演奏的事情? 你拉拉[聊聊]。”

大爷:“最那个[印象深刻]的就是上临沂。那时候演出也没什么,靠[总是]比赛啊那时候,这个笛子是在学校里比赛挣的。公社去,在大礼堂里吹。”

小雨:“礼堂大不大?”

大爷:“还没砸[拆除]吧。”

小雨:“东方红[大礼堂]? 沂蒙路那个?”

大爷:“不是,在咱乡里。都说准能拿到一等奖,没想到[我拿到了三等奖],啊哈哈哈哈哈!”

小雨:“那次印象很深刻哈。”

大爷:“哈哈哈哈哈,嗯。在戏台上,戏台那个大啊,就我一个人,站上面,就一个人,灯照着,掌声也不停,到最后,裁判也知道啊,也是模仿的《扬鞭催马送粮忙》。”

小雨:“你当时演奏的曲目是《扬鞭催马送粮忙》[大爷说的不清楚,我们问了好几次,于是大爷拿出手机搜索了这首曲子]。那时候没有手机

① 笔者于2008年9月至2014年6月攻读硕士学位和博士学位,使用质性研究方法研究医生的专业学习和专业发展问题。2014年7月就业以后,以政府工作人员、高校教师、职业院校校长和社区教育工作者为对象,进行过一系列的开放式访谈。对比这些受访者,农民对事实和观点的阐述明显比较简短。

学，你怎么学的？”

大爷：“那时候有歌谱学。”

小雨：“那时候有专门的歌谱？”

大爷：“有歌谱啊。”

会话权的频繁交换导致了转录文本中的意义中断。扎根理论是在更大的语义单元中拆分出更小的语义单元，而我们遇到的情况是，除了要分析“成段落的回答”，还要将一些小的、模糊的、残缺的语义单元组成一个更大的、意义更完整的语义单元来分析。为此，我们需要找到会话的基本单元（也叫基本单位）。

萨克斯（Sacks）等于20世纪70年代开创了会话分析理论，初步解答了交谈中的会话权更迭问题[1]。萨克斯等将话轮（turn）作为会话研究的基本结构单元，区分了话轮和反馈项目（back channel item）。后来的学者也使用speaking turn/talking turn/conversational turn等术语来表示话轮。我国学者刘虹提出：“萨克斯等在确定会话研究的基本单位——话轮——时，存在两个基本问题，一是话轮的定义不明确；二是只用话轮和反馈项目两个结构单位不能概括会话中所有的言语形式，即还有很多言语结构形式不属于它们中的任何一种。”[2]这两个问题引发了许多分歧和争论，而“话轮及其他言语结构形式的识别和区分是会话研究的基础，会直接影响会话分析的正确性，所以有必要进行深入的探讨”[3]。刘虹以汉语会话材料为例，提出了话轮、非话轮和半话轮的三分类法，是国内首位对话轮及其识别标准做出清晰界定的学者，其后也未有学者提出在实质上超越这一界定的定义。

刘虹认为，“话轮是指在会话过程中，说话者在任意时间内连续说出的具有和发挥了某种交际功能的一番话，其结尾以说话者和听话者的角色互换或各方的沉默等放弃话轮信号为标志。这个定义包括了三个衡量话轮的条件：

---

① Sacks H, Schegloff E A, Jefferson G. A Simplest Systematics for the Organization of Turn Taking for Conversation[M]. New York: Academic Press, 1978: 7-55.

② 刘虹. 话轮、非话轮和半话轮的区分[J]. 外语教学与研究，1992(3)：17-24，80.

③ 刘虹. 话轮、非话轮和半话轮的区分[J]. 外语教学与研究，1992(3)：17-24，80.

一是具有和发挥了某种交际功能；二是连续说出的，中间没有沉默等放弃话轮的信号；三是结尾发生说话者和听话者的角色互换，或者虽未发生这种角色互换，但是出现了沉默等放弃话轮信号。这三个条件都是确定话轮的必要条件，缺一不可”①。“话轮只能由单句、复句和句群构成”②，其中单句包括表达完整意思的词和短语。同样是对前文那位大爷的访谈文本转录，我们用阿拉伯数字标注话轮。

本节访谈文本编号：20200105-THZ-DZ

1 小雨：“大爷，你是什么时候开始玩这些东西[乐器]的？”

2 大爷：“我早了，那时候十几(岁)吧。”

3 小雨：“那时候有人教你吗？”

4 大爷：“有。”

5 小雨：“那时候有人专门教你？”

6 大爷：“那时候有知识青年，济南的。那时候去河东演出[找出照片给我们看]。”

7 小雨：“[指着照片上的人]这不是 JLB[村民的名字]吗，那时候去演出？”

8 大爷：“嗯，去河东。”

非话轮即萨克斯等提出的“反馈项目”。“反馈项目是由听话者对说话者所说的话的反应形式，一般用来表示‘我在听呢’‘我很感兴趣’‘你继续说吧’‘我同意你的看法’‘你说的跟我想的一样’或者‘你说的事我以前不知道’‘原来这样’等意义。听话者在发出这样的反馈信息时，说话者的话轮并未中断，即并未发生听话者和说话者的角色变换，所以根据衡量话轮的条件，反馈项目不能算作话轮。”③

我们和这位大爷的以下对话中，访谈者说“那你是那时候咱庄文艺的一个

---

① 刘虹. 话轮、非话轮和半话轮的区分[J]. 外语教学与研究，1992(3)：17-24，80.

② 刘虹. 话轮、非话轮和半话轮的区分[J]. 外语教学与研究，1992(3)：17-24，80.

③ 刘虹. 话轮、非话轮和半话轮的区分[J]. 外语教学与研究，1992(3)：17-24，80.

头”，受访者回答“是啊”，“是啊”属于反馈项目而非话轮，我们用阿拉伯数字“0”表示。

本节访谈文本编号：20200105-THZ-DZ

1 小雨：“[指着照片上的日期]这不写着的，2000 年 2 月 10 日，马上 20 年了。”

2 大爷：“那时候我就 40 多(岁)了，管音乐，当导演呗。那个相片[照片]弄哪去了？找不到了，都让大队[生产队]里留下了，那些表演的照片。”

3 小雨：“那你是那时候咱庄文艺的一个头[带头人]。”

0 大爷：“是啊。”

4 小雨：“那你学完回来收徒弟了吗？”

5 大爷：“PL[村民的名字]不就是吗？还有 LNC[村民的名字]，那几个跟腚上喝油的[整天跟在我屁股后面的]，哈哈哈哈！”

除了话轮和非话轮，刘虹还提出了既不完全符合话轮特征也不完全符合反馈项目特征的“半话轮”，分为附属话轮、未完成话轮、听话人完成说话人的话轮等三种情况。附属话轮，“即指那些在会话过程中有两个人同时开口说话，其中一方退出后所形成的未起任何交际作用的言语形式”①，是会话双方争夺会话权未成功而导致交际无效的一种情形。未完成话轮是指，“在会话过程中，有时由于听话者强行打断说话者的话，或者误以为话轮完成，或者为了竞争话轮造成话轮重叠，重叠后，一个说话人马上退出，从而形成未完成的话轮”②。听话人完成说话人的话轮是指，“当说话人说话时，听话人预测并说出说话人将说的话”③。基于访谈和日常会话的差异，访谈者很少向受访者索取会话权，本书涉及的访谈文本中未见半话轮，此处不再赘述。

国内语言学界对话轮的研究主要在于，某些表达在话轮中出现的位置所

① 刘虹．话轮、非话轮和半话轮的区分[J]．外语教学与研究，1992(3)：17-24，80.

② 刘虹．话轮、非话轮和半话轮的区分[J]．外语教学与研究，1992(3)：17-24，80.

③ 刘虹．话轮、非话轮和半话轮的区分[J]．外语教学与研究，1992(3)：17-24，80.

体现出的交际意义[①]、某些方言表达和网络流行语在话轮中的出现及其交际意义[②]、某些特定表达在话轮中的功能[③]等，比较注重表达、话轮和交际之间的关系。本书作为一本成人教育学专著，研究的落脚点必然和语言学不同，而话轮分析法主要在以下几个方面发挥作用：一是为一份完整的、具有明显会话特征的访谈转录文本找到一个合适的最小分析单元——笔者认为这个最小分析单元不应当直接是句子、短语或词，而应当是作为“会话的最小结构单位”[④]的话轮。二是通过话轮序号的标注，将访谈转录文本的最小分析单元按照事实、观点和教学组成更大的分析单元，最终将一份访谈文本切分成事实单元、观点单元和教学单元。三是将不同访谈转录文本的内容按照事实单元、观点单元和教学单元进行横向对比，必要时对其中“成段落的回答”进行编码，用于理论的生成。四是结合矛盾话语表现法，在话轮中寻找矛盾的话语表现，从而结合拓展性学习的理论框架，找到推动拓展性学习循环的矛盾动力。

（二）矛盾话语表现法

本书第一章提到，矛盾是推动拓展性学习的根本动力。拓展性学习过程的自然演进涉及活动各要素内部的主要矛盾、活动各要素之间的次要矛盾，新活动和旧活动之间的三级矛盾，以及新活动和相邻活动之间的四级矛盾。四个层次的矛盾中，主要矛盾和次要矛盾是发动拓展性学习过程的关键，也是拓展性学习理论在揭示学习的发生机制时的主要分析对象。既如此，以拓展性学习理论为主要研究框架时，应当聚焦发生在田野中的农民群体学习过程中的四个级别的矛盾，尤其是主要矛盾和次要矛盾。就笔者在田野中采集数据的具体方法来说，四个级别的矛盾会体现在访谈转录文本、田野笔记、文档和实物中，其中以访谈转录文本为典型。

---

① 刘虹．话轮、非话轮和半话轮的区分[J]．外语教学与研究，1992(3)：17-24，80．

② 汪奎．网络会话中“呵呵”的功能研究[D]．上海：华东师范大学，2012：6．

③ 张钦钦．“(这)一天天的”负面立场表达功能及其形成动因[J]．宁夏大学学报(人文社会科学版)，2023(1)：54-59．

④ Sacks H，Schegloff E A，Jefferson G．A Simplest Systematics for the Organization of Turn Taking for Conversation[M]．New York：Academic Press，1978：7-55．

如何在访谈转录文本中发现矛盾？答案可以是恩格斯托姆团队提出的矛盾话语表现法(discourse manifestation of contradictions)。关于矛盾话语表现法的定义，恩格斯托姆团队的表述并不明确。基于他们对该方法的描述，笔者认为，矛盾话语表现法是一种以矛盾在会话中的具体表现形式为线索来剖析学习的过程性动力的话语分析方法。此处的“学习”当然是拓展性学习理论视域下的“学习”，其成果表现为属于某一群体的、具有历史进步意义的新实践，以及属于该群体中的个体的、革新能动性(transformative agency)的发展。

矛盾话语表现法的内容主要展现在洋葱模型(见图 2-2)和四分类表(见表 2-3)中。洋葱模型中的“洋葱”表示的是剖析矛盾动力的总体思路，共分为三层，分别是外层的基本语言线索、中层的话语表现和内层的矛盾。该模型的基本意涵是:矛盾双方的对立统一可在话语中表现为对困境(dilemma)、冲突(conflict)、严重冲突(critical conflict)和双重束缚的描述，每一种描述都会对应若干种基本语言线索(rudimentary linguistic cues)，比如“但是”是对“困境”的提示，“不”常用来表达“冲突”，叙事和隐喻的运用意味着“严重冲突”的出现，“反问”预示着“双重束缚”;矛盾话语表现法的基本思路就是通过外显的语言线索来发现内隐的矛盾动力。

根据洋葱模型，作为最终分析目标的矛盾居于核心，作为素材工具的基本语言线索居于外层，位于中层的话语表现可按照矛盾双方对立程度的加深依次表现为困境、冲突、严重冲突和双重束缚，每一类都能找到大致对应的语言线索。所谓大致对应，是指语言线索与话语表现之间的关系不是绝对的对应而是相对的对应，比如反问句经常出现在对双重束缚的描述中，但反问句也可能在其他类型的话语表现中出现，究竟如何判定，还应当参照当时的语境。

四分类表是对洋葱模型的具体化和补充，每一种话语表现都能找到相应的特征和矛盾化解策略，而这些特征和化解策略也有大致对应的语言线索，分析访谈转录文本时，研究者只需通过各类软件的检索功能找到这些语言线索，再通过语言线索找到矛盾的四种话语表现，就能对事物发展(拓展性学习)的矛盾动力做出分析。

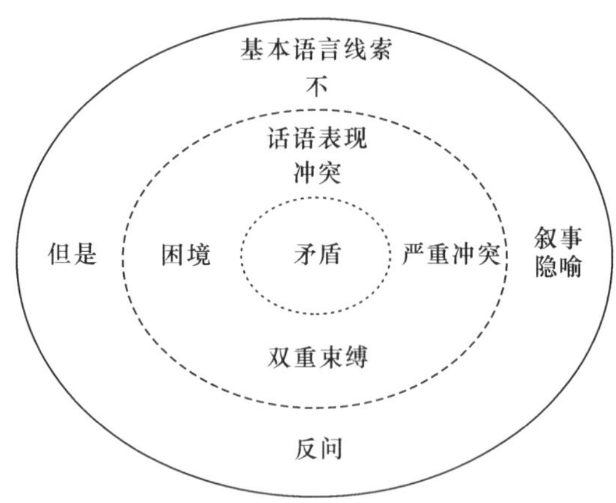

图 2-2 矛盾话语表现法的洋葱模型

图片来源：Engeström Y，Sannino A. Studies of expansive learning：Foundations，findings and future challenges[J]. Educational Research Review，2010(1)：1-24.

表 2-3 矛盾话语表现法的四分类

话语表现	话语表现的特征和矛盾化解策略	语言线索
困境	特征：做出互不相容的评价	"一方面……，另一方面……" "对，但是……"
	化解：表示拒绝，重新表述	"我不是这个意思""我的意思是……"
冲突	特征：争论，批评	"不""我不这么认为""不是这样的"
	化解：妥协，服从权威或服从多数	"是的""这样我就能接受"
严重冲突	特征：在社会交往中面对矛盾的动机，感到被冒犯或内疚	个人化的、情绪化的、带有道德谴责意味的表述，通常伴有生动的叙事和隐喻
	化解：找到新的个人理解，商讨新的意义	"我现在意识到……"
双重束缚	特征：在活动系统中面临两种同样倍感压力且不可接受的备选方案	"我们""我们必须""我们不得不"，带有压迫性的反问句，表达无助
	化解：实践转化(超越言语)	×

资料来源：Engeström Y，Sannino A. Studies of expansive learning：Foundations，findings and future challenges[J]. Educational Research Review，2010(1)：1-24.

困境是矛盾双方对立程度最低的话语表现，被研究者在叙述中通常用"一方面……，另一方面……""对，但是……"等表述对所处境况做出两种互不相容的评价，由于对立程度较低，困境的化解一般表现为受访者拒绝接受某些观点，重述自己所能认同的观点，选择自身立场而无需让步。

冲突的对立程度高于困境，以争论和批评为主要特征，表现为明确的否定性言论，比如反对某些观点。冲突的化解通常需要受访者做出让步，通常是向外部力量妥协，退让于多数或权威。

严重冲突的对立程度比冲突更高，其特征是受访者在社会交往中面临一对相互矛盾的动机，动机之间的冲突令其感到被冒犯或内疚，进而使用个人化的、情绪化的、带有道德谴责意味的表达，并且伴有生动的叙事和隐喻。严重冲突的化解表现为找到新的个人理解，或者试图与对话者探讨新的意义，典型的语言线索是“我现在意识到……”

双重束缚是拓展性学习循环中的第二个环节，也是对立程度最高的话语表现，陷入双重束缚的受访者通常面临极具张力的两难境地，他们必须在两个毫无建设性的选项中反复选择，而任何一种选择都只能带来可预料的糟糕结局。无效的反复选择会给他们造成极大的压力，让他们认为个人的力量已经不可能摆脱眼下的境况，因而将人称代词从“我”改为“我们”，试图借助群体的力量来解决问题；同时，受访者会使用反问句来表达无奈和无助，也会通过“必须”“不得不”等词语来强调问题的迫切性。双重束缚的化解意味着群体实践的转化（即实质性的进步），这需要一定的拓展性学习或革新实验周期，其成果一般表现为相对复杂的观点、工具、方案、论述等，也就不可能有简单而直接的语言线索。

通过运用矛盾话语表现法，笔者运用文本分析软件的检索功能（word 就能实现），从事实单元、观点单元和教学单元等话轮组合单元中依次查找四个级别的矛盾话语表现的基本语言线索，判断语言线索指向的文本内容是否反映出四个级别的矛盾话语表现，最后分析矛盾动力对学习过程（事物发展过程）的推动作用。

五、数据向成果的转化

数据向成果的转化主要有两条路径，一是叙事探究，二是概念生成。

(一)叙事探究

在研究成果的呈现上,本书首先通过叙事将读者引入研究情境,在故事的脉络中对研究成果进行体验式加工。叙事是将受访者所提供的事实和观点融入故事并予以呈现的一手数据转化方法。叙事主义者认为,人类是故事的组织者,人类经验基本上是故事经验,因此,研究人的最佳方式便是抓住人类经验的故事性特征①。社会科学研究中的"叙事研究"或"叙事探究"(narrative inquiry)就是借鉴了文学理论中的"叙事学"②或"叙述学"③(narratology),强调"人类经验的理解性特征,强调研究要对教育情境、经验(体验)、人际关系等进行描述,并对这些经验描述做出解释性的分析"④。

杜威的实用主义思想是叙事探究理论的主要来源,其中最为关键的概念便是经验(experience)。遵循克兰迪宁(Clandinin)和康纳利(Connelly)的观点,本书中的叙事探究特别关注"经验的连续性(continuity)和互动(interaction)"⑤,注重挖掘一个人的过去、现在、将来,以及个人经验与社会经验的联系,同时"叙事地思考"⑥经验。这体现在本书第三章和第四章(第六章、第七章也有少量的叙事)充满细节的故事讲述以及夹叙夹议的写作方式中,也体现在其他部分基于叙事的理论分析中。不过,从现场文本到研究文本还有很长的一段路要走,研究者"既要使其代表参与者的现场经验,又要创造一种超越现场和现场文本而与读者直接对话的研究文本"⑦。对笔者来说,仅凭"叙事"仍无法完全达成现场文本向研究文本的转化,还需要其他方法来辅助"探究"。

---

① 康纳利,克莱丁宁.叙事探究[J].丁钢,译.全球教育展望,2003(4):6-10.

② 邱瑜.教育科研方法的新取向——教育叙事研究[J].中小学管理,2003(9):11-13.

③ 巴尔.叙述学——叙事理论导论[M].谭君强,译.北京:北京师范大学出版社,2015:第一版译者前言.

④ 朱光明,陈向明.教育叙述探究与现象学研究之比较——以康纳利的叙述探究与范梅南的现象学研究为例[J].北京大学教育评论,2008(1):70-78,189.

⑤ 克兰迪宁,康纳利.叙事探究:质的研究中的经验和故事[M].北京:北京大学出版社,2008:72.

⑥ 克兰迪宁,康纳利.叙事探究:质的研究中的经验和故事[M].北京:北京大学出版社,2008:20.

⑦ 康纳利,克莱丁宁.叙事探究[J].丁钢,译.全球教育展望,2003(4):6-10.

(二)概念生成

结合话轮分析法和矛盾话语表现法，本书探索出了一种全新的概念生成方式：第一，以“话轮”为单位对单次访谈的转录文本进行切分和标记；第二，按照事实单元、观点单元和教学单元，对单次访谈的转录文本中的话轮进行组合；第三，在已经完成组合的四种单元中寻找四个级别的矛盾话语表现；第四，通过矛盾话语表现来分析推动学习过程(事物发展过程)的矛盾动力；第五，借助拓展性学习的主视角和模仿学习理论、经典成人学习理论以及其他理论和案例等，阐释农民学习的机制以及网格组团学习模式的构建问题。

拓展性学习理论是本书重要的理论基础，拓展性学习将矛盾作为学习的动力，因而笔者会特别留意访谈文本中的矛盾及其话语表现。拓展性学习视角下的矛盾动力是发生在研究对象身上的，涉及研究者和研究对象、研究对象和社会大众之间的关系，以及另一个层面上的非常重要的矛盾，即质性研究在选题时必须瞄准的常识性悖论，也就是社会大众对某一问题的常识性认识和田野中出现的、研究对象对该问题的本土化认识之间的冲突。与之类似的是知识冲突，“知识冲突是由于知识的异质性而造成的知识主体之间在行为意向和行为方式上的差异、碰撞乃至对抗及其结果”①。常识性悖论中的冲突往往指示着十分值得解释的社会现象及其相关原理的诞生空间。因而在本书中，通过话轮分析法和矛盾话语表现法的组合，笔者不仅发现了研究对象创造新实践的动力，而且还发现了研究对象所提出的本土概念及社会对这些概念的一般理解之间的常识性悖论，同时，常识性悖论也融合了研究对象创造新实践的矛盾动力，有助于对矛盾动力做出更全面、更深刻的解释。

笔者以“看会”(详见第三章至第五章的内容)这一本土概念的发现为例，解释如何在访谈转录文本中挖掘融合矛盾动力的常识性悖论。下面的会话选自笔者对鲁东南地区一位农民的访谈，主要围绕该农民如何学会当地一种名为“六”的民间棋而展开。访谈节录从第 33 个话轮开始，话轮 1 至话轮 32 的

---

① 张钢，方珑.知识冲突与团队绩效：一个实证研究[J].科研管理，2007(6)：12-21.

内容围绕寒暄和“六”棋的历史展开。本次访谈共有 4 人参与，笔者和小雨是访谈者，汉青和汉青老婆是受访者。我们试图进行教学式访谈，但由于“看会”的存在，汉青和汉青老婆直到最后都没有教我们。

本节访谈文本编号：20191231-HQ-LQ

33 小雨：“你教教我那个‘六’也行啊。”

34 汉青：“你到明天上滨河桥那里，就有过去来[下棋]的。”

35 小雨：“这样看能看懂吗？”

36 汉青：“在桥上玩。”

37 汉青老婆：“那么冷的天，人家谁出去来棋啊。”

38 汉青：“晌午头的有，十点来钟过去。十点来钟过去来‘六’。”

39 小雨：“大爷，你那时候是跟恁[你们]队里的老头学的？”

40 汉青：“这个还用学吗？看看就会了。你看看，你看看。”

关于这个话题的完整对话由 101 个话轮组成，此处略去了话轮 41—101。全过程中，访谈者试图询问受访者是如何学会“六”棋的，而受访者强调“六”棋既不用学也不用教，是“看会”的，并且 7 次将话题引向“看会”。本次访谈(包括未摘录的部分)共有 57 次提到“看”，但其中包含两种截然不同的含义。一种是在讨论学棋的问题时提及的“看”，“看”的结果同棋艺的习得有直接联系，是习得意义上的“看”，即“看会”。另一种是普通意义上的看，即“观看”，主要讲的是观看电视、手机和现实生活中具有表演性质的活动。值得一提的是，当汉青老婆说“你看荆林路边那里，除了来象棋的，就是来‘六’的”，小雨问她“看的多吧那里”，虽然“看”的对象也是“六”棋，但双方都没有讨论学棋意义上的“看”，只是一般地讨论观棋，因而没有被标记为“看会”的典型会话。

这段会话中，受访者所表达的习得“六”棋技艺的方式也有两种，分别是“靠看”和“靠来”(这里“靠”的意思是“总是”)，也就是多看和多练。此处受访者对于多练的认识同一般性的社会常识并无二致，我们暂时先不把“靠来”作为含有常识性悖论的矛盾动力来处理。然而与“靠看”相关的上下文却表达了许多相互矛盾的意思，比如：汉青自诩“六”棋高手却说自己不会画棋盘(意思是懒得教、不用教)；汉青老婆说自己不会来“六”，但当汉青说她总是“看”时，她又说自己不用“看”，一来就会；当我们请她教我们下“六”棋时，她说自己不会，我们随即问她怎么下，她又简单讲出了决定输赢的规则。这些现象背后隐藏着许多矛盾，比如，受访者对于“看”“会”“教”等概念的理解可能和社会大众及教育学界有所不同，“看”和“会”、“看”和“教”、“教”和“会”之间的对立统一还需要深入挖掘。对于这些内容的解释将在第三章至第五章中出现，此处不赘述，仅从方法论的角度阐释我们是如何通过话轮分析法和矛盾话语表现法的组合，在访谈转录文本中发现“看会”这一本土概念的。

如表 2-4 所示，笔者按照会话推进的时间顺序、问者和答者的角色区分以及问者和答者的数量对话轮进行了编号，比如“1 问 33”表示的是“这是第 33 个话轮，它是由编号为 1 的访谈者发起的”，再如“2 答 37”表示的是“这是第 37 个话轮，它是由编号为 2 的受访者发起的”。访谈从“教学邀请 1”开始，受访者用“事实 1”回应这个教学邀请，提出“明天滨河桥上有下‘六’棋的”这一事实，而没有按照访谈者的邀请开始教学。访谈者随即提出一个询问受访者观点的问题，即“我们明天去滨河桥上看别人下‘六’棋，能否看懂”，两名受访者在重复“事实 1”的同时，又从细化“事实 1”的角度给出了“事实 2”和“事实 3”，而没有直接回答这个观点类的问题。当访谈者提出“事实询问 1”，询问受访者“有没有从生产队的老头那里学‘六’棋”时，受访者用“观点 1”回答了这个问题，明确提出“‘六’棋不用学，看看就会”。在这段简短的分析中，访谈者的“教学邀请 1”始终没有得到满足。

表 2-4　“看会”会话中的单元分析与汇总

话轮编号	事实单元	观点单元	教学单元
1 问 33			你教教我那个“六”也行啊
1 答 34	你到明天上滨河桥那里，就有过去来[下棋]的		
1 问 35		这样看能看懂？	
1 答 36	在桥上玩		

续表

话轮编号	事实单元	观点单元	教学单元
2 答 37	那么冷的天人家谁出去来棋啊		
1 答 38	晌午头的有，十点来钟过去。十点来钟过去来“六”		
1 问 39	大爷，你那时候是跟恁[你们]队里的老头学的		
1 答 40		这个还用学吗？看看就会了。你看看，你看看	
汇总	事实 1：明天滨河桥上有下“六”棋的 事实 2：天冷没人出来下“六”棋 事实 3：明天上午十点左右会有人在滨河桥上下“六”棋 事实询问 1：有没有从生产队的老头那里学“六”棋	观点询问 1：我们明天去滨河桥上看别人下“六”棋，能否看懂 观点 1：“六”棋不用学，看看就会	教学邀请 1：访谈者请受访者教自己下“六”棋，受访者没有接受教学邀请，给出事实 1，建议访谈者去滨河桥上看

当我们把这段访谈背后的整体逻辑整理成图 2-3 时，便会发现受访者之所以用事实 1 回应教学邀请 1，用重复事实 1、事实 2 和事实 3 来回应观点询问 1，都是因为受访者持观点 1，即“‘六’棋不用学，看看就会”。基于这一观点，受访者提出了三个事实，建议研究者去滨河桥上看别人下“六”棋，而不是由受访者亲自教。也正是基于观点 1 及其相关事实，教学邀请 1 未能在这段访谈中达成研究者“被教”的目的。通过分析话轮 33—101，我们发现此类围绕“用看不用学，用看不用教”的逻辑反复出现，“看会”这一核心本土概念及其与“教会”“学会”之间的矛盾得以浮现。从矛盾话语表现的角度看，“看会”相关的会话中出现了多次否定和反问，比如“不用琢磨”“不用口头教”“俺还叫教什么”“这个还用学吗”等，也提示了程度不同的矛盾的出现。

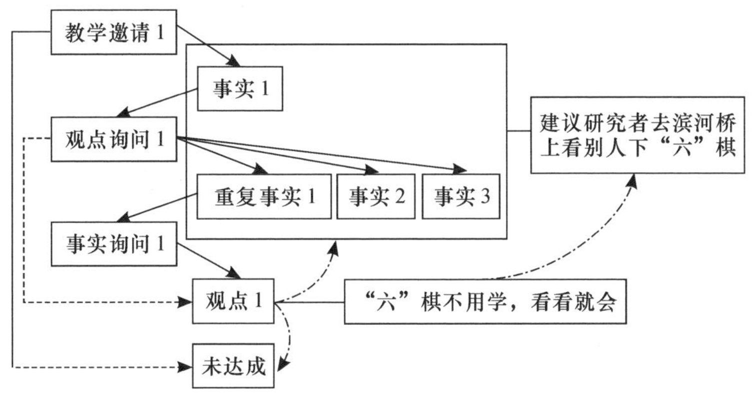

图2-3　本土概念“看会”的发现路径示例

在本书的第三章、第四章和第五章中，农民学习的核心本土概念“看会”在叙事中浮现出来，通过叙事，我们看到了这一概念的发生场景、历史关联和社会背景，通过结合理论和其他方法的进一步分析，我们又看到了这一概念多面向、多层次的复杂内涵以及它与“学”“教”“会”等其他概念的内在矛盾，继而基于对“看”的解释发现了农民对“学”“教”“会”等概念的特殊认识。

第三章 农民学习的方式(农技篇)

田野中,农民学习的一个重要本土概念——“看会”——逐渐浮现出来。本章呈现了“看会”出现的场景以及对这种现象的初步讨论。

一、“毒韭菜”事件之后菜农如何卖韭菜

本节访谈文本编号:20200103-JC-WSY

山东省临沂市兰山区鹿林镇的东亭庄是附近连片村庄中有名的蔬菜种植村,十里八乡都跟着这里的菜农学种菜。东亭庄把种菜称为“种菜园”或“种园”(种粮食叫“种地”),这次的主人公——我们(笔者和研究生小雨)叫他“二姨父”——是一名种菜园的农民。据二姨父自述,他们家从爷爷辈就种菜园,自己也是从小就种菜园,婚前婚后也都坚持种菜园。他说,一个人要是有能力就出去打工或者办厂子赚钱,言外之意大概是自家也没什么特别的本事,只能像爷爷辈的人那样种菜园。

我们问他,当初种菜园是不是跟人学的,他说:“学什么,就是农民出身,看着人家怎么种,咱就怎么种”,意思是种菜只用“看”,不用“学”。我们又问他,其他村庄种菜园都是跟着你们村学的,他们是怎么学的,会到园子里来看吗?他反问道:“问什么,那个还用学吗?就跟种庄稼一样,你以为还有什么技术。”他说,所谓“怎么学的,就是跟着传是的[别人说什么做什么,跟着传播就是了]”。不过在我们看来,“看”和“传”是“学”的本土化概念,是农民对“学”的独特理解。

尽管他说种菜园不用学,却也主动提到了这些年种菜园的演变:“早先,种

菜园的时候都没有棚[大棚],现在都有棚了——那个时候哪有棚啊,那时候也没有塑料布[建大棚需要塑料布来保温]。”我们觉得既然有这种技术方面的进步,农民总要学点什么,于是追问他当时是如何学会大棚种植的,谁知他再次说道:“学什么,就那些菜园,就那些地。那时候就种水萝卜,多种两季[这里的两季,指的是多种好几季]。韭菜多种两季,要是有棚了不(就是)多种吗?”他轻描淡写地把大棚种植解释成多种几季,在他看来,大概是以前天冷的时候不能种,有了大棚之后天冷的时候也能种,无非就是蔬菜批次上的增加。可我们对他这种不屑一顾的回答不是很理解,总觉得应当有其他方面的技术差别,于是继续追问。结果他从 20 世纪 90 年代割棉花条支成的 2 米小棚,讲到如今用钢结构的柱子支成的 16 米大棚,还有同村农民支的拉墙的大棚(意思是大棚后面有院墙),讲来讲去,关于如何学会这些事,终究也没提到半个字。

我们没有办法,只好直接问他种菜园这么多年了,有没有参加过村委组织的培训。这一次,他终于承认自己是去“学”东西了,随着他讲述参加防蛆虫培训的经历,我们的另一个主角——韭菜——终于登场了。那次培训发生在 2016 年,地点是莒南,学习的是如何防治韭菜生蛆(蛆是韭菜的主要虫害)。韭菜生蛆自古有之,为什么要在那个时间点突然组织一次培训?原来是为了应对当时的社会对“毒韭菜”的不满,也就是要给“毒韭菜”这一重大新闻事件一个合理的交代。省里下了规定,禁止韭菜等蔬菜的农残超标,禁止使用 3911[①]、DDT[②] 等高残留的农药。二姨说,他们在地里灌溉的时候,看见检查的人来到田里,“有什么菜都得揪一把”,之后送到青岛去检验,不合格的就要罚款 3 万元到 5 万元,甚至拘留半年到一年。

当时村里有一户人家,自家地里有一些韭菜不想割了,便留在原地。刚巧检查的人来地里割了一把,发现这把韭菜是高残留的“毒韭菜”,之后便“动用派出所,动用乡里,动用村委好几回”。那户人家解释道,这些韭菜是不打算割的,要留在地里的,对方说留在地里也不行,一定要刨除并受罚。出事的时候,

① 甲拌磷,又名 3911,有剧毒,用于防治害虫。

② 双对氯苯基三氯乙烷,又名 DDT,杀虫剂。

这户人家的男性劳力都不在家，只好让家里的妇女连夜将韭菜全部刨除。有了这件事，大家就都不敢用高残留的农药了。既然不让用以前用惯了的农药，那总得有个新法子防止韭菜生蛆，于是省里就组织农民参加蛆虫防治方法和新药使用的培训。培训归来，村委发放了一批低残留的农药，据说既防虫又养菜，原理是“秋天打上药之后防止苍蝇下卵，然后到了冬天之后蛆就少一点”。后来3911等高残留农药被强制停产，自然也就没人用了。

尽管如此，当时种菜园的农民还是遇到了销售上的难题。韭菜的名声被毁了，稍微讲究一些的城里人都不大愿意买韭菜，这导致韭菜严重滞销。当时二姨父去临沂北城新区（新城区）的集市上卖菜，发现那边的居民穿着都比较讲究，买韭菜的时候也会主动询问农药残留的事，不像城北村庄里那些上了年纪的老百姓，只要便宜就什么都敢买，就算韭菜闻着有一股农药味儿也照样掏钱。二姨父说，有时候菜农自己也意识不到农药的危害，“就像我们村被查韭菜的那一家人，派出所和乡里的人问他，他就说‘俺家割[高残留的]韭菜吃，也没拉肚子，也没啥的’”。但新城区的人和村里的人就不一样，他们懂得农药残留的危害，也从电视上看到了关于“毒韭菜”、农药残留检测等的报道，买韭菜的时候十分谨慎。

面对滞销，二姨父自创了一个解决办法。适逢二姨父的韭菜被抽检，测定合格之后，村委给他发了一张盖着公章的检测单，上面有他的姓名和身份证号，二姨父管它叫“检测的那张纸”。二姨父心想这张单子可能有用，就带着它去新城区卖韭菜，把它展示在摊位上。这一招果然奏效，韭菜的销量涨了不少，还能卖上好价钱：“几年前有村委的、农业局的来我地里割韭菜，把韭菜带走之后，检查完了给我一张单子，我就带着这张单子去南坊[位于临沂市老城区北部，桃庄村的南部，属于新城区]那边卖，在咱们这边批发是三块钱，两块七八左右一斤[①]，然后去那边赶集之后，肯定要卖得贵一点，就卖到五块一斤，赶南坊集，刚开始卖六块，后来卖七块。人家问我有检测单吗，我说有。把检测单拿出来，有名字、有印章、板正的[很正规]。”这么一来，其他摊位的菜农也

---

① 一斤等于500克。

争相效仿,韭菜不再滞销。

二姨父说他认识的一个其他村的菜农,花三块钱从村委买了一张(当然,那个人的韭菜也没有高残留),他听后心想,光有单子还不行,谁知道这单子是哪里来的,自己这可是正儿八经的官方检验,要显出它的权威性和真实性。于是他赶集的时候把身份证也带在身上,买菜的人问起来,姓名、身份证号都能和检验单对上,韭菜就又能比其他摊位卖得好一些。

访谈的时候,我们请二姨父把当年的检测单找给我们看,他走进内间,不一会儿就把单子翻了出来。单子的抬头是“山东省蔬菜农药残留例行监测抽样单”,类目和表格是打印的,内容是手写的,“抽样单位签署”一栏还盖着临沂市兰山区农业局的公章。我们小心翼翼地捧着那张布满折痕、磨损严重的单子,上面的栏目和公章依然清晰,只是淡蓝色的手写字迹已经褪色,无论如何也看不清。看来,这张单子的确是“功成身退”。由于蔬菜农残检测是抽检制,不是每个菜农都能拿到检测单,检测单也算是稀缺资源。“毒韭菜”贻害的那段时间,它确实保住了部分菜农的韭菜销量,不过检测单只是对韭菜农残的认证,本身并不具备销售法宝的作用,菜农在面对销量难题时对现有销售手段的效力感到怀疑,在实践中尝试引入检测单这一新工具,不断丰富这一工具的用法,在检测单和销售之间建立了模式化的关系(建模),同时卷入其他菜农(卷入其他主体),创造了“毒韭菜”贻害时期蔬菜销售的进步性实践,基本上符合拓展性学习理论对群体学习发生过程的描述。随着高残留农药的彻底停产和韭菜名声的逐渐恢复,和检测单相关的菜农实践也成为历史的尘埃,这段历史通过一张“久经沙场”的破旧检测单保留了下来,多年来无人问津。随着我们的不断追问,这段历史多少有了几块碎片,现了些许样貌,农民学习的方式也多少有了些前因后果,但关于农民认为种菜“不用学”的现象,仍然需要进一步追踪。

二、新嫁娘如何学会适量施肥

本节访谈文本编号:20200103-SF-WSY

还是这个反复强调种菜不用学的二姨父,他的妻子,也就是二姨,结婚之前是不会种菜的。二姨父在访谈中6次提到种菜不用学,表达方式包括“学什么?”“不用问,那个还用学吗?”“问什么。”“学什么技术,只要别荒了、别厚了就行,厚了就剪剪苗。”“还用学吗,种上就浇水就是。”“还用教吗这个?”对我们这些不会种菜的人来说,所谓“种菜不用学”简直是不可理解的。于是我们继续问他:“如果有人让你教他去种园,你该怎么去教人家?”站在一旁的嫂子(二姨父的儿媳)和二姨看不下去了,就有了下面的对话。

96 嫂子:“(比如)一亩地撒多少种子。”

97 小雨:“对啊,这个你肯定得问啊。”

98 二姨:“撒点种子,撒点化肥。”

99 嫂子:“要是一亩地本来撒一斤化肥,我撒了两斤化肥,那就(把菜苗)烧木[没]了。”

100 小雨:“对啊,这就是不会。”

终于,二姨父的回答来到了我们所认为的“学习”问题。他回忆道:“你二姨刚和我结婚的那一年,老头[父亲]给我分了一点地,让我去种园。我给你姨(一)个小桶,让你姨去撒化肥。我告诉她均匀地撒在这一片,均匀一点撒在这里,撒完之后,我一看还有三个畦子还没有撒完。我说‘你都撒哪去了’,她说‘没了’。本来是撒四个畦子(的量),结果撒了一个半就没了。”

102 小雨:“这不就叫不会吗?”

103 二姨:“现在行了。现在有这个小桶,有一个小碗,两碗撒到两头,基本就撒完。这都会了。”

我们想知道从不会到会的过程,又追问:“那你当时不会,我二姨父教你了吗?”

105 二姨父:“还用教吗?知道你二姨‘聪明’[反讽]了以后,我都把化肥给分开,告诉她'这一畦子撒这些,这一畦子撒这些。少撒,撒不了再回来。撒不了就重回去,反正这些量就是撒这一块地的'。"

到这里,答案又回到了"不用教""不用学",终于进入死循环。事实上,东亭庄的农民多数是菜农,周围许多村庄都跟着他们学种菜。二姨父和小雨说,"鹿林北乡就俺这里种菜多,你庄的也是跟俺庄的学",但一说到"学",很快就又搞不清楚了,继续围着"不用学"原地打转。

46 二姨父:"你庄老丁的谁的,都跟俺这里学的。"

47 小雨:"他们那时候都是怎么学的呀?"

48 二姨父:"怎么学的,就是跟着传是的[跟着传就是了]。"

49 小雨:"他不是现场到你们菜地里去问吗?"

50 二姨父:"问什么,那个还用学吗?就跟种庄稼一样。你以为还有什么技术。"

51 小雨:"那要不是技术,你怎么还说学呢?"

说到这里,二姨父就绕回了自己在韭菜用药培训班里学的东西,脱离了别庄人如何向东亭庄农民学种菜的解释:"学,那是不让你使农药。"随后他立即把种园的收成归于"勤快":"你得勤快,勤快就能种着菜,不勤快,你就种不着。该打药的时候不打药,该种的时候不种——"他话锋一转,又将收成归于天时:"就是也收早也收晚,也收勤快也收懒。可能你早种了,还不值钱,可能轮着懒汉种菜,那时候还值钱了呢。是吧,哈哈哈哈!"虽然他说得也有道理,但我们觉得人们常识中的"种菜需要学"和二姨父所说的"种菜不用学"之间的悖论还没有得到合理的解释,而且前一年(2019 年)11 月访谈高邮市长岗村的种粮大户邢书记时,他说种粮食的人不懂蔬菜种植,我们希望能解开这个谜,就又把话题拉了回来。

53 小雨:"那你们这些种菜的会不会聚在一起,说你为什么种得那么好?你为什么种得不好?一起交流交流。"

54 二姨父:"在一块没别的事就聊这些种什么,反正就是这些事。"

55 二姨:"勤快的就卖得多一点,懒的就少收一季。"

56 小雨:"那你给我说一说具体的,你们聚在一块都聊什么?"

57 二姨父："就聊种什么、卖什么，就聊聊什么时候该种什么东西——这个时候就种菠菜，过段时间就种水萝卜和芹菜，过完年以后，打春之后就什么都可以种了。"

58 二姨："嗯，那个时候就种点春萝卜和春芹菜。"

59 小雨："那是不是谁种得好，谁种得不好，你都知道。"

60 嫂子："去集上卖菜的时候不就知道了吗？"

61 小雨："就是你们一看就看出来了。"

62 二姨父："一看就看出来了。"

63 二姨："一看就看出来了，到集市上就看出来了。俺家的菜就是一般。哈哈哈哈！"

64 二姨父："去市场上就看出来了。那个菜如果长孬了，你扎捆得好一点，也能多卖钱。你菜长得再怎么好，你扎捆得不好，也卖不着钱。"

65 二姨："就(像)卖一张皮一样。把大的、高的包着小的，均匀放在面上，不就好看嘛。"

66 小雨："那些好的——"

67 二姨父："都差不多，都差不多。你去集市上看看。嗯，现在的菠菜我看着是要得'斑'[一种蔬菜病]——现在勤快的人，不得病[不会让蔬菜得'斑']。之前先打一点药防治一下，往后就不得病。看着要得病了，再去打药就没有办法了。"

68 小雨："那这些都是你问的别人吗？"

69 二姨父："问什么[意思就是不用问]。"

70 二姨："这个不用问，这个就是看着，我一看见菠菜长那么高了，我就告诉你二姨父赶紧去打药，[……]如果看出来得'斑'了，再打药就晚了。还有那么高的，我前几天就给你二姨父说要打一打药，他说不用打，栽完果树再说。"

71 二姨父："这个没有什么技术。不是说高档的棚[高档的蔬菜大棚，意思就是像寿光那种规模化的蔬菜大棚]，俺庄的都不是高档的棚，都是大通套的，就是种萝卜、芹菜、菠菜、橄榄、菜花、油菜这些没有什么技术的，没有像那种黄瓜和柿子那种需要嫁接的。勤快的就长得好，不勤快的就长得孬。"

72 小雨:“那你有没有听到你村里有人说新型职业农民这种?”

73 二姨父:“木有[没有],什么都没有。上边也不管,都是个人种。长得孬你不换钱,长得好你就多卖一点,人家没有管的。挣多了也不给别人钱,挣得少也没人管,地放在那里闲着长了草人家也不管。自己不嫌弃人家笑话,人家也没有管的。”

在我们看来,二姨父向二姨交代撒化肥的事项,是典型的教学行为,二姨第一次执行任务的效果不佳,二姨父就改变了工具的使用方式,重新对肥料进行分配,要求二姨改变作业方式,通过少量多次的方式完成作业。二姨父的教学以种园活动中的劳动分工为触发条件,以语言、动作、化肥、小桶为中介,作用于菜苗和田地(对象),在种园活动中实现从一人向另一人的实践拓展,促进自家种园实践的进步。问题是,二姨父为什么一直否定自己的教学和学习行为,非要说种园“不用教”“不用学”? 整个访谈中,二姨父认同的“学习”活动只有参加村委组织的韭菜农残培训,我们推断,培训活动中的授课形式和中小学校中的授课形式很相似,都是在教室中,教师在上面讲,学生在下面听;课程传授的是既定的知识,学习者的任务是记录这些知识,用来落实更换农药的政策。发生在集市、田地中的教学和学习少了很多学校教育中的“修辞”,正如医院中的大型医疗设备具有强大的修辞作用一样(看到这些医疗设备,患者绝不会怀疑自己身处医院,也相信医院能治愈疾病),学校中的桌椅板凳、讲台投影、板报壁报、挂钟字画,晨读声、吵闹声、铃声,甚至是教师、教导主任、校长都能起到修辞作用,他们营造出教育的仪式感,打造出学习的氛围感,让身处其中的人十分确信自己是在学习,是在受教育。离开了这些,学习就变成了“看”,教学就变成了“传”,本质湮没在表象中。至于农民对学习的本土理解是否完全源于此或完全局限于此,二姨父的这段访谈还没能揭晓全部答案。让我们接着往下看。

三、种粮大户如何学会并传递新技术

本节访谈文本编号:20191126-SD-XSJ

2019 年 11 月底,我们(笔者、研究生小雨和研究生小吉)去江苏省高邮市玥池镇走访,认识了当地长岗村的邢书记,在转录文本长达 13495 字的访谈中,邢书记生动地讲述了他的种植经历。和二姨父“不用学”“不用教”的说法相反,邢书记从未否认他的学习,也对学习的细节记忆犹新。尽管邢书记和二姨父一个是种地,一个是种园,但很多属于“学习”范畴的东西是一致的,邢书记思考过的一些事项,二姨父作为一个农民也是绕不过的,而邢书记能用大量的语言顺畅地表达出来,二姨父则不习惯长篇大论。我们现在无法断定,形成这种对比是否因为邢书记的日常反思多于二姨父,或是邢书记的思维再现能力强于二姨父,或是邢书记在担任村干部的过程中练就了比二姨父更好的语言表达,或是邢书记对待访谈的态度比二姨父更认真。文本分析之后,我们给出了这些可能性,但由于没有确凿的证据,最终也只能是推测。我们更关心的是,邢书记如何讲述他和同村农民的学习经历,他对“学”和“教”的理解与二姨父有什么不同。由于邢书记的叙述比较流畅,加上涉及较多专业知识,我们尽量保留了他的原话。

邢书记生于 20 世纪 60 年代,和二姨父是同辈人。他 20 多岁开始种植水稻和小麦,作为家庭种植户耕种了差不多 20 年。2003 年,随着外出务工的村民越来越多,田地出现闲置,村中允许土地流转,他作为村干部无法外出务工,就以 200 元一亩[①]的价格承包了百姓的田,成了首批种植大户。

访谈一开始,他就主动对比了 2003 年和 2019 年大户种田的成本:2003 年的土地承包费用是 200 元一亩,2019 年是 800—1000 元一亩;2003 年雇用人力的价格是一天三四十元,2019 年的价格是 100 元,农忙时达到 200 元。成本明显提高了,粮食价格却相对稳定,2004 年、2005 年时,粮食的价格由

① 一亩大约 666.67 平方米。

2003 年的六七毛[①]一斤调到了一块一(1.1 元)、一块二(1.2 元),“这与现在的价格差不了多少了,比现在价格还高一点”。算下来,2003 年刚开始承包土地的时候,种粮大户还是能赚到钱的:“我们那个时候每亩田可以挣到 800—1000 元,如果自己辛苦些,选择自己治虫、自己操作机耕,还会赚得更多一点。”相比而言,如今的种粮大户很少能赚到钱,“如果粮价继续这样下去的话,大户还要亏本。”

除了自家的盈利,邢书记还惦记着国家的粮食安全,十分关心土地的产量:“从大的角度来讲,就比如说从国家来说,他要保证 18 亿(亩)耕地。你要有这方面的特长,你得先会种,你不能把这个田给种坏了,不然的话国家这个 18 亿(亩)耕地就没有保障了。[……]你搞种植业,你首先要学习,不能让外行人来搞这个种田,你自己亏掉了,从国家角度来讲,那你交不出粮食对国家也是有很大的损害的。”为了保产增收,几十年来,他一直和各类可能造成减产的因素作斗争,也一直主动学习有望带来增收的新技术。他的种粮故事既离不开洪涝、害虫这样的“恶龙”,也离不开新型农药、新型农机这样的“宝剑”,更离不开农业合作社、农民培训班以及同业专家这样的“伙伴”。随着社会历史的演变,“恶龙”在进化,“宝剑”在磨砺,“伙伴”在精进,而作为故事的主人公,邢书记始终没有停止交友、砺剑、屠龙的步伐。

说到第一条“恶龙”,邢书记印象最深的是许多年前彻夜排涝的经历。对于种植业,“水”是极其重要的因素,尤其是长岗村这样多雨的村庄,梅雨季节的雨水十分骇人。邢书记在访谈中 43 次提到“水”(不包括“水稻”等名词中的“水”),10 次提到“涝”和“洪涝”,7 次提到“雨”,主题涉及抗灾、灌溉、防虫等。据邢书记说,十多年前的某天晚上,天降大雨,他有一片几十亩的田完全被淹没,“看到的时候是一片汪洋”。如果放任不管,秧苗就会烂根,后果就是没有收成。那时候电机很少,他找杂工帮着弄来两台柴油机,“两台机器下去排涝,一直排到夜里,看见了秧苗。第二天早上过去的时候,又是一片汪洋”。

之所以会积那么多水,一是因为雨水多而不绝,二是因为他的这片田是低

---

① 一毛即一角。

洼田，外河的水位太高，不断渗进田里，周边田地的地势也比他的田地高，别人排的水也会渗进他的田里。村里有的低洼田没有及时排水，秧苗淹在水中几天就烂了根。“那个时候不像现在，现在我们开始‘同防同治’，那个时候是不好一起的，那个时候没有这个意识，都是各自管各自的。”动用机器排水的方法也不是专家教的，而是种粮大户的实践智慧，也可以说是他急中生智：“因为当时你没有办法了，如果秧苗继续被淹，这个就跟人一样，在水里面你必须得伸出头来喘口气，秧苗也是一样，它也是有生命的呀，所以第一想到的就是排涝。”大约是在 2015 年，村东边修了南水北调工程，可以将多余的水调到北方干旱地区派用场，此后，村中已经多年没有发生大规模的自然灾害，也就没再有彻夜排涝的经历了。

第二条“恶龙”名为虫害，邢书记印象深刻的是稻飞虱和卷叶螟。据邢书记说，稻飞虱生于长江以南地区，“一般发生在稻子要收割前十几天或者二十天这样子”，如蝗虫一般铺天盖地。稻飞虱专吃水稻的功能液，没了功能液，水稻就无法吸收阳光和养分，自然也就枯萎了：“你今天看到这个稻子是绿色的，然后这个虫子过来的时候，它就像一层蚂蚁一样，整个扑在这个稻子的叶子上，它就吸那个稻绿色的浆，吸掉之后这个稻子他就枯萎了。你第二天、第三天过来看的时候，这个稻子就像枯草一样了。”大约是 2006 年，长岗村闹了一次稻飞虱，农民天天忙于治虫。那时候没有“同防同治”，也没有飞机喷洒，农民们就“用一根皮管把(药)水拖到田里面去治”，“邻居那边的地他治了虫，这个虫子就飞到我这边来，那我这边的虫子又飞到他那边去，这个就跟打仗一样，把它给赶出去”。但是老办法治虫根本来不及治，本来当年正常能达到每亩 1200 多斤的收成，结果只得了 800 多斤。

稻飞虱不是本地的虫害，它们随着台风从南方迁移而来，气温降低便自然消失，来年也不会重生，卷叶螟却不同，它们在当地农田的草木灰中产卵，幼虫“生活在我们的田里”，要是这年发了这个病，来年还会复发。卷叶螟如同桑蚕，“专吃秧苗的叶片，如果秧苗的叶子被吃完了，这个秧就结束了”。这种害虫一年可在长岗村田间发生两至三代，世代重叠，不及时防治就会导致严重减产。但关于什么是“及时防治”，过去和现在的认识大不一样。邢书记说，以前他们是“有虫就治”,但到了2013年,“每个村成立了一个质保合作社,这个合作社是专门给别人治虫的”——邢书记也管它叫农业合作社、农技中心等——开始了“同防同治”。农技中心会在庄稼生长的关键时期发布通知,“比如有的镇是直播田,有的镇是插秧田,插秧的时间早,这个它(下通知的时间)就不一样了”。必要的时候,合作社会派专家进行田间指导,农民遇到治虫等重要问题也会主动咨询专家。发起咨询的主要是种粮大户,只种两三亩地的个体户要是没有精力和虫子耗,“他就出去打工了,任由他这个稻田荒掉,他最后就放一把火烧掉了”。

技术进步和农技中心给种粮大户提供了不少帮助,“特别是针对稻飞虱这样子的药,也有了新的一些提升。以前的药残留多,现在的药药效好,残留又少,更加环保”,而对于在田间产卵的卷叶螟,他们不再像以前那样见到幼虫才治:“你得在卷叶螟产卵的时候就防治,一旦这个卷叶螟的小幼虫(生出来了),它吃秧苗就吃得特别快。所以你在治虫的时候就要询问技术人员,什么时候治虫最好。在它刚刚繁殖的时候——如果它一旦成虫药量又要大,而且你的残留也多。这个就是关键,你需要及时(防治)。”这和东亭庄的二姨父提到的韭菜治虫的时机和药效变化等方面十分一致,只是邢书记对前因后果的陈述更加透彻。

农技中心成立之后,村中形成了“农技中心技术员—农业示范户—其他农户”的农业学习链条。“像我作为一个农业示范户,我们家门上面都有标志的,我就是要带几家,然后要帮助几家的。农技站的农技员——像我们这个镇就有几万亩田,他根本跑不过来的。所以我们这些培训好了的,就给那些散户进行培训。”每个示范户根据自己的时间和精力,可以帮带两三户,也可以帮带六七户,除了防洪防虫,还会处理一些由生态保护、技术更迭带来的问题。比如上文提到的卷叶螟,其重要诱因是秸秆焚烧。不仅卷叶螟在焚烧后的秸秆末中产卵造成灾害,而且秸秆焚烧还会造成严重的大气污染。

邢书记说,2010年,国家禁止秸秆焚烧,但秸秆还留在田里,人工插秧之后,就发现秧苗一直泛黄。他当时以为水稻生病了,就打了一次药,但还是不见好转,于是带着秧苗到农技中心去找专家“问诊”,“技术员也是要到现场去看，技术员走到我的田里面去看了一下，他说需要把这个田给空一下，就是把它里面的全部的水给放掉。因为没有焚烧的秸秆被机器粉碎以后在这个水里面泡，那个污水、那个沼气被它泡出来了，所以这个秧很难着根[扎根]，然后你把这个田空了，两三天以后再过一遍水，就跟洗衣服一样，过几天它这个秧就出来了”。这件事情发生在禁止秸秆焚烧后的第一年，邢书记当时觉得很新鲜，因为以前“从没试过把秸秆留在田里”，没有秸秆的田地，插秧的时候水是直接渗进田里的，现在秸秆在田里，泡了秸秆的水会变成黑色，小秧苗忍受不了水中的沼气就变黄了。

另一个例子是育秧盘。育秧盘是水稻插秧机不可或缺的部件，主要功能是实现稻秧的育苗，一般由聚氯乙烯经过特殊工艺吸塑而成，看上去就是一个排列着整齐小孔的长方形塑料薄盘：“在这个盘子上你得先放一层底料，然后用稻谷种子给它撒上面，上面再盖一层土，再淋点水让它长出来。”尝试水稻机械化生产，学会使用育秧盘是绕不开的一环：“一开始搞的时候不行，我们也不会——那个时候我们会也会，但是就是没有别人的养育得好，特别是育小秧的时候，温度高，小秧上面还弄了一个无纺布，这个还是有点科学的，如果你不能及时揭开无纺布，那对这个秧的生产质量就有很大影响。”育秧盘使用不熟练的时候，长岗村一个生产小组大约只能育成 150 亩稻田，另外 100 亩田就要毁掉。后来经过多次培训，他们掌握了这项技术，比如土壤少了秧苗就容易散掉，“散掉(之后)你这个插秧机就插不了”，再如“盘子能放多少个种子？少了，秧苗看着太稀、不密；多了，秧苗养分不够，它马上就要枯萎”，“所以这个技术很多，培训以后大家都知道了”。

“农技中心技术员—农业示范户—其他农户”的农业学习链条形成之后，长岗村的农民会先找农业示范户去解决种植过程中遇到的问题，如果农业示范户也解决不了，就要去找农技中心技术员解决：“一般是 5 月份育秧苗，那你 4 月份就得要先进行培训了。你得先学习理论知识，开会培训之后他会把你带到现场去实地考察，那如果说你要进行田间管理了，或者你遇到其他什么问题了，你可以去找我们这个农业示范户先去看一遍，如果我们农业示范户能够帮你解决掉，那我们就帮你解决，如果这个病我们看不出来，那你就要去农机站找技术人员了。”

农业示范户解决不了的问题往往会成为普遍的农技培训需求，邢书记说，他们每年有好几次培训机会，按照种植、养殖等分类进行，涉及农业生产的方方面面，参加培训的大多是种植大户和养殖大户，国家也会适当给予补贴。邢书记很爱钻研水稻种植，还想继续学习关于防虫治虫、农业机械化等内容，说没有补贴自己也愿意去学习。和他想法一样的还有回乡创业的年轻人，他们和东亭庄的二姨父是同行，从事蔬菜大棚种植，“搞点黄瓜、鸡毛菜、土豆这些”。邢书记说，只要学有所用，“青年人他们宁愿自己交学费也要学”，并不似二姨父所言不用学、不用教。

高邮当时正在推行新型职业农民持证制度：“参加职业农民培训，首先就比如说像国外你做职业农民，你首先得要拿一个证，[……]我们也知道将来你这个大户承包田必须得要有这个证，所以我们要学习。”然而有趣的是，当笔者问他“就算没有证，您觉得您自己是新型职业农民吗?”他十分果断地回答“是的”，给出懂技术、有经验、肯吃苦、愿意钻研四条判断标准的同时，将结论性的判断依据落脚到“效益”上：“首先你作为农民，你要会种田，你要把自己的田给种好，你自己的损失是小，国家的损失是大，你一亩田打 1000 斤，别人打 1200 斤，从你自己角度来讲少掉了 200 斤，但是从国家角度来讲那得少掉多少啊?就像现在的土地流转，这些有经验的、肯吃苦的、愿意钻研的，让这样子的人来种田。我们也遇到过种田不行的人，比如说你跟他签五年合同，签完之后就知道这个人不擅长种田了，首先他产量方面就没有别人多，他的田间管理就没有别人的好，说白了就是他不在行、不懂技术。我们下次再流转的时候，这样子的人我们就不考虑了，我们要那种懂技术、肯吃苦的，他出来的效益也不一样。”

访谈即将收尾时，笔者请他给自己的水稻质量打分，在“非常好”“好”“一般”之间选择一个等级，他选择了“好”，理由是：第一，出米率高、颗粒饱满、稻穗整齐：“如果你的稻子生长出来以后，通过加工以后出米率高——你的出米率就是指你的这个颗粒饱满，它的这个出米率就高。一般像我们稻子，100 斤稻子加工成米之后，出米率可以达到 72 斤、73 斤或 75 斤这么高，但有的人就只有60多斤,这个就不行了。他这个米就是不健全的、碎的,我们的稻子都是饱满的,都是很齐的。”第二,防虫及时,农残较少,稻穗金黄、无杂质、不发黑、不发霉:“另外还有个最大(重要)的就是,你虫害抓住了吗?[……]稻子抽须的时候,它是最容易遭受虫害的。如果你这个农药用得不及时,这个稻它就会生病,生病它就会产生这个霉菌,这样你人吃了之后就容易患癌。所以这个稻子出来黄灿灿没有任何杂质、霉菌这种东西,所以像我们内行一看这个稻子很漂亮的——黑色的稻子它就是有细菌。”

我又问他“好”和“非常好”之间的区别。他说“非常好的稻子,现在我们也提倡叫绿色产品,无农药,不打农药的”,有机稻施的是有机肥,产出来的米很香,熬粥很黏稠,“它的品质是最好的”。“但是这个稻子现在产量比较低”,因为以有机肥为养料的稻子生长慢。邢书记说,以前没有化肥只有有机肥,稻米产量低,但产出来的米更好吃,如今国家也倡导有机产粮,比如鼓励套养综合治理:“像我们稻田里面养鸭子,现在国家也会有补贴。现在就是国家鼓励你养,你秧插下去之后,这个鸭子在里面吃害虫,[……]鸭子吃过以后,它拉出来的粪便在田园里面就产生了有机肥。所以我们现在提倡这个有机肥非常好,就是它不一定是高产,但是它的品质好,它的这个种植要求高。”听起来,在使用化肥、必须保障一定产量的水稻中,邢书记种植的水稻已经达到了他所认同的最高质量标准。我向他确认这一点时,他肯定地回答:“一般像我的这个产量,一般是最好的了,像我今年就打了1400多斤。”他解释道,水稻的产量和质量是互相挂钩的,水稻生长欠佳,产量就无法保证。同样是一棵秧苗的一个穗,“有的人颗粒有100多,有的人颗粒有200多,它这个就相差很大了,它这个产量上来了,它的这个品质就不一样了”。

提到未来的提升空间,邢书记说水稻种植和小麦种植的提升空间都很小,以前长岗村亩产只有800斤,经过多次培训之后提升到1300斤、1400斤,继续追求进步的话,“还是在品种,在选种优化”,就像袁隆平先生所做的那样。这对一个普通的种粮大户来说确实不易做到,邢书记也说,虽然自己的水稻种植已经达到了较高水准,但技术在进步,“农业方面,没有人能够说自己什么都会,因为这种东西它全部都在更新”,学习的步伐永远不能停滞。

们在集上险些弄丢了自己的二儿子。小家伙当时还不到三岁,大姐用一条纱巾拴着他,但当时她和大姐夫一起挑西红柿挑得太用心,一时间竟没顾着孩子,转眼的工夫,小家伙就不见了。讲述这个事件的时候,大姐还专门讲了批发的西红柿为什么要挑,说是市场上的人会把圆的西红柿铺在上面,把不圆的西红柿混在下面,他们当时埋头去扒西红柿的大篓子,就是为了把品质不好的西红柿挑出去。没承想,自家的儿子就在这个时候走丢了,两人找遍了市场也没有找到,幸亏大姐灵机一动,在菜农休息的小窝棚里找到了小家伙,原来是盛夏的菜市场太热,小家伙躲到窝棚里乘凉去了。自那之后,大姐就把二儿子送到他姥姥家,再也不敢带着来买菜了。还有一次,大姐夫在市场上遇到了霸道商人,那人卖的茄子品质不怎么样,还非要逼着大姐夫购买,不买就不让走,大姐夫不肯,就被那人打了一顿。凡此种种,两人"一月到头了,会[能]赚个五六百块钱,那也算赚钱了"。

大约在20世纪90年代中后期,大姐的故事里出现了一群名为"他们"的消息传递者和一个名为"他"的泡豆芽"师傅"。她的表述是这样的:"听他们说光卖菜也不赚钱,给恁找个啥门路你弄啥弄啥,他说泡豆芽。我说'这泡豆芽咋泡',他说'你先弄豆试试'。我记着是一块六、一块七一斤,就跟着他们去泡豆芽。"大姐记不清"他们"是谁,总之就是十里八乡的农民,和二姨父口中那些互相传递种菜信息的大致是同一类人群,而其中的"他"便是帮助大姐学会泡豆芽的人,我们把他称作"豆芽师傅"。豆芽师傅和大姐不是同一个村的人,大姐也记不得豆芽师傅来自哪个村庄,也说不清他们是怎么认识的,只知道豆芽师傅的姐姐也卖豆芽,他是偷偷跟着姐姐学的:"他姐老忙,他是跟着偷学,偷学了以后他又传给咱。"大姐为了让豆芽师傅教她,就让那人住在家里:"头两天为了叫他掰活[教]俺泡豆芽,到俺家不叫他走,给他做饭吃,他跟这儿前两天住俺家,你为了叫他给你传。"不过豆芽师傅也是个有家室的人,长期住在大姐家里也不是个办法,后来只能让他先回家,大姐自己则继续摸索:"就是学这一星期多慢慢摸索,人家天[天天]住咱家不得劲,人家也是一家人家。慢慢摸索叫人家走了,我就是慢慢摸索,这慢慢差不多也弄成了。"后来,豆芽师傅因为南水北调工程搬了家,两家人也就不再来往了。

大姐和我们讲述了她当时泡豆芽的经过:“找个这么大的蒸馍锅温[烧]一锅水,就十斤豆。十斤豆,那我也端不动,强[勉强]端。这锅滚[烧开]了、锅响了,那倒里头点凉水,上[往]豆里一倒,找那瓢一搅,搅了往里头继续兑凉水。一兑水,手往里一伸,不那么热,找个塑料布一盖,洗净。盖住有个仨钟头到四个钟头,这绿豆就泡这么大。水滤净了以后再找个缸再弄个眼儿,再往里倒,倒了以后停仨钟头,再温点将温的水再给它冲一下,它都已经可该[应该]倒水了。前两天就是水烧烧,温温的,再就是六个钟头冲一回。到第三天、第四天水不能老热,老热里头都给它冲,它都不长了,冲死了。可难,可难都不敢想。慢慢这么长时候,就是水夏天跟冬天的温度也不一样,冬天的少了将近至少18度[冬天的水温至少比夏天低18度],这时间长了也记不清多少度。恁这儿[那时候]还量,买温度计去量水。恁这儿没水平,就是量量这水有多高温度。这么大火,这屋里这么大的火,整天就是温水,温温,我端住倒到那缸里头,再去添一锅凉水,再温温,再倒一下,给这缸里水温热。整天端、端,这指头伸不直[现在手指伸不直],就是端盆端的。这一台(绿豆芽)都这七天才能整成,你要是那一两天长不成也不能浇了,浇了都该脓[腐烂]了。”

作为一个远离20世纪90年代农业生产技术背景的泡豆芽外行,我听起来有些费力,同时也想知道她能不能总结出一些要点,便问她泡得好的豆芽和泡得不好的豆芽在操作上有什么不一样。大姐说:“你得操心,你平常都要泡好,泡好了以后你薅出来,搁到那席[草席]上晾到那,都到晾年下二十八、二十六去卖[指腊月二十六和二十八]。”我又问她什么情况下会失败,她说:“就是水温。你水温弄不好不是都该烘[腐烂],它放那都自动坏。咱屋温度老高了也不中,豆芽儿就是不管存那菜[豆芽就是那种经不住存放的菜]。(蔬菜里)第一干净(的就是)豆芽(和)豆腐,连肉说上[算上]也没有豆芽(和)豆腐干净,[制作过程中]全部一律(使用)净水[指干净的水,不是纯净水],一点污染水都不能覆盖。老热[很热]它也坏,老凉[很凉]它也坏,老凉那根上出黑点儿,只要有一点儿黑点儿,就是它温度老低,你要是温度正的时候,它粗、它肥实,它这么长它也不坏[长得很长也不会腐烂],你看着就是好看。”

通过三番五次的询问,再加上后来的文本分析,我终于明白大姐泡豆芽的难点在于“控温”和“换水”。同时也推断,豆芽师傅当初并没有概括出泡豆芽的要点和难点,更没有将概括后的内容以口述和文字的形式传递给大姐,导致大姐向我传递这些内容的时候也缺少对要点和难点的直接提炼。但是当我问起泡发失败的原因时,她又一下子将要点讲了出来,可见她不是不知道,而是不习惯以这种“先要点后解释”的方式去讲。于是我很好奇,豆芽师傅当初是如何教大姐泡豆芽的?大姐用了“摸索”这个词,它和二姨父口中的“看会”究竟是不是一回事?当然,我们也很容易发现,二姨父的叙事是缺少“师傅”这个角色的,他的“看”完全是独立自主的。而在大姐的叙事中,确实存在一个“教”的角色。根据大姐目前的叙事,我们大致能判断出,这个扮演“教”的角色的豆芽师傅,似乎也没有像学校的教师那样进行严格意义上的“教学”。那么会不会同传统学徒制中的教学有相似之处?

大姐说,当时的连片村庄中就只有豆芽师傅这一家会泡豆芽,于是我问:“他咋教的?”大姐回答说:“他就是掰活我,咱自己买东西[购买原材料]。”我又追问豆芽师傅当时说了什么做了什么,大姐说:“他给我说水多少温度,恁这儿[那时候]也没电话也没手机,他就(当面)给我说。他拿温度计量量水,他说你往里头倒着搅着,他说了以后,你倒着水手搅着,这手倒着凉水,这手搅着。温度计一量,这温度至少有25度到30度。”我又问:“他就帮你看一下,然后告诉你再干什么?”大姐又回答说:“盖住,停一会了,你再去搅搅,怕水温不匀,这里头有的绿豆成有的没成,它挤住[挤在一起]都泡不成。你不知道十斤的,十斤都这么高的,他挤压住迟会儿搅一下,停会儿没事儿再搅一下,你看一定程度,你看它泡都中了[泡好了],你就可以捞出来,捞出来给水空净就可以往缸里倒了。那缸这么大,这么厚,你给那缸里不是都底下拧个窟窿[缸的底部都要开个洞滤水]。”

我说知道,在家里水培豆芽差不多也是这样,但大姐和当时在旁边听我们访谈的大姐的妹妹都说这二者不是一回事。大姐的妹妹是个初中英语教师,她很形象地描述了大姐口中的“缸”:“它是一个坛子,上边开口大下边小,然后靠近底部有一个大孔。”大姐接着说:“一个,那是流水流净不能存水,一存水,豆里头都发腻,那就不长了,豆就膨大,一膨大这么大,就该脓了,知道不知道?

它搁水里泡住它都胀了，它利水它就长，知道不知道，你掌握不住了，豆就不动味了，就该烘了，上头挨着那都不好了。实际你泡豆芽是不能太多水了，得立点缝，水控干一点。跟自己摸索样，你不能天就他搁在这[没法天天把豆芽师傅留在这]，他给你说说，自己去摸索，这泡都有20年。”到了这里，我终于感到已经无法再继续追问了。半年后，由于分析文本时仍然想象不出发豆芽的场景，我请大姐回老家拍摄了当年使用的大缸，发现缸底连着狭窄的水道，滤豆芽的水会顺着水道流进地里，这才终于理解发豆芽的大缸底部为什么要开一个洞。

从我询问“他咋教的”到大姐给出最后的答案，经过了11个话轮，但大姐对豆芽师傅教学过程最详细的描述不外乎他告诉了大姐泡豆芽的具体水温。关于传统学徒制中的具体教学行为和教学活动，国外文献的记载也比较简单：日本的陶艺大师会把自己的手放在学徒的手上，让学徒感受陶坯的质感，培养学徒的触觉技艺；驯鹰人师傅会从雏鹰的饲养开始，逐步向学徒传授饲养猎鹰、放飞猎鹰和召回猎鹰的技能；铁匠学徒和蒙古包学徒也必须长期居住在铁匠工厂和蒙古包制作者的家中长期学习①。大姐请师入户的做法把握了传统学徒制中的“居住”，并且这种居住是按照某项技能的周期展开的。豆芽的生长周期是七天，为了找到能让自己观察一个周期的学习对象，大姐邀请豆芽师傅居住在自己家中，后来迫于对方也有家室，便抓住了一个周期中比较重要的前两天，通过豆芽师傅简单的指令和实际操作来学习，剩余的时间便自己“摸索”。

和传统学徒制不同的是，大姐并没有正式拜师，没有拜师仪式和拜师礼，二人也没有建立正式的师徒关系，大姐临时“抓”了豆芽师傅来教他，报酬就是管两天的吃住，形成了短期的恩情偿还关系。显然，豆芽师傅也不注重他和大姐之间的情谊，自家孩子结婚的时候也没有告知大姐，当大姐带着200元和一篮鸡蛋去拜访他时，他还觉得有些唐突。大姐说，如果这户人家没有搬走的话

① Billett S. Learning in the circumstances of practice[J]. International Journal of Lifelong Education, 2014(5): 674-693.

他们还会继续来往,不过即便如此,两家人之间的关系似乎也会越来越淡。豆芽师傅认为自己对于大姐的“师恩”不算什么,而大姐在结束豆芽生意以后,也不再偿还豆芽师傅的“师恩”。与之形成强烈对比的是,江西省宜春市张家村的农民向我们讲述过自己20世纪90年代时的拜师经历,他们说,当时的学徒经历长达数年、有严格的拜师仪式和拜师礼,只有具有“师傅”身份的人所做出的教学行为才有资格被称为“教”。我们认为,这比较接近传统学徒制。与之相比,豆芽师傅的“教”,更接近工作场所中自然而然的模仿学习过程,也就是大姐口中的“摸索”。我们认为,“摸索”和“看会”有极高的相似性,差异仅在于有没有人教。

五、大姐如何学做化肥农药种子生意

本节访谈文本编号:20220731-HNZ-ZXP

泡豆芽让大姐和大姐夫有了一点积蓄,但这项劳作很难熬,弄得大姐伸不直手指,整日腰酸背痛,他们想要转行,后来便瞄准了化肥、农药、种子和农机的生意。开始这段叙事之后,大姐开始频繁使用“老百姓”一词,共计28次,比如“给老百姓犁地,挣老百姓钱”“我买卖经营对准老百姓”等,这里的“老百姓”和她口中的“老农民”是一个意思,即“耕种的农民”。大姐说,老百姓只要有土地就一定会耕种,耕种就少不了化肥、农药、种子和农机,是一门可以传家的、不会丢饭碗的生意。大姐和大姐夫的分工是,大姐夫负责驾驶和经营农机,大姐负责销售化肥、农药和种子。

鹰林镇的商业区开了不少化肥农药种子店,大姐没有像其他店主一样把店铺开在镇子的商业街上,而是在“离老百姓近”的地方盘下了一处带门店的大院子。由于靠近马路和田地,老百姓经常路过大姐的店,去橘子山(当地一座山的化名)游玩的城里人也会路过此处,顺手买点种子回去种在花盆里。起初,这间院子长满了柳树和荒草,野猫和野狗划地而治,光是修整就花了不少功夫。化肥生意做了一段时间之后,夫妻俩发现这间院子刚好可以停放农机,加上国家会发放补贴,就又做起了农机生意。如今再想在这附近盘下这样一间院子已是不可能，因而大姐的店具有得天独厚的区位优势。

经营种子站需要资质，大姐花 3800 元报了农委组织的培训班，接受了为期一周的知识培训。大姐说，培训之后要经过结业考试才能拿到证书，有了证书才能开店，不过后来有些年龄很大的老头儿老婆儿（老年男女），即便没拿到证书也照样开了店。大姐生动地描述了当年资格考试的场景："培训到七天以后考试，这前头放个桌子，俺那一批是 138 个人，老头儿老婆儿。老年轻那人[很年轻的人]不干这，都嫌挣钱少。俺那桌子上都写的是一个名[每个人的名字都贴在桌子上]，一桌子坐五个人，一个人一个桌子，也跟上课样，这讲课时候不许乱跑，有那男的出去吸烟。吃饭自己自费吃饭，自己去买，他那饭可贵。（考试的地点）是第三职业高中，就那个学校。那回记可清[记得很清楚]，学七天，（第）八天考试，考试手机都叫关机，给你几张纸。给你这一大沓子，有个两三张。这是 ABC，吡虫啉都治啥？这是 ABC，肯定知道打对号，都打对号，会打对号。他主要给你 ABCD 太多，它都相似，也管治它，（就是）效果不老好[不太好]。手机响了一摸，手机人家给答案发过来，这可[就]打开对，答案发过来跟手机上[答案发在了手机上]。"原来，考试快结束的时候，农委就把答案发到手机上，给大家最后一次学习的机会。经此，大姐拿到了有效期五年的、贴着自己证件照的培训结业证书。

我问大姐培训讲解的内容能不能听懂，大姐说内容大多是什么病症用什么药，能听懂，不过有的农药的名字太长，有些字太稠（笔画太多），比如"氟氯"二字，很难写。培训班还发了一本很厚的教材，还不太熟悉各类药效的时候，大姐一直把它放在自家桌子上随手翻，业务熟悉之后，就把这本书扔了。和二姨父一样，大姐在描述培训相关的经历时，也没有使用"摸索""看会"之类的词语，而是用"教"和"学"代替。笔者认为，其原因与本书中对二姨父的故事的分析大致相似。

笔者有些好奇，为什么化肥、种子和农药要一起卖，大姐说："听别谁[别人]说，人家说你弄这，你卖化肥得有种子，你没种子，人家过来光买化肥（不方便）"，我正迷惑"别谁""人家"到底说的是哪位高人，她立即补充道："我说恁那种子我也不懂，他说你不懂你进，咱公司里啥都有，这一波菜种有挣两毛有挣三毛[卖这款菠菜种子能赚两三毛],你都不会也进点[你就算啥都不懂也可以进点货]。”原来,“别谁”“人家”指的是种子公司的销售人员,这让我想起了邢书记口中的“种子站”,再次印证了此类公司在农民学习中的重要作用。大姐说她一开始进货就都进的是名牌好货:“我搁岗上卖菠菜是最有名,我卖一种黑菠菜,黑叶可厚,看着也就好看,黑黝黝的皮厚,好吃。”大姐认为,黑菠菜好吃的原因是品种好,和农民的种植技术关系不大,并且认为品质高的种子、农药和化肥能带来更高的农业经营效益。

品质高的种子(包括农药和化肥)价格也高,由于平日里接触的河南老农民都很节省,我们很好奇他们会不会因为优质种子的价格高而选择价廉的种子。大姐说,“还真没人和我搞价钱”。她的经营方式是,头一年有新品牌或新品种的种子,她就以比较低的价格卖给自己熟悉的老农民,等有了收成,这些农民就会将种子的品质反馈给大姐,比如哪些品种味道好、哪些品种口感好、哪些品种种植周期长等,这些口碑很快就会散播出去,到了第二年,老农民们就会纷纷前来购买优质的种子。大姐很强调品牌所代表的品质,举例说种子品牌 ZY、化肥品牌 SDL 等很靠得住,包括品质的稳定性、有效成分的比率等,我们追问她这种经营理念的来源,她说:“人家进好种子好卖,那是名牌,听他那牌子就是穿衣服样[就像穿衣服一样],我这牌子衣服不起毛不掉球不掉色,不是正牌衣裳起球掉色,起那球你会穿不会[你会不会穿]?”大姐说,公司的人只管推销自家商品,不会向她传授经营理念,和经营相关的东西也不曾有其他人教。

大姐的第二个经营策略是薄利多销,而且不在乎老农民来她的店里“占便宜”,比如有人想多抓一把化肥,抓了就抓了,她从不计较。公司在给店家“开会”(实际上是培训)的时候会交代产品的“建议零售价”来保住品牌和产品的“身价”,就好比卖奢侈品,即便专卖店的人知道产品的成本价比零售价低得多,也必须按照规定的零售价来售卖。大姐在这一点上并没有那么“守规矩”——“这都是跟自己摸索,不能叫人家说你卖多少多少,人家公司叫你卖十块,你不卖十块你少赚点,你多卖点不是也中[也行]”——到了年终,公司会根据销售量发放奖励,比如印有公司商标的汗衫、一桶食用油、十斤大米等,大姐因为销量大,总是能拿到这些奖励,而公司的人也不会问她是多少钱卖的。对大姐来说,薄利多销的好处是老百姓得了实惠,自家的回头客也多,销售上就没有那么困难。

大姐的第三个经营法宝是给老百姓行方便。刚开始经营的时候,大姐和一个距离很远的村庄的老百姓说好了要把十吨化肥(1 袋 100 斤,总共 200 袋)送到他们家门口,老农民们都等在那里,大姐到了地方已经是傍晚六七点钟,老百姓你三袋、我五袋地把化肥扛走,分完已经是夜里十一点,彼时大姐夫还在田里犁地,他们三岁的二儿子一个人在家,躺在化肥堆上睡着了。那时候一袋化肥赚两块钱,大姐这一趟赚 400 块钱。平日里,不论刮风下雨,大姐都去看店,我们访谈的这一天,她是因为电瓶车没电了才折回家。盛夏酷暑,老农民都喜欢趁着清晨的凉爽出门买东西,五点钟不到,大姐的店前就会有很多人等着她营业,于是她每天四点多起床,从距离不近的家里赶过来。要是赶上外出无人看店,老农民也可以随时给她打电话,哪怕只赚一块钱,她也会赶回来:"人家打电话要药,我一瓶药赚他一块多钱。不是赚钱的问题,而是你不来人家下回都不往那里买你东西了。"

生产经营方面,我们看到了大姐许多的学习"成果",然而大姐告诉我们,种子公司的人只是推销产品,并没有教她如何经营,她学会这些都是靠"摸索"。后来谈到村改居的问题,我问她,没了田地,如何在自家的田里实验化肥、农药和种子的效果,她说她现在不需要依靠自家的土地和熟识的农民来做实验,只需在微信群里看看河南甚至全国各地(地理条件相近)的农民发布的照片和视频就能大致了解产品的效果,帮助她做出进货的决策。此时我们引出了最后一条学习的线索——微信群聊。大姐说她加了三四个这样的微信群聊,但访谈时我翻出了 13 个群,加上当时没有翻到的,类似的群聊应该有几十个,这让我想起桃庄养鸡的大娘也是通过这样的方式来学习如何处理鸡身上的疾病。大姐点开一个视频给我看,一位老农民模样的男子正站在玉米地的中央用家乡话介绍玉米的长势:"大家好,我是 HW 区[地名]YY[人名],今天是 2022 年 7 月 23 日,我们所处的位置是河南省孟州市,大家所看到的是咱们 HSJ[地名]西南洼春播地块。现在是在地的中间,随机扒了一行,给大家简单介绍一下咱西南洼(的玉米种子)今年的表现情况。大家都知道今年的春播玉米所谓是经历了各种天气的考验,前期是一个干旱,然后低温,后期的一个连阴,再加上后尾期的一个高温干旱……[后面介绍的是玉米的长势仍然很好,说明种子好]”

从豆芽师傅、种子公司到微信群聊,20 世纪 90 年代至今,大姐所能学习的内容和对象明显增加,学习的范围明显扩大,学习的方式也更加多样化,不过在她的故事中,“看”和“摸索”的主线仍然很清晰。和东亭庄的二姨父一样,一旦有政府组织的培训登场,“看”和“摸索”就会暂时退去,“教”甚至“考”的许多细节都显现出清晰的印记。我们推断,这种代替“看”和“摸索”的学习形式对农民来说是有很多新鲜感和冲击力的,此类机会也是比较难得的。在同大姐的访谈中,我回想起二姨父说普通农户的蔬菜种植不需要技术,高级大棚里的蔬菜种植才需要技术;邢书记说种菜需要技术,但提到的例子也相当于二姨父口中的高级大棚。我向大姐询问她的观点,大姐的回答是“肯定需要技术”。之后的话轮 230—348 都是围绕这个话题的讨论。

230 歌子:“需要(技术)的话,你觉得啥样的人叫会种地[种粮],啥样的人叫不会种地?”

231 大姐:“只要是老农民都会种地。”

232 歌子:“有的人种得好,有的人种得不好?”

233 大姐:“那是他们懒,他们勤都会种好,他们懒都种不好。”

234 歌子:“种菜呢?”

235 大姐:“种菜也是勤人都会种好菜,懒人他都种不了。懒人他就不种了,就不想种了。勤人他都歇不住,他就有一点小空,都到地里去种点地。地是啥时候你对它好,它就对你好,你只要撒那东西[种子]它都给你结了东西,你如果不管它,就啥给你长不成[长不出任何东西],它就长的净草[全是草],知道吧?”

问到这里,似是东亭庄二姨父的观点又回来了,种地、种园的好坏,是由“勤”和“懒”决定的,和二姨父的访谈不同的是,大姐的访谈抽丝剥茧地浮现了“勤”的意思。“勤”比较明显的表现是,一有工夫就去地里,进行田间管理。

[继续追问“勤”和“懒”在种菜成果上的区别]

239 大姐:“勤了到地观察,勤观察,勤去看,勤看,出现啥毛病,这里有虫就去拿药打,这儿有啥叶儿枯就去拿治叶儿枯去打,一打都过来[治愈]。如果说你种了不着地看[不去田间看],草、虫你啥都落不成[治不了],是这吧?”

240 歌子:“像他们咋知道什么菜打什么药,是问你们?”

241 大姐:“比方说顶上有那一点点可小那虫[很小的虫],那就是蚜虫,他说你给我拿点蚜虫药,我就给他拿点药;它如果是可小这么长的虫,那就是青虫,(他说)你给我弄点青虫药,我就给他拿着药,立马都治住[杀灭]。”

242 歌子:“那他怎么知道啥时候打药?”

243 大姐:“他上地跑得勤,他不是就看着。”

[讨论打药的常识,大姐说有了虫再打药也可以,因为菜还会继续长]

249 歌子:“啥时候打药也是问你吗?”

250 大姐:“一般下午打药是最好,下午虫出来吃东西,中午时候它老热[太热],它都藏到那叶底下,或者是藏到土地里头,一般都是下午去打。”

251 歌子:“在一年四季里面,它什么时候打虫,有什么讲究吗?”

252 大姐:“小麦是蚜虫,蚜虫你知道不,一个‘牙’一个‘虫’字,这是蚜虫,那是小麦上虫,小麦虫是(早上)八点到十点(打)。下午四点到五点打玉米虫,知道吧? 玉米虫都是从地下爬到那玉米上,下午出来吃东西。青虫就(是生在)花生(上的)那一种虫,青色带点点。”

这段对话揭示了“勤”的第二层意思——及时发现虫害并杀灭。因为东亭庄的二姨父提到韭菜的蛆虫需要预防,我问了大姐一些类似的问题,不过大姐没经历过二姨父所经历的培训,没有强调“预防”的重要性。此处的逻辑是,“虫”是可以观察到的→“勤”的人经常下田观察→能及时发现“虫”→“勤”的人按时打药→“虫”及时被杀灭。这段对话中,大姐多少有些答非所问。我想知道老农民有没有向她请教关于打药的事情,这是一个事实类的问题,大姐的确也用事实类的答案回应了我,但讲解的是关于打药时点的客观知识。大姐在讲解知识时,“知道吧”“你知道吧”等口头表达明显增加,是她正在向我讲解知识的言语提示。

253 歌子:“像大棚里面种菜的话——”

254 大姐:“他们提前都得去预防,他得提前预防。”

[讨论给玉米打“封闭”;大姐说今年高温,除草剂除不掉草,有人怀疑她卖假药]

261 歌子:“大棚里的那些人也会找你来买药吗?”

262 大姐:“一般的大棚他有技术,他有技术员。他们都是大学生,他们自己就从手机上看。”

说到大棚,大姐提到了“预防”“技术”“技术员”“大学生”,这也是大姐首次主动提到“技术”。我们推断,对大姐来说,预防是技术层面的事项,大棚是蔬菜种植技术的象征,大学生技术员象征着蔬菜种植技术的人员,而这些都和“老农民”有一定的距离。至此,我们基本可以做出判断,二姨父、邢书记和大姐口中的“技术”指的是种粮、种菜的科学技术,而不是老农民靠“看会”“摸索”习得的种植技艺。这些技术有高端、外来、复杂、神秘的特质,同时附着在大棚和技术员身上。讨论了一阵子大棚蔬菜的农药残留问题之后,笔者继续问农民是如何学会种菜和种粮的。

272 歌子:“你觉得一个完全不会种菜、种粮的农民,他是咋会种菜种粮的?”

273 大姐:“他一步一步看,一步一步学呗。”

274 歌子:“这个看是怎么看?”

275 大姐:“他看他得去到地田间去看看。”

276 歌子:“看谁呀?”

277 大姐:“看这老百姓,你看啥时候去种小麦,啥时候去种玉米,那都有时间了,都有季节。”

278 大姐的妹妹:“他会交流。吃饭的时候,饭后什么的他们会交流,或者去问或者咨询,比如说问我姐。”

279 大姐:“他会去问老农民,他[老农民]都留下了(一些说法),这啥时候种小麦——像这么热(的)时候就可以种大萝卜。咋这白菜不能种,老百姓留的有言语。因为啥这两天都种萝卜多,就是(因为)这样[时候]种萝卜好。”

[讨论这时候为什么不能种白菜]

282 歌子:“我听老多人说都种菜、种粮是看会的,我就想他是咋看的,他天天站到那?‘看’到底是什么意思呢?他都干了什么才学会了?”

283 大姐:“他不是,他是有节气还是。头伏萝卜就说,像这时候、最热(的)时候去种萝卜。你给地平整,有闲地,撒点化肥平整平整。你可能也见过(人家)平整地。平整了以后,起一点小埂[垄],一起小埂萝卜长大,你如果这平地长萝卜,它扎浅它扎不进去,你如果打着这么高个席儿[垄],它都往底下扎,它虚[土壤松]都往底下扎。为啥有萝卜这么长?它就是地虚它扎长,你这地瓷[太硬]它扎不进去。”

284 歌子:“要把土给翻松了,让它留空间。”

285 大姐的妹妹:“你看隔一点[隔一段距离],然后给它把土都弄高一点,就是起个这叫起垄。”

286 大姐:“撒了出来了以后你就剔[剔苗,指根据实际需要拔掉一些],不远剔一点,不叫老稠[密集],它老稠它都长不了这么大萝卜,要稀一点。停几天了给它叶掰了,叫它长萝卜不叫天[天天]长叶子,有那萝卜[有的萝卜]它都不长那么些叶儿,萝卜都长这么大,该啥时候薅(就啥时候薅)。下雪天薅,萝卜都不好了。特别是弄葱最有技术,[讲解如何种葱,大致的意思是种的时候封一点儿土,随长随拔,停一阵子再封一点儿土,这样种出来的大葱葱白长]葱白长这[葱白长的],那是人家技术到家。咱主要是吃底下这[葱白],谁吃叶儿都没人吃叶儿,除非小葱吃叶儿,大葱不吃叶儿。你如果不勤,这葱它都长偏到这底下,它一软,它都长不了那么深了。”

大姐说从未种过菜的农民要到田间去“看”去“学”如何种菜,没有像二姨父那样把“看”和“学”对立起来,不过我们一样能够看出,这里“教”的角色是缺失的。关于“看”的内容,大姐倒是说了一二,主要是时节和起垄。时节指的是所种之物和天气、节气的关联性,起垄则是要为植物根系的生长预留空间。她还主动提到种大葱最有“技术”,她没有提到“大棚”和“技术员”,但叙述的人称是第三人称,包括“人家”和“人家老百姓”,我们推断“技术”有“外来”的意味,大致可以指向没有亲自尝试过的、别人能做到自己做不到的一类操作。同时,

“技术”也有“优越”的意味,大致指向自己能做到而旁人做不到的一类操作。在农民的本土语言中,“技术”比较鲜明地指向一系列的门槛,包括空间门槛(建造大棚)、学历门槛(大学学历)、身份门槛(技术员的身份)、操作门槛(一系列的田间操作)。

聊了几句如何剪葱,我又问大姐:“那像种葱的这些事,是谁告诉你的吗?”大姐回答:“那谁都会种。”大姐的妹妹在旁解释道,老农民没事的时候就会互相问这些事,大姐的经历比较多,从小就干活。之后我们又讲到了选种和施肥,大致的意思是作物的品种要好,要舍得施肥,接下来又回到了时节和起垄,大姐说,起垄之后浇水方便,水不会到处流。她举了自己种花生的例子,说自家的花生扎根深、长得多。我说,“他们看你的花生长得好,他们也知道花生长得好”,言外之意是,他们若想把花生种好,就要学习你的做法。大姐却说,“他们有的到地看,有那[有的人]不看”。我问他们为什么一定要平地种,大姐终于又把原因归结到“还是他们懒”,随后又解释道,其他老农民家种地种得多,没有时间一一起垄,她家只种两行,便有机会实现更精细的作业。

六、农民农业技术学习的典型方式

前文五段叙事的主人公——二姨父、邢书记和大姐均出生于20世纪六七十年代,叙事的时间跨度主要是20世纪90年代至今。通过话轮分析和叙事探究,笔者发现了以“看会”为代表的许多本土概念,又通过拓展性学习中的矛盾论视角,看到了这些本土概念内部成对的矛盾运动。如图3-1所示,这些矛盾运动围绕以下几个方面展开,分别是方式、身份、师者、政策、市场、技术、管理和对象。根据方式的不同,矛盾双方又围绕“看会”和“培训”两种学习方式分列圆点(·)的左右两侧,凸显了农民在较大程度上将“看会”等同于“不用学”和“摸索”,将“培训”等同于“学”和“教”。左右两侧的内容并非截然分属“看会”和“培训”,而是位于左侧的矛盾双方或一方会在“看会”上发挥更大效用,位于右侧的矛盾双方或一方会在“培训”上发挥更大效用。

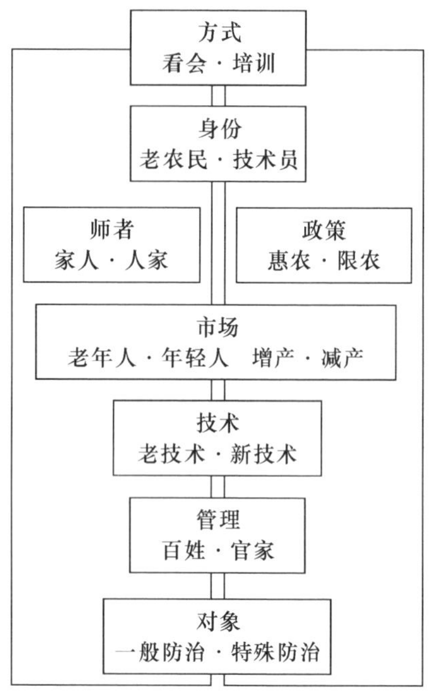

图 3-1　农民农业技术学习的典型方式

首先要解释的是“看会”。“看会”本身就是农民使用的本土概念，近似概念有“看”“摸索”“传”等。通过前文的叙事，读者很容易看出，尽管叫“看会”，但“看”绝不只是一个视觉概念，“看会”也不代表农民只是通过视觉刺激来学习，它的含义更接近模仿，也就是观察、照做和反复练习的过程。在二姨父的叙事中，“看会”的过程缺少师者的角色，即不存在他人的“教”，但实际上他教会了自己的妻子如何适量施肥，妻子的学习过程也符合他所认为的“看会”，因而实际上在某些情况下，“看会”是有“家人”这类“师者”的。

大姐的泡豆芽叙事中则出现了明显的“师者”角色，尽管豆芽师傅的教学技能堪忧，但他作为大姐专门请进家门的“师傅”，的确向大姐传授了控温、滤水等发豆芽的必备技能。大姐把豆芽师傅称为“他”，把掌握各种各样农业生产销售技术的人称为“他们”，这和二姨父口中的“人家”是同一个意思，就是自家人之外的农业生产销售同行。这些同行往往掌握自家人所不知道的信息，而“传”这种可以作为“看会”的前提或是“看会”的分支的学习方式，正是信息流通的主要渠道。

声称甚至坚称自己“看会”某些农业生产技能的人，至少会认为自己在当时的身份是“老农民”，基本将“看会”的学习方式和“老农民”的身份认同对应起来，似乎“看会”就应当是属于老农民的、最为典型的学习方式。与之相对，他们会在身份认同上将自身同“技术员”类别的人截然分开，这类人不仅包括专业的技术人员，还包括他们口中的“大学生”“销售员”“种粮大户”以及化肥、农药、种子、农机站的商人。不同于老农民以家传、道听途说或请师入户的方式来学习，“技术员”一般会经过正规的教育或正式的培训，在老农民看来，这些人掌握了高端的甚至高深的技术，和土生土长并且没有经过专门的教育培训“加工”的老农民截然不同。当老农民像泡豆芽的大姐一样转为商人，就会把老农民称作“老百姓”，以便将自己当下的身份和老农民区分开来。

面对市场，老农民直接接触农产品的个体消费者，消费者特性的时代变迁会对老农民产生比较大的影响。比如二姨父口中临沂城北村里的“老头老太太”比起农残更在乎农产品的价格，而城里人和“年轻人”则比较在意农残可能引发的健康问题。当然，“老年人・年轻人”只是消费者特性中存在矛盾的一个例子。消费理念等维度的变化会直接决定特定农产品的销售成果，带来热销或滞销等直接结果，老农民一般会对这些结果做出反应，调整自己的农业生产。虽然产量也会对老农民的农业生产有影响，但在农业生产技术和自然环境比较稳定的地方，作为小农户的老农民很少面对产量的大幅增减，随着农民生产生活出路的增加，小规模的产量增减基本不会对农民的生活水平造成威胁，因而在调研地区，农民更关心农产品的销路。二姨父“发明”出携带检验单去市场售卖韭菜的方法，其他老农民“看会”了二姨父的做法，也携带检验单去售菜，迫使二姨父又想出把身份证和检验单一同带上的办法来淘汰竞争对手，就是比较典型的例证。

技术层面，老农民用来表示“老技术”的本土语言是“没技术”和“传统技术”，意思是技术含量不高，或者技术含量没有高到让他们感受到自己使用了技术，或是技术一直没有发生更迭，让他们感受不到自己使用了技术。在老农民看来，技术是有门槛的高端货，会让他们立即将自身同大学生、技术员等群体对立起来，而所谓“没有技术”，不是指一个完全的农耕外行撒了种子就能自动丰收，而是说自己所用的技术不够高端或没有变化。

关于田间管理或对农业生产销售其他环节的管理，老百姓比较看重品种、时令和勤劳，这些可以通过交流（也就是“传”）、观察和自律来实现，而站在“村委”“乡里”“农委”“农业局”等“官家”①的立场上，法律和政策的规定、社会舆情等更加重要，而这些东西的大规模推行很难通过老百姓自发地“看会”来实现，只能选择其他更迅捷的方式。

而对于农业生产的劳动对象（一般是农作物等），当它们无病无灾或者病、灾不需要特殊处理时，老农民主要是通过“看会”家人和人家的处理方法来应对，或者灵机一动想出新的办法。他们“看会”或者临时发明的方法不一定有效，但受到自然条件或技术条件的限制，这些方法是他们唯一的选项。当固定的方法长期无效，劳动对象就会转化为需要特殊处理的对象，需要一些特殊处理的方法，此时老农民的“看会”就会失效，同时产生对外部教育教学援助的需求。

接下来要解释的是“培训”。如前所述，老农民眼中的“技术员”是迈过较高的门槛后所获得的身份，其中一个门槛便是“培训”。这里的“培训”是指具有公共知识和专门技术传递功能的，有认定、有组织、有场所、有教师的教育活动。老农民口中的培训都有一定的认定功能，表现为证书的颁发以及证明或物品的发放，比如大姐获得的培训结业证书和店铺经营资格、二姨父获得的结业证书和新产品农药。培训的组织者一般是“官家”，叙事中出现的农业局、农委、乡镇和村委都是培训的组织者。此类培训一般在教室或田地中进行，不需要老农民自己寻找场所。

有趣的是，尽管老农民在关于“看会”的叙事中有明确的关于“师者”的叙述，到了“培训”这种明显会有师资的场合，却没有任何一位参与过培训的受访者主动提及过其中的教师（培训师），即便问他们相关的问题，他们也没有提起某个印象深刻的教师或者某个印象深刻的教学场景。因此笔者可以推断，尽

① 农民对“官方正式组织者”的称呼。

管培训是一种一定会有教师出场的教育方式,老农民对教师的实际印象却是缺位的,或者说,培训场合中的教师似乎没能“建构”老农民的生产生活叙事,没能真正走进老农民的生活世界。

培训的发起一般都和政策有关,在老农民的叙事中,政策可分为惠农政策和限农政策,前者包括南水北调等工程政策、农业补贴等经济政策以及其他在意图上希望改善农民的生活、让农民得到实惠的政策,后者包括限制高残留农药的使用等限制农民不恰当的农业生产方式的政策。不论这些政策在实效上是否让农民得到了实惠,其意图都包含着对乡村的振兴,但在见到特定的结果之前,这些政策一般都无法直接对接农民的现实生活,有时候甚至会发生对眼下幸福生活的短暂侵害,让农民感到未来的美好图景遥远而抽象,因此很难在很短的时间内接受这些政策。国家为了实现惠农惠民的美好愿望,必须通过“纵向到底”的方式推行这些政策,其中若是有和农业技术相关的模块,培训便是最迅捷的传达方式。邢书记的叙事中,南水北调工程基本根治了位于江苏省北部的长岗村的洪涝灾害,随后我们又在大姐的叙事中看到,原本居住在河南省中部的豆芽师傅因为南水北调工程搬离故土,我们还在田野中看到因南水北调工程而迁徙的农民的新建村——村庄原本在丹江口,村民擅长烹制鱼类,搬到新郑市附近,他们便以经营烹饪鱼类的餐厅为生。国家的政策改变了老农民的生活,而在老农民接触、接受这些政策之前,“官家”免不了开展一些培训和宣讲,从二姨父的“毒韭菜”叙事中,我们也看到了培训的直接作用(使用低残留农药有效防治蛆虫)。

“官家”组织的培训在市场端更关注增产问题,增产、减产的背后不只是个体农户的收入,更是国家的粮食安全。因此,与促进增产、防止减产有关的培训会率先受到国家的重视,比如新技术的推广和特殊防治。二姨父提到的“低残留农药”,邢书记提到的插秧机和育秧盘,大姐提到的化肥、农药、种子的基本知识,都和基本的农业生产保障相关。正如前文所述,需要特殊防治的对象和从未接触过的新技术,农民很难通过“看会”来处理,笔者初步推断,其中很重要的原因是同一个村庄中尚未出现第一个可供观察的学习对象。

从上文的分析可知,农民的农业生产和销售技术学习以“看会”和“培训”

为典型方式，二者在发生缘由和实际效果上有比较明显的差异，那么农民“不太典型”的农业技术学习方式都有哪些？这里的“不太典型”，指的是笔者调研的农民没有普遍提及的学习方式，也就是大多数农民没有接触过的学习方式。田野调查中，邢书记描述的“农技中心技术员—农业示范户—其他农户”的三级传递式的学习方式就是其中的一种，这种方式为农业技术的传递和具体农业生产问题的解决提供了顺畅的通道，是一种“学习＋治理”的模式，能够为本书在最后一章中讨论网格组团治理模式的运营提供参照。

此外，信息技术在农民的学习中发挥着越来越重要的作用，衍生出一种“远程看会”的学习方式。本书获取的叙事材料的时间跨度是20世纪90年代至今，其中许多故事发生在20世纪90年代至2006年，许多“看会”都是面对面发生的，但当大姐向我展示她的十余个微信群，观看视频中一个陌生的农民介绍某个品牌的玉米种子的时候，我们很明显地看到了时代的变迁。过去求而不得的资源、不得不请师傅住在家中才能学到的东西，如今可以借助手机和互联网轻而易举地学到，过去必须面对面聊天才能“传”的消息，如今不限一村一镇，能实现全球范围的迅捷传播。未来，或许“远程看会”会成为比面对面“看会”更典型的学习方式。

最后，二姨父经过一定的矛盾动力机制“发明”出携带检验单去新城区售卖韭菜的方法，这种方法又以一定的机制传给了其他人，在某种程度上有农民群体拓展性学习的影子，但这种拓展性学习在二姨父的事例中并不典型，还需要在第四章关于农民闲暇学习的内容中继续探索。

第四章　农民学习的方式(闲暇篇)

在农民闲暇学习活动中,笔者观察到从个体学习向群体学习再到团队学习的转化过程,并将这一过程命名为"拓展"。通过夹叙夹议的叙事,本章呈现了"拓展"发生的过程和条件。

一、"六"棋棋手如何教学

与鹿林镇相邻的荆林镇有个名为桃庄的村子,农民自组织的闲暇学习非常典型,成规模的主要有"六"棋、沂蒙锣鼓和秧歌广场舞。桃庄村是研究生小雨的家乡,在桃庄的调研由笔者和小雨两人完成。桃庄村北有一条河流,流经附近多个村庄,名为"青草河"。青草河上有一座平桥,村民称之为"大桥"或者"大嵌桥",桥的中央是交通要道,侧翼嵌着用于休闲的空地。2019 年 12 月 29 日上午,笔者和小雨从邻村走访回来,途经大桥,看见十来个爷爷辈的男性(当地人称为"老头儿")围坐在地上,看阵仗像是在下棋——那是一种我们从未见过的棋类。恰逢两人对弈,其中一位便是小雨的二爷爷,上前一问,他伸手比画了一个"六":"这叫'六'。"(20191229-DQ-LQ)我们觉得这单字之名甚是奇怪,按照现代汉语的习惯,至少要有两个字听上去才舒服。通过和观棋者反复核实,还是得到了"就叫'六'"(20191229-DQ-LQ)的答案。最终我们确定,棋名为"六",下棋名为"来六"。后来也有一位"大奶奶"把下棋称为"来大六"(20191231-DNN-LQ),但较真的棋手都坚称不能是"大六",只能是"六"。

据棋手和围观者说,这种棋"只有咱这里有"(20191229-DQ-LQ),我们确实也没在别的地方见过,便点头称是。同时,我们燃起了一股期待,既然是只存在于当地的棋类，根据我们的常识，当地人应当很熟悉此棋的历史，而在“六”棋的历史演进中，应该不难发现农民学习的印记。没想到的是，后来我们追溯“六”棋的历史时遇到了很大的困难：其一，无论是村“两委”、棋手还是其他村民，都没有关于“六”棋的书面记录。其二，村民的口述史十分模糊且自相矛盾。比如，我们想知道村中何人、何时创造了这种棋，便找了几位七旬棋手询问(20200102-WFXWCM-LQ)：“咱庄什么时候开始下这种棋的?”得到的答案不外乎“不知道。”“记不清了。”于是换了一种问法：“恁[你]爷爷辈的人下这种棋吗?”答曰：“不下。”为了核实，我们又问：“那恁小的时候见过恁爷爷下这种棋吗?”答曰：“见过。”三番五次，诸如此类的问答终于把我们弄得晕头转向，不得不承认桃庄“六”棋的历史已经无从考证了。至于无从考证的原因，笔者认为主要有以下三个方面。

第一，棋手的文化程度不高。“六”棋棋手中，年长者已过七旬，年幼者已过不惑，文化程度最高者为初中，最低者为文盲。在中等教育、高等教育普及的今天，初中文凭似乎没什么了不起，但笔者在访谈农民的过程中深刻体会到，有初中文凭的人的思路和表达显然更清楚一些。至于文盲，理论上讲我国在2001年便宣布扫盲任务基本完成。[①] 我们起初以为东部的农村不会有严格意义上的文盲，后来进村调研才知道，许多老人在国家扫盲时也曾在夜校识字写字，但结业之后习字就断了，又把当初识记的内容原封不动地还给了夜校，出现“返盲”现象。不只是“六”棋棋手，村中还有更加极端的文盲现象。一位棋手在访谈时聊起一位文盲妇女，其配偶是村委的会计，可她却不识数，配偶去世之后，她把打零工赚来的钱交给儿女保管，儿女欺她不会数钱，经常抽取票子据为己有，气得这位妇女当街谩骂却说不出自己到底少了多少钱，只能亮着嗓子吃哑巴亏。当我们询问这位棋手为什么不教她，棋手不屑：“她老头[丈夫]是个会计，一辈子都没教会她，俺能教会她吗?”(20191231-DNN-LQ)

桃庄有两位“六”棋高手，其中一位便是文盲二爷爷，另一位是有着初中学历的工厂工人赵长岭。据村民说，二爷爷下遍桃庄无敌手，只有赵长岭能和他

① 《中国教育年鉴》编辑部.中国教育年鉴2000[M].北京：人民教育出版社，2000:110.

平分秋色,但赵长岭的工厂不在村里,年轻时似乎因为“工人身份”端着几分架子,两人也算不上要好的棋友,二爷爷便独孤求败,经常跑到邻村甚至邻镇去找对手。论棋艺,两人确实不相上下,但论起对棋的表达,赵长岭明显高明许多。早在调研开始的第二天,我们便发现当地村民对各类问题的表述都不那么清楚,正经八百的访谈怕是问不出东西,便自创教学式访谈法(详见第二章),即佯装(一开始是真不会)自己不会某种技艺,让村民来教我们,在教的过程中随机提问。“六”棋专题调研的大半程,我们都未得知有赵长岭这个人,便先从小雨的爷爷辈入手,找小雨的亲爷爷和这位高手二爷爷教我们下棋,其中就发现了一些古怪。

本节访谈文本编号:20191230-WTLWTY-LQ

[二爷爷边下边教,我和小雨坐在沙发上,二奶奶也在旁边看。]

61 二爷爷:“那样就安[落子]。这关[颗]就是他[对手]的,就这样子。管[不论]怎么下都行,怎[怎样]下都行。”

62 小雨:“怎下都行——俺一点都不会该怎么下?”

63 二爷爷:“喏,就这样着[就是这样],你就看他那个棋怎么样。”

64 二奶奶:“你要是上方不就赢了嘛[‘上方’是取胜的关键],是吧?不是那种吗?”

65 二爷爷:“[这关]要是在这里,这关就上这里了,你怎么弄?这不是,你就得这样吧,这回儿棒[一方的棋子是秸秆棒]先安的,衍着[轮到]棒了。棒要是占这一关的话,这不是,以后——”

66 二奶奶:“你安的这个棋,我也会来,把这个掐去,上方就吃子。”

67 二爷爷:“[向我们提议]你试试不行吗?”

68 二奶奶:“[附和二爷爷的提议]你试试。”

69 二爷爷:“棒要是占这一关的话,以后——你就得随着他占这一关。他占这关以后呢,你就赶紧跟着他占。躖不上趟[躖,读作 duàn,赶不上趟,追不上],要是占这一关就躖上了[追上了]。你,占这关就躖上了,他要是占上这关,你就赶紧地去堵上这块。”

70 小雨:“堵这一关干什么?”

71 二爷爷:“不堵就打俩子。打了这个就——”

[二爷爷继续类似的讲解,其间又建议我们试试,并且让二奶奶去找爷爷,要两个人下给我们看。]

86 小雨:“二爷爷,什么样算赢?规则是什么?”

87 二爷爷:“来棋以后把你吃呒[呒,读作 m̀,没]了就算赢。吃呒就算赢。”

88 小雨:“吃呒谁的?”

89 二爷爷:“[指着一方的棋子]吃呒了这个。把这个吃呒了就赢了。这不是上了以后,或者吃它。吃它,人家就这样走。这不是你把它吃去了吗,人家就得赶紧上方,上方你就输了。这不是吗?这不是追一个,追一个,再追一个,又追一个,你占它,人家上方,一撑方,人家就掐子了。掐这一块人家就赢了。是吧?你叫你爷爷来。”

90 小雨:“[此时二爷爷还没说什么叫‘方’]它在哪里成方?”

91 二爷爷:“这不是吃它吗?行着[轮到]这棋先走,人家不就成方吗?”

92 小雨:“那意思是它的下一步和它的下一步就成方了。”

[此时爷爷来到二爷爷家,大家寒暄。二爷爷说让爷爷用粉笔,他自己用棒,两人一边下棋,一边讲解。二奶奶让二爷爷别光想着赢。]

97 二爷爷:“我先安。”

98 爷爷:“咱就教教她。”

[此间是其他访谈内容。]

102 爷爷:“[对笔者说]看着哈,这不是,他得安这里吧?咱得上两个方,上两个方她才懂这个。你光不让他占,不让他占,你不上方,她不懂这个。这就是上个方。你好好看着哈。”

103 歌子:“哈哈哈,正在看。”

104 爷爷:“看懂了吧?(安)这里也行,你得上个方叫她看看。”

105 二爷爷:“二哥[爷爷在家中排行老二,二爷爷在家也排老二,二爷爷与爷爷是堂兄弟],你赶不上,你这就输了。”

106 爷爷:“输了是另一个事儿,输了是另一个事儿,你得让她看看。是吧,输了是另一个事。”

107 二爷爷:“追六,这不是你输了。哈哈哈哈!”

108 二奶奶:“哪里是六?”

109 爷爷:“他这是条六。”

110 二爷爷:“我这里是六。”

回想小时候,哪怕是同龄的小伙伴教我们下棋,都会先从规则讲起,起码会先告诉学棋的人怎么分输赢,如果遇上大家都不会的棋,就会翻看说明书来学习规则。爷爷和二爷爷教棋的时候不做任何的规则说明,直接下棋给我们看,下的时候也要我们主动问规则才行。后来见我们学不会,就让小雨和二爷爷对弈,同样不讲解规则。几轮过后,我们对“六”棋的下法只是略知一二,根本理不清整体思路,后来又向15组棋手“拜师学艺”(实际参与人数超过30人),甚至到周边的镇子去“拜师”,直到找到赵长岭,才总算看出了“六”棋规则的大致样子。15组受访者中,有三人主动告知了“六”棋如何分输赢,但没有人会主动把详细的规则先讲一遍。后来,笔者向生活在临沂的拥有大学本科学历的长辈询问“六”棋事宜——他一开始就对“六”棋是一种什么样的棋做出了描述,以下是微信访谈记录(笔者标注了首尾时间点,在每一句话的最后添加了句号或问号;圆括号中的内容为受访者的原话)。

2020010517:25-MSZL-LQ

问:“[此处略去对长辈的称呼]你知道‘六’棋吗?”

答:“我小时候流行在沂蒙山区的‘六’。”

答:“‘来局’是赌博的意思,‘来六’就是下棋。”

答:“一道道,两道道,红缨缨,草帽帽,不用查[数],六道道。”

答:“纵六条平行线,横六条平行线,组成方格形状。”

答:“一方执黑(石子),一方执白(草棒),一条线五吃一(叫作上六),一个方格三吃一(叫作上方),子多者胜。”

答:“我八九岁的时候‘来六’上瘾。”

答:“除了来‘六’,还有来‘四’(各四条平行线),还有来‘五’(三个同心圆加过圆心的十字线，十字线的四个末端各有两条平行线段，比较复杂)。”

答：“‘六’和‘四’其实是围棋的简化版，人人都会，十分流行。农村没有电灯，没有广播，没有收音机，没有报纸，没有书籍，没有围棋，象棋很少，来‘六’棋就很是首选，很是普遍。”

2020010520:09-MSZL

第二天。

2020010607:29-MSZL

问：“‘六’和围棋有啥相似的地方啊？”

2020010612:52-MSZL

答：“都是田字格，都是黑白子，规则完全不同，相当于儿童游戏。”

2020010613:26-MSZL

问：“这个棋是谁发明的，具体哪年开始流行起来的，[此处略去对长辈的称呼]知不知道啊？”

2020010617:20-MSZL

答：“祖祖辈辈传下来的，小的时候经常见，我就喜欢‘来六’。”

答：“我记得‘来五’又叫‘来大花’。”

答：“田间地头干活休息的时候，男劳力两个人就可以‘来六’，用石块或者树枝在地上一划就是棋盘，一方用土块，另一方用草棒或树叶就可以‘来六’。”

答：“还有旁观者。”

答：“一条直线六个棋子都是一方的叫作‘上六’，这个时候可以吃掉对方一个棋子。”

2021010617:33-MSZL

答：“至于吃掉哪个棋子，可以自由选择。”

问：“‘上六’才吃一颗的话，‘上方’吃几颗？”

答：“‘上方’就是一个口字四角上都是自己的棋子，吃对方一个棋子，‘上六’吃两个？”

答：“需要询问儿时伙伴。”

答：“还有‘来三’。”

答:“下棋是空棋盘上你一个,我一个的下棋。”

2020010617:52-MSZL

约一小时之后。

2020010619:02-MSZL

问:“‘上方’吃一个,‘上六’吃两个。”

问:“要不然上方都没用了(表情符号:捂脸)。”

答:“这个需要调查。”

答:“这种民间小游戏该失传了。”

答:“有来三、四、五、六、八,可能是‘来八’叫作‘蹦大花’。”

答:“没有‘来七’,七与祭祀有关。”

2020010619:13-MSZL

为了减少对田野的干扰,我们询问这位长辈的时候已经到了调研的尾声,只做确认、对比之用。这位长辈出生于1958年,1978年参加高考后就离开了临沂,也未再接触“六”棋,比起一辈子都在下棋的二爷爷等桃庄棋手,这位长辈对“六”棋的历史、棋具、棋规、存在条件、相关棋艺、调查方法等方面的叙述更加清晰、细致,更符合“公共知识”(public knowledge)[①]的表达习惯。他能对小时候的经历进行有效提取,再将提取出的记忆抽象化,总结出以上种种,最后将总结后的抽象知识传授给他人——一系列的做法与学校教育的知识种类和传播方式十分一致,这与他的受教育经历是分不开的。以二爷爷为代表的桃庄棋手采用“演示法”和“实战法”进行教学,也同他们的学习经历密切相关,和东亭庄的二姨父一样,无论是下棋还是种田,他们都说自己是“看会”的,基于此,他们认为别人也应该通过“看”来学会下棋,也就十分合理了。

第二,不习惯使用文字。不习惯使用文字是导致“六”棋等传统文化缺乏相关记载的直接原因,这种不习惯表现为:一是村民家中难寻纸笔。我们所到之家户,除了有第二代、第三代正在求学的家庭,家中几乎找不到一张纸、一支

① Irwin A,Michael M. Science, Social Theory and Public Knowledge[M]. Philadelphia:Open University Press,2003:8.

笔、一本书。在一位大奶奶家中求教时，她试图用纸和笔画一个棋盘，把各间屋子找了个遍也没找到纸笔。最后，她从一间屋子里翻出自己打零工时带回家的废旧机器零件（状似铜钱），在正厅堂屋里铁炉旁的水泥地上画出一个很不清楚的棋盘——此时寻找纸笔的录像时长已达七分钟。还有一位四爷爷，想找一支粉笔画棋盘，在家里找了半天没找到，于是出门在别人家的屋后面找了一块砖头，又回到自家院子里在地上画棋盘。另有一位大爷，儿子和小雨一样在外地读研究生，翻遍了屋子才从杂物间的角落里翻出纸笔，画棋盘的时候却不小心画成了七条线。

二是村民没有做记录的习惯。不做笔录与没有纸笔、学历不高大约是互为因果，不擅长读写也就不需要纸笔，没有纸笔也就做不了笔录。村中的历史脉络、文化传承、奇闻逸事大多是依靠记忆口口相传，而依靠记忆的传承与村民看重什么、对什么感兴趣有很大的关系，日子久了，不同代际的人的所思所想不同，很多东西也就失传了。

第三，当地农民看不起自己家乡的土棋。“六”棋是当地农民主要的闲暇活动之一，却没能得到“礼遇”。很多农民瞧不起“六”棋，认为它是“老农民的棋”“和象棋没法比”（20200101-DYY-LQ），至于为什么没法比，他们也没给出确切的理由。根据笔者的观察，从对弈、观棋带来的乐趣上看，“六”棋和象棋并无二致。我们看到的是棋局将胜时努力憋笑却又忍不住上扬的嘴角，是尘埃落定时沧桑的脸上绽开的笑容，是对弈后嬉笑怒骂间的较真与豁达。可以说对弈的结果带来了自我认同，但除开这一点，农民在对弈时的情绪调动，那短暂而真实的快乐和懊恼，总的来说并不会因为棋类的不同而改变。

当然，“六”棋和象棋确有不同。简单来说，“六”棋的棋局短、决胜快，几分钟便能决出胜负，很适合在劳作的闲暇“插空子”。从认同的角度看，对弈者得到或者失去认同的速度很快，水平相近的棋手的胜负转换很频繁，唯有常胜者才能借助“六”棋获得稳定的自我认同。“六”棋也是一种很容易到达棋艺天花板的棋类，高手之间经常和棋，就像班级中水平相近的尖子生一般，不再是比谁水平高，而是比谁能够常行于河边而不湿鞋袜，变成了注意力、耐性、细致程度和胜负欲的较量。“六”棋更加灵活，由于棋盘和棋子都是就地取材，棋手们随时随地都可以“开战”,加上棋局短,对弈时的仪式感远不及象棋。

虽然已经问不出“六”棋的发明者姓甚名谁,不过通过村民们的叙述,我们能推断出桃庄的“六”棋始于生产队时期(桃庄村于 1960 年组建生产队)。因为大家都提到了当时的村支书鹤庆——他就是“六”棋在桃庄的主要传播者。同时通过文献的考证,我们大致已经推断出此棋的样貌类似围棋,而规则又像汉棋、藏棋的结合,这可从其他学者对“鹿棋”的考证中略见一二。可桃庄老百姓并不知晓这些,在他们眼中,“六”就是老农民的棋,不仅下棋的人是老农民,发明这种棋的人大概也是老农民,既然大家都是老农民,都是平日里相伴劳作的普通人,也就没什么神秘感,没什么好崇拜的了。对于象棋,村民们也说不出个原委,但在他们看来,象棋至少不是老农民发明的,且不只有老农民在玩,还有很多带有仪式感的东西,比如棋具、书籍、国内外知名棋手、赛事、舆论、普及程度和影响力等,而“六”棋和这些“修辞”完全不沾边,只是老农民的自娱自乐罢了。据此似乎可以推论:“六”棋是老农民自娱自乐的棋类,因为老农民没有什么了不起,所以“六”棋也没有什么了不起。似乎农民对乡土棋类的不认同,大抵还是从对自身所属农民群体和农民身份所附着的意义的不认同中生发出来的。

至此,“六”棋历史无从考证的原因已经浮出水面。这样一种似乎来路不明且即将失传的棋类,没有培训班,没有“传帮带”,村民的“教学”技能又如此蹩脚,几乎自生自灭——它和农民的学习之间究竟有何联系?从个体农民的角度出发,“看会”仍然是农民习得“六”棋技艺的主要模式,而从农民群体学习的角度看,农民棋手在“六”棋历史演进的过程中创造的棋谱和新规则,体现了拓展性学习所描述的新观点、新工具和新文化的共创,也是农民对民间棋历史实践的共同创造。

二、二爷爷如何在“看二行”中发现“高手对战律”

本节访谈文本编号:20191230-WTYWTL-LQ

让我们先来说一说农民在“六”棋学习中看会了什么。桃庄有个说法叫

“看二行”(“二行”读作“lè xíng”),一般意思是指看热闹,此处专指站在路边看别人下棋。“看二行”是一种群聚行为,或者说,群聚是“看二行”的前提。“看二行”通常是这样发生的:首先要有一个闲来无事的老头儿,这个老头儿在家里闲得发慌,想出门找人解闷儿但又不知道谁人得闲,也不打算去找特定的人,只是觉得在天气较好的情况下总归有闲人像他一样出门闲晃,于是走出家门蹲坐在交通要道的路边或村中某些聚集的场所,等着另一个闲人和他碰面。正如小雨爷爷所说,“都‘看二行’,要是过完年暖和了,过去初五、初六,WCM[人名]那里(只要)有一个安(棋)的,(大家就)都过去,都里三层外三层”(20200106-WTL-LQ)。第一个老头儿用不了多久就会等来第二个老头,但两人凑在一起开展什么活动,还要取决于两人共同的兴趣和技艺。如果这两个老头都不会下棋,那只能为“看二行”备好观众,而无法直接成为当街对弈的人;如果这两个老头都会下棋,眼下又没有什么其他要聊的,就会直接成为对弈活动中的棋手,此时“看二行”这种活动具备了“看”的对象。“看”的发生还需要观众,只要有了第一组对弈的老头儿,很快就会吸引一些观棋者,有时三三两两,有时成群结队,对弈者和观棋者很快便会形成若干组“看二行”的场景,当对弈者不再对弈或是观棋者逐渐散去,“看二行”的场景便会结束。如果对弈者和观棋者不在经常发生“看二行”的场所留下一些痕迹,“看二行”这种活动就好像从未发生过。

“看二行”这种活动中,对弈者和观棋者都是“六”棋的学习者。先说对弈者。小雨棋艺高超的二爷爷给我们讲述了他和杏庄一个名为“老姜”的“六”棋高手对弈的经历,在这次经历中,他总结出了关于如何战胜高手的经验。二爷的讲述有些颠三倒四,我们读了几十遍转录文本,终于理出了这段故事的大致意思:杏庄有个叫老姜的人,特别喜欢来“六”,下起棋来什么都不顾,还扬言谁能赢他就给谁100元。他去临沂卖菜时和人家来棋,因为过于专注棋局而弄丢了自行车。老姜的同庄人老王是二爷爷的工友,据老王说,杏庄一群下棋的人和老姜对弈,下了三个小时都没人能赢他,所以就盼着能有个人赢下老姜。老王知道二爷爷棋艺高,总想拉着二爷爷去杏庄找老姜。那时候二爷爷一门心思都在打工上,不想专门跑一趟,一位桃庄农民怂恿他说:“赢了他给你钱,你去吧。”他说:“俺不去。”过了两天,恰逢二爷爷要到杏庄附近干活,才终于和老姜下了几局。落了几子,二爷爷发现老姜确实是个“高棋”(下棋的高手),他心想,自己大老远跑来,周围又有一大群“看二行”的人,往大了说,这简直是桃庄高手和杏庄高手的“世纪对弈”,必须想办法赢棋或者和棋才行。为了不输给老姜,二爷爷当局就总结出了遇到高棋难以取胜的原因以及对付高棋的办法。

“高棋不叫你赢,因为什么,光不叫安和棋。”前文提到,“六”棋是个有“天花板”的棋类,高手之间如果不较真,最终的结果可能是频繁和棋。高手之间,和棋和赢棋之间只有一线之隔,所以二爷爷把通往和棋的落子说成是带来获胜可能性的前提。之所以说“安”和棋是因为“六”棋的对弈过程分为安棋和走棋两个阶段,棋手需要按照规则和思路将棋子全部“安”在棋盘上,随后才能走棋。“六”棋的棋盘是由纵、横各六条线等距垂直组成的正方形,在安棋阶段,棋手不需要像玩跳棋、象棋那样将棋子预先摆放在固定的位置,自由度较大。许多“六”棋的棋局中,安棋阶段便能知晓胜负[①]。二爷爷所谓“光不叫安和棋”,是说老姜的获胜手段是不让对手在可能和棋的位置上落子。

基于对老姜获胜法宝的判断,二爷爷总结出了对付高棋的规律:“他棋怪高,我一看(他)安得更高,轮到我后安,我就保棋,轮到我先安棋,我就不保棋,他先安棋我就保棋。轮到他先安了,我让他跟我蹓[追],轮到他先安,我就不让他保棋。安五盘,我赢三盘,他赢两盘,从此不干了[老姜再也不和二爷爷下棋了]。[……]安棋你好想着[你要记住],你要是跟高棋来棋,要是轮到你先安了,你赶紧给弄断,别叫他保棋,咱就掐‘和棋’;轮到咱先安了,咱保棋,咱先安棋,他吃你口棋,他得跟着蹓。”“六”棋的先手和后手对落子策略有较大影响,二爷爷的意思大致是,如果对方是先手,己方就不保棋,用适当的棋子当作陷阱诱使对方吃子,对方一吃子就上当,不得不跟着己方的思路走棋;如果对方是后手,就要在己方保棋的同时不让对方保棋,把对方引向和棋的路线都切

---

① 我们“看二行”的时候,发现棋盘的某些格子里会同时摆放两枚棋子,一枚属于己方,一枚属于对方,一方棋子置于另一方棋子之上。经询问得知,这是安棋阶段的“预吃”,即一方已经预判,走棋阶段可以将这枚棋子吃掉,便将自家棋子置于其上来备忘。

断，达成己方求胜的目的。

我们问二爷爷还有没有类似的经历，还能不能再讲几个这样的故事，二爷爷表示这样的棋局有很多，当时印象很深，如今却都记不得了，唯有和老姜的“世纪对弈”他总是到处去讲。二爷爷五局三胜后，不光桃庄的老农民很得意，就连杏庄那些总是赢不了老姜的棋手都觉得心里畅快了许多，还有个桃庄的老农民笑话老姜说，“老姜这个棋怪高，三轮车都瞎[丢]了，说要一百块钱一盘，还没赢吗，老姜”，讲到这里，二爷爷哈哈大笑。

二爷爷很少遇到久战不下的对手，也不需要像新手那样学习棋规，他和老姜都是高手，不存在类似于教师和学生、师傅和徒弟的身份差异。那么，老姜这个人究竟在二爷爷的“六”棋学习中扮演了怎样的角色？二爷爷在“看二行”的场景中对上了老姜，老姜不让保棋的下法让他很难办，但众目睽睽之下，他又必须求取胜利。情急之下，他创造出了对付高棋的策略：先手不让对方保棋，后手给对方让子。这个策略不是现成的，而是二爷爷在“看二行”的场景中受到老姜和看客的刺激而创造的，既然不是现成的，也就不可能事先以语言或文字的形式呈现出来，更不可能由老姜或看客以师者的身份传递给他。根据拓展性学习理论，二爷爷的学习成果是一种“进步性实践”，是基于特定条件的创造。在“看二行”的场景中，二爷爷处于既不能逃离又难以取胜的两难境地，“看二行”的氛围激化了“逃离需求”和“全胜需求”之间的矛盾，使二爷爷陷入“双重束缚”，迫使他借助“和棋”的第三条路线，发明出对付“高棋”的策略，取得了五局三胜的结局。

鲍德温等心理学家早就论述过动机对个体学习的影响，此处不再重新剖析这一过程的内部心理机制，而是把目光放在它的社会性过程和条件上。我们从前提、发动和对弈三个阶段来看二爷爷作为对弈者在“看二行”中的学习是如何发生的（见表 4-1）。

表 4-1　二爷爷"看二行"学习活动的发生过程

阶段	内容
前提	杏庄的老姜对弈成瘾:沉迷对弈而弄丢了三轮车
	杏庄的老姜独孤求败:愿意给能赢他的人 100 元
	杏庄棋手无法战胜老姜
	杏庄棋手希望有人能战胜老姜
	桃庄的二爷爷是"六"棋高手
	二爷爷在外打零工
	二爷爷的工友中有杏庄人
发动	杏庄和桃庄的工友撺掇二爷爷去杏庄找老姜
	二爷爷打工不得空
	二爷爷对给钱去下棋这件事情不感兴趣
	二爷爷恰好去杏庄打工
对弈	杏庄和桃庄的村民聚集观战
	二爷爷发现老姜是高棋
	老姜不让二爷爷保棋
	取胜的难点:一般对高棋要先保棋,不能保棋如何对付高棋
	尝试"先手不让对方保棋,后手给对方让子"的策略
	二爷爷五局三胜
	二爷爷确认策略有效
总结	二爷爷多次回味这一策略
	二爷爷在讲故事的同时向我们讲述这一策略

这场"看二行"中的学习,前提之一是两大高手的存在,我们称为"主人公条件",而"高手"身份的获得有比较明显的地域局限性和民间赋予性。二爷爷、老姜等棋手的"高手"身份一般局限于一个村庄、几个村庄或邻近的乡镇,也就是他们对弈时曾到过的地方。这些高手每到一地就在"看二行"活动中和当地的高手对弈,通过取胜来获得看客的认可,继而获得此地的高手身份。再者,"六"棋的传播范围比较有限,纵使棋手的生活圈子大于"六"棋的传播范

围,也无法在超出“六”棋传播范围的地域获得高手身份,而“六”棋传播范围的突破则依赖棋手在附近的定居情况。二爷爷和老姜都通过和本庄棋手的长期对弈获得了本庄的高手身份:二爷爷为了追求对弈的乐趣,时常借着务工、采买之便到邻近村镇找高手对弈;老姜也十分沉迷“六”棋,同庄人笑话他因棋误事(卖菜的时候不好好卖菜,下棋弄丢了自行车),因为赢不了他,很想找个别庄的高手杀杀他的锐气,老姜本人则十分自信,扬言以百元一局来邀请对手(这只是玩笑话,二爷爷获胜之后二人并未谈钱)。

接下来是消息条件。二爷爷得知老姜的事迹,是因为他打零工的地方有杏庄人,他没有交代这个人是棋手还是观棋者,但此人对“六”棋和老姜都很有兴趣。杏庄人得知二爷爷的高手身份,是因为在同一地打工的还有桃庄的老农民,这个老农民也对“六”棋有兴趣,并且在得知老姜的事迹后向杏庄人表明了二爷爷的高手身份,避免了二爷爷深藏不露或自卖自夸。这二人也构成了中介条件:杏庄工友邀请二爷爷去找老姜对弈,还把消息递给了老姜,桃庄工友撺掇二爷爷去找老姜对弈,又来回传递二爷爷打工不得空、老姜说谁赢了他就给谁100元、二爷爷仍然不去、二爷爷要到杏庄附近打工、两人即将碰面等消息,在二爷爷和老姜之间充当中介。如果没有消息条件和中介条件,两大高手可能在某时某地偶遇,也可能一生都不会碰面。影响两人碰面还有一个特殊条件,就是工作条件,笔者推断老姜是个菜农,也许没有时间专门去桃庄找二爷爷,二爷爷打零工也忙,如果打工地点没有凑巧在杏庄附近,二爷爷和老姜仍然没有见面的机会。

再来是触发条件。一是双方的求胜欲都很强,老姜的求胜欲从上文便可见一斑,二爷爷的求胜欲则在教学式访谈中体现得淋漓尽致——他在教学时一直想战胜他的教学搭档,甚至想战胜他的学生(我和小雨)。二是这场“世纪对弈”“看二行”的阵仗很大,让二爷爷产生了另一种需求,就是逃离需求,即赶快获得对弈的结果好逃离现场,既要求胜又要争取以最快的速度结束战斗,这就形成了一对矛盾的需求——“耐性求胜·急于逃离”。三是老姜的对弈水平确实很高,至少与二爷爷旗鼓相当,集中体现为不让二爷爷保棋。最后,二爷爷为了破解“高棋不叫你保棋”的困局,发现了对付高棋的办法。

最后是确认条件。二爷爷在和老姜的五局对弈中不断尝试这套办法,取得了五局三胜的结果,从而确认了自己的办法在对付高棋时是有效的,可以作为规律性的经验保留在自己的记忆中,再遇到高棋时继续实践这套办法,直到若干年后我们去访谈,这条规律都没有失效。

二爷爷总结出的这条规律如果只用于自己和高手的对弈,而没有被高手发现这条策略(当时老姜应当没有发现二爷爷的策略,或者发现时为时已晚),这条策略——或者说是二爷爷的学习成果——就会仅属于二爷爷本人,而无法发生从个体学习向群体学习的转换。如果二爷爷好为人师,不仅向棋友讲述自己战胜老姜的趣事,还向棋友传授战胜高棋的办法,那么二爷爷的个体学习就会卷入更多的主体,向群体学习转化。可惜这个故事的主人公并不善为人师,他说他学"六"棋就是"看二行"看会的,"六"棋不是教会的,"六"棋下得好要"看个人大脑",还说我和小雨"学不会[不可能学会]",因为"六"棋"不是你学写字",后来又更正道:"不是学不会,是学不精。"后来我们发现,二爷爷的学会=能赢=下得好,而不是我们理解的知道规则,所以他在教棋的时候全程几乎没有教学语言,转录文本里都是"这""那"等表示棋子位置的词语,偶尔有几句教学语言,说的更多是窍门而不是规则,对于连规则都全然不知的我们来说,何止是学不精,确实是学不会。

三、赵长岭如何发明出"占二圈"安棋法

本节访谈文本编号:20200102-ZCL-LQ

(一)"六"棋高手赵长岭

二爷爷的故事已经讲到,桃庄有两大"六"棋高手,一位是二爷爷,另一位就是赵长岭,面对面交流时,我们称他为"大爷",但由于访谈对象中有好几位"大爷",为了不混淆,在撰写文本时改称其"长岭"。长岭年轻时在厂里当工人,是个读过初中、有正式工身份的人,和二爷爷这样的老农民交集不多。访谈的时候,我们发现他的房间里挂着一张印有小篆作品的大窗帘,由于桃庄人

的家里很少能见着文字，笔者当下便觉得长岭家有一种难以名状的文化气息。访谈结束后，长岭不但主动询问我们窗帘上的内容，还专门找出本子让我们写下来，更让我们觉得他的兴趣点和其他村民大有不同。关于这个小插曲，笔者摘抄了小雨的田野笔记（此处有文字上的完善）：

> 接下来[长岭的真名]大爷开始主动询问我们他家窗帘上印的字，听他说是刚买了两天，他也只是研究了两天，想问问我们认识不认识。马老师说这是小篆，他表示认可，随后我和马老师在旁边读，他站在一旁听，和他读的一样的字，他就点头表示认可，读到我们不认识的，他就主动说出这个字是什么，还问我们是不是那个字。后来马老师说可以在网上查找完整的一篇，于是我利用这首诗词中的某一句在网上找到了这首诗，后发现这是清朝邓石如的《自撰书斋长联》，相当于一副长对联，并不是诗词。我和马老师一字一句地把这副长对联教给大爷，在教授期间，我们发现窗帘上印的长对联并不完整，有漏字、位置错乱等问题。随后大爷在房间里找出一本薄薄的笔记本，让我和马老师每个人把这副长对联在笔记本上抄写一遍，写完之后，大爷把笔记本收了起来。

长岭也是所有访谈对象中最快找出纸笔的人，只不过他找到的是宣传用的铜版纸，纸面太滑、画面太花，圆珠笔很难写上去，后来我们好不容易翻到了彩印较少的一页，才终于在上面画了棋盘。纸笔在访谈中发挥了很大的作用，包括绘制棋盘、绘制棋路、讲解规则、讲解安法和走法等，终于让我们这些习惯了学校教育的人走进了舒适圈。同时我们也反思，学校教育的舒适圈和农民学习的舒适圈不一定是一致的，甚至可能完全相反。我们习惯逻辑起点明确、条分缕析地介绍，习惯先讲解后实践的方式，甚至让实践服务于讲解，满足于知识和技能本身的获取，把规则的掌握当作“学会”，而不是把实践的结果（赢棋）当作学会。

在上一小节，我们已经从二爷爷的故事中读出，至少对受教育经历较少的农民来说，学校教育的方式并不完全符合他们的学习规律。他们更习惯在实践中学习，这种学习一般不会伴随理论知识的先导性讲解，甚至全程都没有专门的知识讲解。此种方式确实更依赖天赋和悟性,依赖胜者为王的丛林法则。有的农民在这个过程中不断地领悟,学会了别人学不会的东西,而有的农民则无论如何也学不会。但即便如此,倘若有个人想把他们召集在教室里讲解这些他们自己悟不出的东西,他们也未必愿意以这样的方式去学。或许将完全的实践和完全的讲解结合起来是可行的方式,以实践的场地为主场,让高手在实践中讲解,从而避免在教室里学习带给农民的陌生感以及完全没有教学的实践(这种实践对农民来说是生活常态)所带来的学习新知识时的无措感,避免“看了一辈子都没学会”的结果。不过我们还是愿意承认,通过长岭的叙事和教学,我们才大致把握了“六”棋的样貌。

访谈开始的时候,我们也想先找到长岭学习“六”棋的源头,于是便问他是从何时开始学习“六”棋的、如何学会“六”棋的以及跟谁学会“六”棋的,但我们之间的对话总是绕来绕去,15 个话轮之后,我们得到的是问题之外的答案。

1 小雨:“从什么时候学这个的,大爷?”

2 长岭:“我啊,割草的时候。”

3 小雨:“年轻的时候?”

4 长岭:“嗯。”

5 小雨:“那时候是跟谁学的?”

6 长岭:“那时候鹤庆[村民的化名]当队长,俺来棋,只要我在家里,只要在队里干活,拔稻残,反得,三四点钟……”

7 小雨爸爸:“你和队长来棋,不用去干活,队长想来。”

0 长岭:“哈哈哈哈……”(点头)

8 小雨:“你那时候是跟人学没有?”

9 长岭:“我的一种爱好吧。”

10 小雨:“你没跟人学,自己就会了?”

11 长岭:“对。”

12 小雨:“看来,在旁边?”

13 长岭:“我吃[没]看过人家,只有人家看过我。”

14 小雨:“我听说俺大爷只有俺二爷爷这个对手啊。”

15 长岭："对。"

通过这组有些答非所问的对话，我们获得了如下信息：首先，长岭没有否认"六"棋需要学，当我们问他什么时候学的"六"棋，他没有像其他棋手那样说"六"棋不用学；其次，长岭是在年轻时的生产劳动过程中接触"六"棋的，他始终没有承认有人教他，但提到了当时的生产队队长鹤庆。我们想知道他是不是"看会"的，他回答的却是他高超的对弈水平——他从不看别人下棋，都是别人看他下棋——开篇就亮出了他的高手身份。假设他在学会之前从未看过任何人下"六"棋，第一盘直接上手就会了，那么他应该是一个高超的天才，我们觉得这种可能性比较小，所以推断没有人专门教过他，他也没有专门看特定的人，最开始可能是在和生产队队长鹤庆的几次对弈中掌握了"六"棋的规则，又在后续的对弈实践中掌握了这种棋的诀窍，迅速成为一名高手。

在这里，我们所问的"学"和长岭对"学"的理解也是有差异的，我们问的"学"是从不会到会，指的是掌握规则，而他答的"学"大致和二爷爷是一个意思，是从不精到精，从不是高手到成为高手。长岭不否认自己在成长为高手的过程中有"学"，但是不承认这一过程中有"教"，对他来说，学习是存在的，但是师者是不存在的，他成为高手凭的是一己之力，从未借助他人的帮助。在我们看来，他唯一提到的鹤庆，其实是一个重要的引路人，他让长岭接触了"六"棋，给了他在农业生产实践的闲暇中不断练习的机会。长岭愿意和生产队长反复对弈，首要原因应该是在他"爱好"（在临沂方言中既是名词又是动词，动词表示"喜爱"）"六"棋，至于小雨爸爸所说的逃避农业生产，长岭则是大笑回应。

长岭的棋艺到底有多高，据自述，他年轻时在厂里就数得着，后来在鸦林镇干了三年活，当地也没有人能下得过他，而在自家所在的荆林镇，有一次他看见一群人在路边下棋，观望一阵后就入了战局，最终"下跑"所有人。总之，他来"六"几乎没输过，大有几分天下无敌的意思。我们好奇，既然他这么厉害，桃庄有没有专门找他学棋的人，他回应道，"想学的吧，就在一边'看二行'，我们告诉他，有的村民说看了一辈子都没学会，他说"这个是个人[能不能看会在于个人]"。这时他的妻子插话道："管谁不跟恁大爷玩的时间多[谁都没有你这个大爷玩的时间多]。"顺着他妻子的话，长岭讲起了他的"六"棋岁月。

生产队时期,桃庄种植水稻,大嵌桥的北边和东边都是稻田。长岭当时是工厂的工人,只有周日休班,休班时的农业生产任务就是拔稻残。那时老农民们都知道队长鹤庆喜欢来“六”,只要到了长岭休班的日子,尚文、尚德、云然这些喜欢“六”棋的老农民就都聚集在大树底下乘凉,等着长岭和队长来棋。有时候,队长天刚亮就来到长岭家门口,两人往地上一蹲,连板凳都不要,早饭和午饭也不吃,黄昏时又累又饿才归家。队长来不过长岭,但是越输越不服,越输越来劲,而长岭也一直咬住胜局不放,免得队长一赢就拉上大家去干活,加上周围还有一众“看二行”的人撺掇,战火便一路烧到傍晚:“一看到下午四点了,快下地,得拔稻残,急了不噔地[很快地]从这头拔到那头去,再扬回去,就家走了。”

长岭说他喜欢和高手下棋,不是高手就没意思,这倒是和二爷爷如出一辙,不过听他讲自己和生产队长来“六”的经历,我们觉得队长算不上高手。许是“六”棋本身的乐趣、“看二行”的氛围和拖延生产劳动的机会让他和鹤庆成了常年相伴的棋友,而在工厂里,从不输棋的长岭也会让工友几盘棋,好让对方继续和自己对弈,可见有棋下总比没棋下好一些,遇见高手则更好一些。

退休之后,长岭跟着相识的村民四处打工。前些年有个叫坪根的村民拉着长岭一起去干活,午休时,长岭帮工友去梨庄买煎饼,恰逢路上有一群人来棋,他心想,来棋必须得去看看,一看,这群人水平有限,就忍不住打破“观棋不语”的规矩,在旁边指挥着,人家说,“你会来你来”,长岭不惧,就和那些人蹲在一起来了半天。其中有个听障棋手挺厉害,他和长岭来了几盘,发现总是赢不了,就发出“啊——啊——”的声音抗议,长岭见状,赶紧带着煎饼跑了。

还有一次,他去莲庄大街上买饭,看到一群人来“六”就凑了上去,指挥了一会儿之后,发现一个老头怪厉害,他就亲自上阵和老头对弈,来了两盘,对方都输了。老头不甘心,第二天扛着小马扎又来了,长岭“滋儿[高兴]得了不得”,坐上马扎和老头在树下对战,来了几盘老头都没赢,一起身还仰了个屁股蹲儿,“看二行”的人全都败兴而归,老头害臊得很,再也不来下棋了。听他大笑着讲这件事,我们就问他会不会有人因为总是输棋而恼怒,长岭说:“他反正心里也是怪难受,但是我不知道他什么滋味,哈哈哈哈哈,反[反正]就是我不让你赢。”

棋友中也有不打不相识的，譬如李子官庄有个看白事的二指先生，在附近颇有些名气，他的三儿子棋艺不高但总喜欢来棋，开在家门口的门市部被来棋的人装点得门庭若市。三儿子听闻长岭棋艺甚高，专门骑着电动车找长岭来棋，可来了两天都没赢，谁承想两人的关系更近了，还一起喝了酒。后来长岭也邀请三儿子过来下棋，不过始终都不让他赢。长岭说他也能看出对方输得怪不好意思，但“不好意思我也不让他赢”。可见长岭和二爷爷的好胜心都是一等一的。

(二)背棋路

基于长岭对“学习”的理解(学会是指常胜而非掌握规则)，他习得“六”棋的路数是把棋盘上的固定棋路都背过——这确实和其他农民大有不同，“它这个棋路吧，一般这18关(颗)子，基本上就背个差不多”，说完这句话，他还嘻嘻地笑起来。看到我们有些惊讶，他又进一步解释道：“基本上这18关子怎样安，第一步、第二步，你怎样安，我怎样安，怎样能输，怎样能赢[安棋的过程中就能看出来]。”根据我们下棋的经验，许多棋类都有初始步骤的固定走法，也有遇到某些特定棋局时的解法，我们想知道他所谓的棋路是什么意思，就进行了追问。长岭答道，“六”棋有一些专有名词：“你像一些这个名词样[好比有这样一些名词]，小酒壶(见图4-1)啊、勺子头啊、小酒壶六、勺子头六、七步、八步、拨楞拧(见图4-2)、钢档子、绣锻儿……”

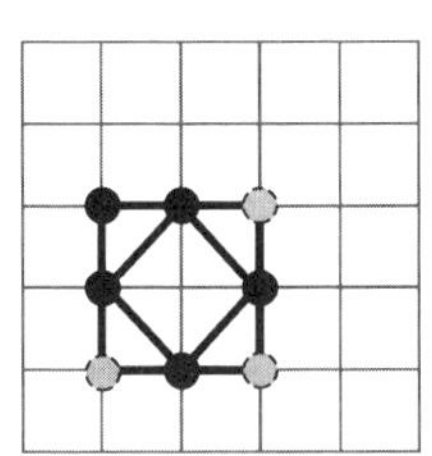

图4-1 “六”棋棋路——小酒壶

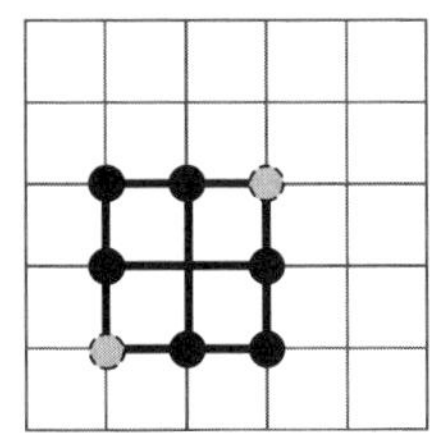

图 4-2　“六”棋棋路——拨楞拧

我们问他,“六”棋的棋路是他发明的还是跟别人学的,他说“凡是会来棋的都知道”,还说“名词是必需的”,随后又补充道,“边六、勺子头六、单杆子六、拨楞拧六、七步六、八步六,这些都是”。后来我们通过两次访谈,以口述、现场绘制、录像和转录的形式收集了长岭记忆中的全部棋路,发现“六”棋的棋路分为基础棋路和衍生棋路,衍生棋路由基础棋路演化而来,比如“小酒壶”是基础棋路,“小酒壶六”就是衍生棋路,棋路的组合变化多端,有数十种。

通过对命名方式的分析,我们发现“六”棋的棋路多以生活用具、生产工具和生活中的情状命名。比如“拨楞拧”在当地也叫“拨楞拧子”和“拧锤子”,其他地区还有“拨楞锤”“拔槌子”等叫法,是一种家用纺线工具。这些工具和情境的背后,都是值得一追的文化和历史。

就拿“拨楞拧”来说,长岭提到这个名词的时候,我们从未听说过这个东西,也不知道它长什么样,就试图让长岭解释一二,不过长岭当时的精力都集中在棋路上,我们也不好强行岔开,便将这个奇怪的名词记录下来,准备回去再问其他长辈。谁承想,我们问了好几个 50 岁上下的人,他们都说不清“拨楞拧”到底是什么,我们只得又去问小雨的爷爷。这里说“只得”,是因为之前这位爷爷和二爷爷一起教“六”棋的时候就险些把我们“带进沟里”,我们不得不承认他讲东西确实有些不清楚,但除了他,我们也想不出还有谁能晓得这东西的样貌和用途。过了四天,我们把小雨的爷爷请到家里,问他“拨楞拧子是什么”,他起先说是“做笤帚用的”,但根据他对“拨楞拧”的外观和使用方法的描述,我们无论如何也无法把它和做笤帚联系起来,49 个话轮之后,我们终于猜出“拨楞拧”是用来拧绳子的,拧完了绳子再用绳子去扎笤帚,而不是直接用“拨楞拧”去扎笤帚。从话轮 45 开始,我们和爷爷之间的对话活像一段相声。

本节访谈文本编号:20200106-WTL-BLN

1 小雨:“爷爷,拨楞拧子是什么?”

2 爷爷:“拨楞拧子?拧锤子吧?都叫拧锤子,做笤帚用的。”

3 小雨:“它长什么样?”

4 爷爷:“两头大、中间细,中间钻个孔,找根铁丝,穿进孔里去,把铁丝扭两个钩,也就怎[这么]长,这个,也就怎粗。得用槐木,它沉,中间钻个眼,用铁丝,底下盘上,上面提溜上来,扎笤帚、扎饭帚[一种刷锅的工具]都用它。”

[此间追问如何用拨楞拧扎笤帚。]

37 爷爷:“它一拨楞,提溜着,这个绳那么长,一拨楞,梯梯[拟声词,形容转得飞快]转,转上劲了,拿把[拨楞拧的把手]缠上它。上面一拧,拧它,顶上是个钩,一钩着,再缠,就这样干。”

[此间继续追问拨楞拧如何使用。]

45 我:“(拨楞拧)为什么要梯梯转?”

46 爷爷:“在早[早年间],老妈妈[老太太]都卷起裤子来搓啊[卷起裤腿用腿搓绳子]。这个拧锤子,打那么大小,打那么粗,找个长的棍子缠上它,缠完以后再打上个。这回‘上紧’[拧紧],下次用这只手‘破紧’[拧开],都割成绳。”

47 小雨:“割成绳是啥意思?”

48 爷爷:“割成绳,打笤帚啊。”

49 小雨:“那(拨楞拧)是个搓绳子用的东西啊?”

50 爷爷:“你当是干什么用啊。”

51 小雨:“那搓绳子和扎笤帚有什么关系啊?”

52 爷爷:“再早,你不得卷裤子搓嘛,卷裤子搓多费事,最早,打麦秸秆栅子,咱睡觉床上那个麦秸栅子[用麦秸秆做成的垫子,很硬,农村人都铺在床上当床垫]都使那个。”

53 小雨:“拨楞拧?”

54 爷爷:“哎,都得使那个打。”

55 小雨:“那你的意思是,它是用拨楞拧打绳?”

56 爷爷:“嗯啊。”

57 小雨:“不是打笤帚?”

58 爷爷:“打笤帚还行吗?[意思是不能打笤帚]就使它打出绳来。”

59 小雨:“打出绳来,再去扎笤帚。”

60 爷爷:“啊[表示肯定]。”

61 小雨:“那就是它是打绳用的,不是扎笤帚的。”

62 爷爷:“就是打绳,扎笤帚、扎栅子,旁的没用[不用拨楞拧干别的]。”

63 小雨:“那这个拨楞拧子不就是打绳用的吗?”

64 爷爷:“你以为是干什么用的。”

65 小雨:“就是用腿搓绳太费劲了,就用拨楞拧把绳子搓成一道一道的。”

66 歌子:“跟笤帚有什么关系?哈哈哈哈!”

67 小雨:“你是跨过了一个步骤。其实是先搓绳,再去做笤帚。”

68 爷爷:“是啊,没绳怎么搓啊。”

69 小雨:“其实拧锤子是搓绳用的。”

仅凭爷爷的口述,我们无法完全想象出“拨楞拧”的样子,也不太能把握它到底如何用,于是一边访谈一边在互联网上搜索相关的资料。当时关于这个物件的记录还很少,而且几乎都是东北地区的记录。我向爷爷简述这些记录,其中很多遭到了爷爷的否定,比如网上说最早的“拨楞拧”是用牛骨做的,爷爷却说牛骨太长,要用猪骨,后来又从猪骨演变为取材方便、质量大的槐木(因为太轻的木头无法达到较高的转速,转起来比较飘)。东北的记录说“拨楞拧”分为大、中、小号,大号搓出来的麻绳用来制作套马、套车的绳子,中号用来纳鞋底,但爷爷说桃庄的“拨楞拧”都差不多大,而且纳鞋底的麻绳用“拨楞拧”搓反而更麻烦,因为纳鞋底用的麻绳很短,与其经过一系列复杂的步骤去操作“拨楞拧”,不如直接卷起裤腿搓绳子省事。在农村家庭的劳动分工中,纳鞋底是妇女的任务,而桃庄的“拨楞拧”主要用来扎笤帚、炊帚和床垫,这些物件消耗的绳子比较长,可能是由于此类活计比较粗,需要的力气比较大,都是由家中的男性来做,因而“拨楞拧”在桃庄是一种男性使用的生产、生活工具,这也是桃庄及其附近村镇的男性棋手能把“六”棋棋路的特定形态看成“拨楞拧”的原因。

我们在桃庄调研时，村里已经找不出这样的物件。小雨的爷爷是村中最年长的老人之一，据爷爷说，村中的妇女不使用“拨楞拧”的，就连小雨的奶奶都不清楚“拨楞拧”是做什么用的，村里60岁以下的人可能根本没见过这种工具。桃庄的农耕文化，生动的故事也好，独特的用法也罢，关于“拨楞拧”的种种就这样消散在历史的烟云中，只凝结成“六”棋中的一个棋路，延续着它似烬的温度。而我作为一个城市异文化的来客，小雨作为半个异文化的来客，如果不去探究“拨楞拧”为何物，就无法理解“六”棋棋路、农耕文化、农民的闲暇活动和农民学习之间的关系，也就无法进一步理解以上种种同乡村振兴之间的关系。

教育之于乡村振兴，除了理所应当的基础教育普及和职业技术培训，究竟还能做些什么？从笔者的研究视角看，最直接的还是乡村文化振兴。关于这个问题，可能需要从文化的角度弄清楚乡村到底有哪些文化现象，这些文化现象的历史脉络如何，它们对于农民、农村的意义是什么，对于整个中国社会文化的意义又是什么。这显然超出了本书的学术研究范畴，但读者可能已经从农民的“六”棋学习活动中看到了农耕文化的细胞，看到了农民学习同乡村文化振兴的联系，以及农民学习之于乡村文化振兴的潜力。

“六”棋棋路中，和“拨楞拧”类似的还有钢档子、绣缎儿、小酒壶等生产工具和生活用具，它们都是鲁东南农民生活状态的缩影。听到“钢档子”这个词的时候，我们猜测它是一种农业生产工具，后来在询问其他成长于沂蒙山区的长辈时发现，由于生产队时期的农村比较封闭，对于各类农具，不同地方的叫法是不一样的，相邻村庄甚至同一个村内的叫法都不一样，即便同是沂蒙山区长大的村民，也不一定能立即想到“钢档子”是什么。通过几个人的描述，我们大致知道钢档子可能是收割小麦时农具上发挥阻挡作用的一种零件，能缩小麦穗的掉落范围。对于不从事农业生产的人来说，“钢档子”和“拨楞拧”一样变成了抽象的棋路图像，如果不深究，就会丢失附着其上的农耕文化。绣缎儿和小酒壶在当代人的日常生活中虽不常见，但在古装剧和年代剧中会有出镜的机会，大众多少有些印象。桃庄的小酒壶是方形的，上方有个凸出的壶嘴儿，如今村里还有老头随身带着小酒壶，里面装上白酒，想酒的时候就闷几口过过瘾。

谈到如何借助棋路精进棋艺，长岭讲述了他从一个棋艺不高的人那里学会“二壶把门儿”的经历，也是这次经历让他总结出“背棋路”这一秘诀。生产队时期，长岭在桃庄遇见了一个拉炭的小工，此人棋艺不高，下棋时却经常能赢，长岭觉得此中必有秘诀，就在“看二行”的时候仔细观察他的安法和走法，发现小工总是让己方棋子摆成两只小酒壶嘴对嘴的图案，上方、拆方、再上方都很方便，这就是“二壶把门儿”。根据长岭的描述，拉炭小工用“二壶把门儿”取胜的秘诀是长岭自己“看”出来的，他不但看出了这个棋路，还默默地给它取了名字。可以想象当时的场景——拉炭小工没有对看客们自报家门，没有一边比画一边说：“看，这几个棋子就是二壶把门儿，这样上，吃这个，拽回来，再这样上，吃那个”；当时的看客也没有人告诉长岭“他安的是二壶把门儿”，甚至不一定能像长岭一样看出小工的制胜棋路。再者，长岭用“二壶把门儿”来命名小工的棋路，小工自己却未必这样叫，也就是说，在这样一个缺少师者角色的“看二行”情景中，长岭“看会”了小工的制胜棋路并且完成了对棋路的命名。

这似乎是一个典型的自生自灭式的学习场景，目前我们能在这样的场景中看到长岭学成“二壶把门儿”的条件在于机遇和天赋，正如爷爷和二爷爷所言，“六”棋高手的学习要“看个人大脑”。如果长岭不是一个有天赋的棋手，就不会在“看二行”的过程中领悟到拉炭小工有固定的制胜棋路，如果日常不接触小酒壶，也不会得出“二壶把门儿”的命名，而日常接触小酒壶又和他的农民身份以及他所处的鲁东南地区的乡村文化及生活方式密切相关。倘若长岭没有遇见这个拉炭小工，他由机缘巧合遇见的不是这场“看二行”而是其他“看二行”，他就不会在彼时学会“二壶把门儿”。对比学校中的学习，二者的差异就会很明显，学生的学习根据课程安排展开，有明确的内容、顺序和师资安排，这样的安排大大降低了学习的随机性，反观本书论述到目前为止农民闲暇学习中“看会”的发生条件，机缘和天赋的确发挥了很大的作用。

(三)占“二圈”

和研究桃庄其他的“六”棋棋手一样，我们也请长岭教我们下“六”棋，希望能从他的“教”中反推他的“学”，以及从他的“教”中了解向他学习的那些人的

“学”。教学一开始,长岭和桃庄其他棋手在“教”上的不同就得以凸显。他一上来就用清晰的语言概括出了“六”棋先手第一步的落子诀窍:“一般都是先安当央[正中间],我现在学的不安当央,安‘二圈’[‘六’棋棋盘的最外围是外圈,紧挨着外圈的第二圈是‘二圈’]。”他一边用手指在棋盘上比画“二圈”的位置,一边说:“这是边儿吧,这是边上这道吧,这是‘二圈’。”他告诉我们,安棋的时候不能安在“二圈”的四个角上,第一步安好之后,就看对手怎么安了。随后他立即告诉我们先手第一步下法的演变,以及先占“二圈”的原因:“一般最早时候来棋都安它[长岭在棋盘上安棋],都安这步,这是正当央,现在占了当央以后哈,你这个‘二圈’就占不上了。”接下来,他一边以己方先手安“二圈”,对方后手安“当央”为例,一边落子一边解释占据“二圈”的优势。

先手落子“二圈”和“当央”的可选位置如图 4-3 和图 4-4 所示。假设己方是先手,选择落子“二圈”,对方是后手,选择落子“当央”,典型的落子位置如图 4-5 所示(第一步)。根据长岭的教学,先手在图 4-5 中落下上方第二子之后,后手必须选择图 4-6 中圆圈叉号所标注的位置(第二步):“他下一步他必须得安这里,他不安这里他就占被动了。”假设对手将棋子落在“当央”的左下角,先手第三步就要占据“二圈”的左上角,即上一步中圆圈叉号所标注的位置,而后手继续占据“当央”的右上角(第三步,见图 4-7)。接下来,先手占据棋盘左上角正方形的左下角,与右侧两颗黑子组成一个缺失左下角的正方形,如果下一步能将缺失的角补全,则先手成功“上方”,“上方”后就能在走棋阶段吃掉对方一颗棋子。此时后手为了阻止先手“上方”,一般会选择占据先手缺失的这个角(第四步,见图 4-8)。先手在第五步中会占据棋盘左上角正方形的右上角位置,与下方三颗黑子凑成“打俩子”棋路,此时左、右两个小正方形都能上方,形成后手不论占据棋盘左上两个小正方形的哪个缺角都只能阻止先手一次“上方”而先手仍然能保证一次“上方”的棋局,此时后手只能择其一落子(见图 4-9)。假设后手选择占据棋盘左上角,到了第六步,先手占据棋盘上边的左数第三点,后手可选择在两个圆圈叉号的位置落子,选择下方圆圈叉号即“上方”,但先手可在第七步占据上方圆圈叉号,再次形成“打俩子”棋路(见图 4-10),明显落于下方,几乎已成败局。

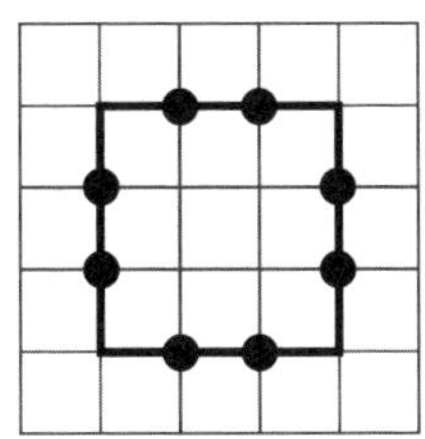

图 4-3　“二圈”及先手安棋第一步的可选位置示例

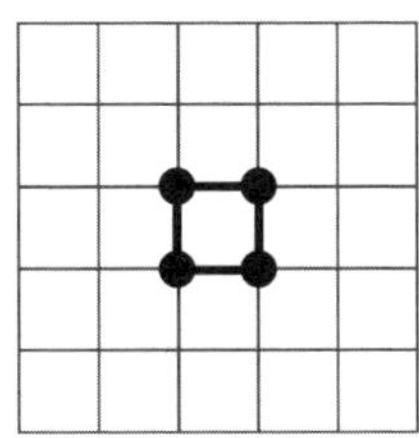

图 4-4　“当央”及先手安棋第一步的可选位置示例

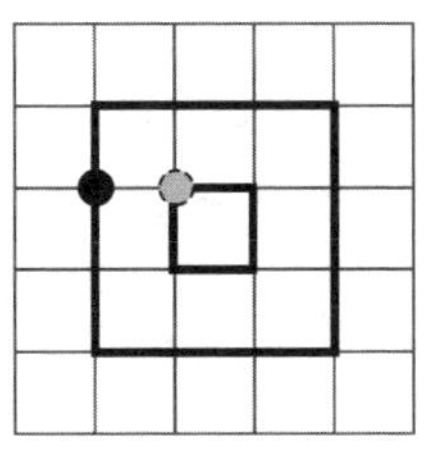

图 4-5　第一步:先手占“二圈”

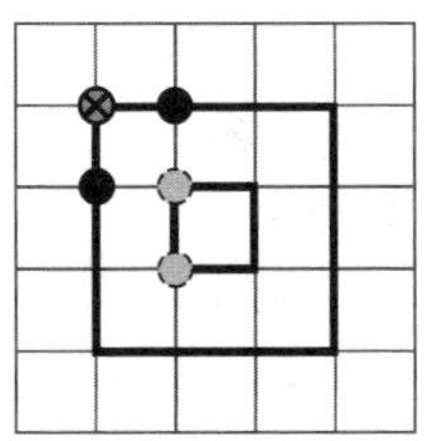

图 4-6　第二步:后手落子错误

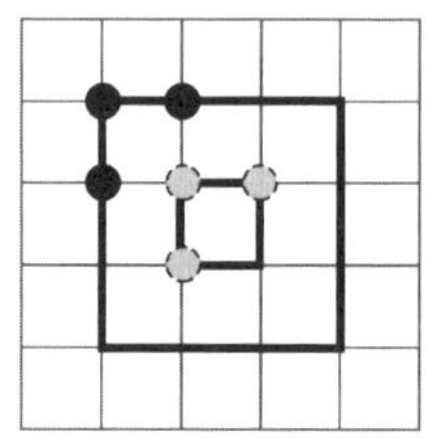

图 4-7　第三步:后手继续占“当央”

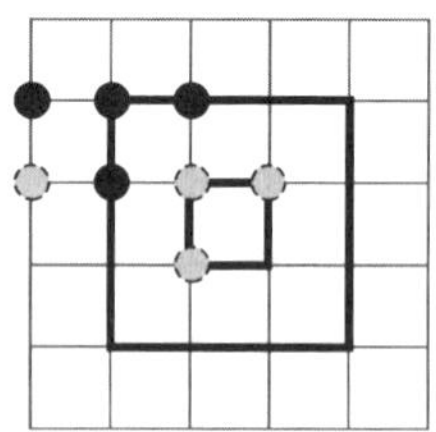

图 4-8　第四步:后手阻止先手“上方”

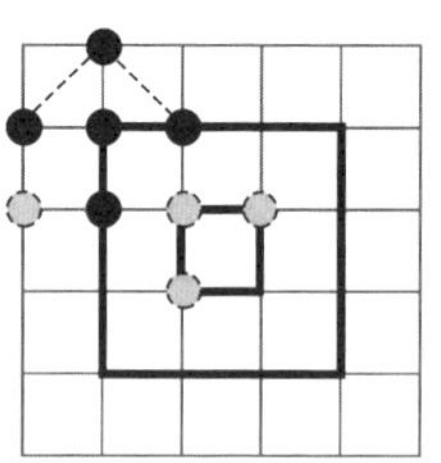

图 4-9　第五步:先手“打俩子”

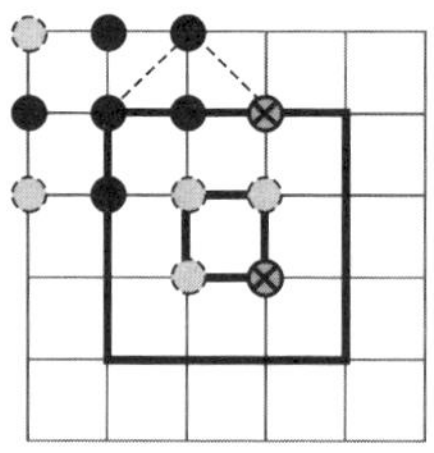

图 4-10　第六步:先手“上方”

话轮 75—79 是长岭对己方先手占“二圈”、对方后手占“当央”的典型走法的教学语言,均为边演示边讲解,为了让读者对资料有整体感,现将完整对话呈现如下。

75 长岭:“一般都是先安当央,我现在学的不安当央,安‘二圈’,这是边儿吧,这是边上这道吧,这是‘二圈’。安的时候不安角儿,这是第一步,看他怎么安了。一般最早时候来棋都安它,都安这步,这是正当央,现在占了当央以后哈,你这个‘二圈’就占不上了。一般的都先安它,他[对手]要是安呢,安当央那就好了,咱就安这里。”

76 小雨:“就安‘二圈’。”

77 长岭:“就安这步。第二步,他要是安这步了,你就安这步。他下一步他必须得安这里,他不安这里他就占被动了。他如果安在这里、这里、这里,你只要占上它,仿比[比如]他要是安在这里,你安这里,也是当央,那我先安的棋,我占上它就是三个,他[对手]怎弄来? 这边他要是不安,你就‘打俩子’,就上方,你追一个,追一个就打俩子。所以他必须安这步。你安这步,他安这步,你安这步以后,他必须安这一步。”

78 小雨:“但凡他安别的,他就有可能输。”

79 长岭:“哎,他就输了。他要是占它,你占它,他就没办法安了。他再安安哪里呢? 他得跟你安,你要不就‘打俩子’。他跟你安,他安这,你安这,他就跟在你腚上走了。你安这里,这里又‘打俩子’,是吧,你安这里它又‘打俩子’,他就得安这里,又把他挤在边上了。他只要安在‘当央’,你就安‘二圈’,就把他挤边上去了。是吧?”

这段讲解中,我们能看出长岭取胜的规律就是想办法占据主动,让对方落于被动,而落于被动有两种表现,一是棋子被驱赶至棋盘边缘,二是必须跟随对方的思路落子。过去,“六”棋棋手采用直接占据中央区域的方式取得优势,但长岭发现占据“二圈”更有助于引领思路,或是能更有效地将对手逼迫至棋盘的边缘区域。在教学方面,他的可贵之处在于能将自己总结出的下法、道理和规律用比较清晰的语言表达出来,不像多数棋手那样,教学语言中几乎只有“这里”“那里”“这样”“那样”。由此可推,跟他学棋的人所接受的也是这样的教学,尽管作为门外汉的我们把录像反复看了几十遍才弄懂这些棋路,但对于浸染在“六”棋环境中的老农民来说,长岭的“六”棋技术是可传达的。尽管“看二行”这一活动本身几乎只有沉默的表演,但如果在对弈活动之后向长岭请教，应该可以避免单纯的“看会”。

关于“占二圈”这一重要的下法改变，我们想知道它究竟是长岭发明的，还是长岭从别人那里学来的，于是便问他：“那就是你平时跟人家下棋总结出来的这个?”他肯定地回答：“哎。”并且讲述了他观察别人下围棋时验证“占二圈”正确性的一段经历：

就跟围棋一样，那个围棋我就看了一次，我在工厂上班的时候，看了一个技术科的(科员)、一个技术科长——他们都是大学生——来围棋。我说我从来没看过，我得看看。一边上着班，我去上他技术科去看看，就看了一盘还呒[没]看完，我就知道这个围棋和咱这个“六”差不多，你围我，我围你，你圈我，我圈你，看谁最后把谁圈起来。围棋不就是你围我，我围你吗？就是这个意思。我一盘都没看完，我就知道它是什么意思。它也是不安边，也不安当央，它也是安“二圈”。

长岭这里所说的围棋的“二圈”并非严格意义上的第二圈，而是最外一圈和中央区域之间相对接近边缘的区域。长岭不会下围棋，他通过观察围棋的开局，发现了围棋和“六”棋在开局占据先机上的共同之处，从而验证了“六”棋开局“占二圈”的正确性。不过他对于如何发明“占二圈”的下法讲得并不详细，于是我们又进行了追问。

82 歌子：“‘二圈’是上次跟你下棋的人——就是那个怪厉害但是赢不了你的那个人——告诉你的这个叫‘二圈’，还是你自己……”

83 长岭：“都这个称呼。”

84 小雨：“都这个称呼，但是知道下在这个‘二圈’上面，是人家告诉你的，还是说你……”

85 长岭：“嗯——也没有告诉我的。也不知道怎事[怎么回事]，我说了以后人家就都说。”

86 小雨：“就是说现在也有人下棋选择放在这个‘二圈’里面。”

87 长岭：“嗯，反正是跟我学的都不安正当央。在早[早年间]，都安正当央，谁安边上谁输。再早我来棋，都是抢占当央，占边上就输了，现在哈，不是那个事，占在‘二圈’以后，把他挤在边上去了，把他撑边上去了。”

笔者在这段对话中确认了两个事实：一是“二圈”是一个惯用叫法，已经无法追溯这一命名的发明者；二是“占二圈”的下法和叫法大概都来自长岭，只是我们已经无法像追溯二爷爷提出应对“高棋”的策略那样追溯长岭发明出“占二圈”的那场“看二行”。尽管如此，笔者还是在长岭传播“占二圈”的故事中看到了老农民的学习从个体习得转向群体共创的影子：在“六”棋文化历史的演进中，到了长岭这一代棋手的生涯中期，以他为代表的棋手在先手落子时用占“二圈”代替了占“当央”；由于长岭是高手，偶尔有机会指点他人的棋局，占“二圈”便伴随他在“看二行”中的教学活动而传播，逐渐成为这个历史时期的“六”棋棋手所共有的、优于占“当央”的进步性实践。通过二爷爷和老姜“世纪对弈”的故事，我们得知了“看二行”活动的机缘属性和其他发生条件，尽管长岭比二爷爷更擅长教学，但两人通过“看二行”而发生的学习或教学都只有较低程度的主观故意，因而也表现出比较明显的过程断裂。

二爷爷故事中的“断裂”发生得很早，由于他不擅教也不乐教，加上他对“看会”的主张，使得他从未向其他棋手讲解过他的“高棋”应对策略。他创造出了进步性实践，但在接受访谈之前，这一成果只属于他本人，未能拓展到“六”棋共同体中的其他人。可以说，二爷爷所创造的进步性实践在诞生的那一刻便断裂了。长岭故事中的“断裂”发生得比较晚，如果有人向他求教，他还是乐教的，有时还会忍不住指点别人，同时他的教学也是比较清晰的，只是他发明出“占二圈”的进步性实践之后，并没有组织他人来学习，而是随着“看二行”的发生随缘施教。可以说，在“看二行”存在且有指点机会的场合，“占二圈”的拓展链条是连续的，一旦没了“看二行”或者长岭在某些“看二行”中找不到指点的机会，“占二圈”的拓展链条就是断裂的。

笔者好奇的是，是不是所有的农民非正式学习都是以“看会”(个体层面)或“随缘”(群体层面)的方式进行，在那些农村成人教育“没人管”的村庄，农民会不会自行发动并组织群体学习？我们很难在“六”棋棋手的故事中找到这样的证据，但在桃庄锣鼓队和广场舞队的故事中，有组织的农民群体学习逐渐浮现出来。

四、坪隆如何复兴锣鼓表演

本节访谈文本编号：20200101-TPL-LG；20211013-TPL-LG（微信语音访谈）

沂蒙锣鼓是盛行于鲁东南地区的传统器乐，声音浑厚响亮，可一人独奏，也可组队表演。组队时，成员可以只有鼓手，也可以带上敲锣的、击叉的、打三角铁的，甚至可以带上跳秧歌的。不同的演奏方式服务的场合有所不同：独奏一般有两个用途，一是练习技艺，一是给行人和商家助兴；鼓手之间或鼓手和乐手之间的组队也有两种用途，一是节庆，一是赛事；鼓手、乐手和秧歌舞者之间的组队，就非得是春节等重大节庆活动才有。锣鼓队的演奏中，鼓是主角，其他器乐是配角，因而桃庄人口中的“锣鼓队”主要是指由鼓手组成的队伍。

据桃庄人说，沂蒙锣鼓是百年传承，不过本村老农民的组队演奏史只能追溯到 1991 年。桃庄原本有一项流传已久的节庆活动，名为“姜老背老婆”，简称“姜老背”。“姜老背”需要一男一女两个演员，男演员扮演“姜老”，年龄相仿的女演员扮演姜老的老婆，两个人都戴上面具，“姜老”要在戏台上当众背“老婆”，而这个“老婆”在现实生活中根本不是自己的老婆，搞不好还是别人的老婆，两人在台上嬉闹，难免会引发流言蜚语和家庭矛盾。为了乡风文明和邻里和谐，“姜老背”于 1991 年正式停演。难办的是，按照乡村习俗，春节等重要节日还是需要一些热闹，必须用新的节目代替“姜老背”。

彼时，生产队时期的村支书鹤庆又成了重要的发起者，他组建了桃庄第一支锣鼓队，称为“老锣鼓队”。鹤庆出生于 1939 年，对我们（笔者和小雨）来说是个爷爷辈的人，当年的锣鼓队员如今成了村中所剩无几的年长者，鹤庆本人也于 2016 年去世。从 1991 年到 2000 年的春节前夕，老锣鼓队的表演比较活跃，尤其是春节时盛大的游行演出。那时候，村委总会给老锣鼓队的队员一些好处，比如烟酒食品等，当作演出的酬劳，这让锣鼓队的成员看到了锣鼓的“交换价值"[①]。交换价值原本只在春节表演时发挥作用,但年岁一久,村委和队员之间的"交换"就成了锣鼓表演的必要条件,队员逐渐将锣鼓的"使用价值"[②](艺术价值、娱乐价值等)附着于交换价值之上。因此,到了2000年的春节,村委突然宣布不再发放酬劳的时候,锣鼓队员的表演热情大大降低,不再组织集体演出,平日里的组队练习也少了很多,活动几乎停滞。

当时老锣鼓队里有一个叫陶坪隆的年轻人,他和东亭庄的二姨父、长岗村的邢书记、泡豆芽的大姐是同龄人,比二爷爷小两辈,比长岭小一辈,面对面访谈时,我们管他叫"哥",后来因为"哥"也有好几位,文本转录时改称"坪隆"。此人是个名副其实的锣鼓迷,他对锣鼓的热爱不只停留在闲来无事随便敲敲,还对技艺的精进、曲目的突破有比较高的追求。2000年春节罢演之后的锣鼓队几乎停止了一切日常活动,这让坪隆很是难受,在他看来,尽管锣鼓是一个人也能敲打的乐器,但"它是一个整体,就跟拉乐曲一样,一个人玩呒意思[没意思],人多了就成了一个乐队了,它不就有意思了吗,团队的力量嘛"。20世纪八九十年代,桃庄多数农民还苦于生计,哪怕是多那么一点点生活用品,对老一辈的鼓手来说也是莫大的支持。坪隆打小的生活条件比老鼓手们优越,谋生的路子也多,不像老鼓手们那么在意村委发放的酬劳。比起不想失去酬劳,他更不想失去和大家一起打鼓的机会。不过就算坪隆再怎么想打鼓,作为一个晚辈,他没有资格也没有面子去说服前辈们进行无酬劳演出,前辈们没了兴致,他也不好代替他们组织大家进行练习。

此时,坪隆身上产生了一对"想继续打鼓·不想独自打鼓"的矛盾。由于他十分热爱锣鼓,随着锣鼓队罢演时间的延长,这种"需求状态"[③]不断被激化。对老锣鼓队来说,2000年春节以前,推动锣鼓表演活动的一直是"锣鼓的文化使用价值同生活资料交换价值之间的矛盾";到了2000年春节,新的外部规则被引入活动系统——村委不再发放礼品,锣鼓的生活资料交换价值被撤

① 马克思.资本论(第一卷)[M].北京:人民出版社,1963:49.

② 马克思.资本论(第一卷)[M].北京:人民出版社,1963:48.

③ Bratus B S,Lishin O V. Laws of the development of activity and problems in the psychological and pedagogical shaping of the personality[J]. Russian Education and Society,1983(3):38-50.

销。表面上,老锣鼓队停止绝大多数演奏活动只是贪图小恩小惠,但从更大的社会背景来看,这是村民日益增长的物质文化需要同落后的生产之间的矛盾。总之,老锣鼓队失去了练习和表演的动力,坪隆却想将桃庄锣鼓延续下去,为此他必须始终留意桃庄锣鼓发展的新动力究竟能从何处生发出来。

站在叙事的"上帝视角",我们知道沂蒙锣鼓有一套名为《山景》的鼓曲,由八个故事组成固定的结构和鼓点,演奏难度很高:"那时候咱庄的老头,死了20多年的老头,他光听人家说,不会打。"桃庄人早就听说过《山景》,也很是向往,但从来没有哪个人能说得上《山景》到底是怎么回事,更没有人会打。《山景》主要流传于临沂市区的文艺界,人称"鼓王"的王学亮(真名)是知名度最高的传承人。设想一下,倘若有这样一套人人都好奇的鼓曲来到桃庄,让锣鼓爱好者学一学十里八乡都没人会打的高难度鼓曲,让桃庄成为第一个会演奏《山景》的村庄,该是一件多么激动人心又有面子的事。有了《山景》,桃庄锣鼓的复兴自然不缺动力。不过,荆林镇并未设置成人学校,当时的归口部门也无人专门调研村民的学习需求,更不会有人将设计好的《山景》课程送教上门。对于"六"棋、锣鼓等文化娱乐活动,村委和镇文化部门大抵是抱着"爱玩不玩"的态度,不太关心它们的存亡。坪隆虽然惦记着《山景》,但2000年左右互联网还不普及,他也不知哪儿能找到《山景》,不过心有所想的坪隆还是和《山景》偶遇了。

那是2000年夏日的一个傍晚,坪隆在务工归家的途中路过临沂市人民广场,忽闻鼓声震天,是从未听过的鼓点。一种难以置信的、期盼已久的可能性跃然而上:"是《山景》!"他一边猜想一边挤进人群,兴奋地聆听鼓点的跃动。等到演出间歇,他上前一问,果然是《山景》。他如获至宝,神秘之物即将揭开面纱,他激动的心情自是难以言表。自此,他每天晚上都会专门前往人民广场"偷学"《山景》。那时候,录像设备还不常见,手机的功能也仅限于打电话和发短信,坪隆只能将《山景》的鼓点默记于心,回家之后再反复念叨。坪隆说,他有一定的乐理基础,对初中学习的简谱知识还有印象,所以只用了七天的时间便自制了一份《山景》鼓谱。他把鼓谱拿给广场上的鼓手看,希望人家帮忙修正,没想到市里来的鼓手们也大吃一惊,说光靠听就谱出鼓谱来的还是头一次见:“我七天晚上,没录像什么的,就是听,一遍遍地听,谱下来的。我谱下来之后给那个老师,让他看看,他说一般的这个都是口口相传,哪有谱啊,你还真不简单唻,还把谱都谱出来。”我们访谈坪隆时,他笑称:“2000 年前后,哪有智能手机,要是有智能手机,(我)学得还快。”当时拿到坪隆自创鼓谱的那位鼓手正是“鼓王”王学亮的师兄,没过多久,他就成了坪隆的师傅。

成才之后,坪隆很希望村里能有人陪自己一起演奏《山景》,他把几个要好的兄弟叫到家里,说自己这么多年终于遇上了《山景》,也学会了,但是一个人打实在是没劲,大家难得有机会学,何不趁机组队来学?这些兄弟过去基本上是老锣鼓队的成员,喜欢打鼓也比较熟悉技法,但考虑到《山景》的难度,他们还是不太有信心。为了打消兄弟们的疑虑,坪隆无数次在他们面前演奏《山景》,并告诉他们,同样是老农民,自己能做到的事他们也一定能做到。只要能赶上兄弟们不上工的时间,坪隆就把他们叫到自己家里手把手地教,他把《山景》拆分成若干小节,自己先做示范,再让兄弟们跟练。为了让大家建立对《山景》的整体感,回家之后能及时复习,坪隆把自创的鼓谱打印出来分发给兄弟们。没过多久,跟师学艺的桃庄村民就达到了十几人。因为坪隆和兄弟们大多是晚上才有时间,那时候练鼓难免会扰民,于是他们把坪隆家的皮沙发当作鼓面来敲,我们去访谈时,一眼就看到沙发被拍破了好几处,到处都在“露馅儿”。

就这样,坪隆教会了第一批“学员”,想继续打鼓但又不想独自一人打鼓的矛盾得以消解。一旦有人学成,其他人便纷至沓来,不用坪隆去请,就又有几十人拜师学艺,由此,主打《山景》的桃庄新锣鼓队得以建成,坪隆也被村民们奉为“桃庄锣鼓第一人”。没过多久,邻近的张庄请来临沂市的人到村子里表演《山景》,坪隆听说了这件事,就带着桃庄的几个人一起过去打。张庄的村民一看桃庄居然有人会打,赶紧拜坪隆为师,后来,陆续又有几个村庄的人前来学艺,自此,坪隆便声名远扬,成了“城北《山景》第一人”。2005 年起,坪隆带着新锣鼓队参加比赛,后来还创办了一家婚庆公司,主营业务就是击鼓贺新婚。我们在他家访谈时,他找来一张早年的鼓谱给我们看,上面还写着婚庆公司的名字。访谈是在 2019 年末,那时婚庆公司已经基本没有业务了,但前些年确实做了不少生意，带动了城北锣鼓经济的发展。

坪隆之所以能成为“桃庄锣鼓第一人”，主要是因为他具备六项关键条件：一是兴趣。坪隆对锣鼓的热爱超出常人，这种热爱促使他不断地惦记、琢磨，并且想要抓住一切和锣鼓有关的机会。二是机缘。坪隆是在外出打工的路上偶遇《山景》的，如果他不外出打工，就不会路过临沂市人民广场，也就不会遇上《山景》，自然也就没有后续的一系列学习和教学机会。可以说，坪隆和桃庄村民在 2000 年初对《山景》的学习，完全是一种机缘。相比之下，后来张庄的村委邀请临沂市的专业人员来表演《山景》，就带有一定的“安排”性质，和上海城郊社区里常见的送教上门有几分相似。三是具有锣鼓技法基础。坪隆从生产队时期就跟着爷爷辈的人学打鼓，老鼓手们口手相传，加上常年的外出演奏，让坪隆练就了一手好技法。桃庄村民说，坪隆打起鼓来不飘，每一个鼓点都很实、很有力量。坪隆自己也说：“我要是没基本功的话，也吃不透——没打过的就不会。”四是熟悉简谱。坪隆说，他上初中时用心学过简谱，多亏了当时打下的基础，他才能自制《山景》鼓谱：“俺那时候上学，上音乐课的时候老师就教，就看个人用心不用心了。俺那时候上初中，音乐课，学唱歌，学简谱。一般会打鼓的他不会简谱，我因为会简谱，谱下来之后好听[容易听]。”五是有恒心。坪隆偶遇《山景》之后天天往人民广场跑，不听会誓不罢休。为了打破“一个玩没意思”的僵局，他还坚持把谱子谱了下来，为学习群体的拓展创造了重要的中介性工具。带着本领和工具，他又不厌其烦地劝说那些畏惧《山景》难度的兄弟来学习，直到建成一支全新的、以《山景》演奏为主的锣鼓队。六是熟人社会的成员身份。所谓熟人社会，是“乡土社会在地方性的限制下成了生于斯、死于斯的社会……这是一个‘熟悉’的社会，没有陌生人的社会”[①]。坪隆和桃庄新锣鼓队的成员们一起长大，作为桃庄村熟人社会的一员，他比较了解村民的兴趣、职业和品行，在同辈人中也有一些私交和面子，有助于他征召、挑选队友和徒弟。

① 费孝通. 乡土中国 生育制度 乡土重建[M]. 北京：商务印书馆，2011：9.

五、坪连如何开展鼓点和鼓具研发活动

本节访谈文本编号:20200102-TPLI-LG;20211013-TPLI-LG(微信语音访谈)

桃庄新锣鼓队中有个叫坪连的人,学习《山景》时是坪隆的徒弟。他的年龄比坪隆大一些,对锣鼓也是相当痴迷,但据村民说,他的锣鼓技艺稍逊于坪隆,村民判断的依据仍然是打起鼓来飘不飘、有没有气势。坪连和坪隆在村里是本家,以兄弟相称,关系比一般师徒更近一些。坪连是村委会成员,年轻时当过兵,也是一名老党员。村民们说他外向而好胜,喜好文娱活动。坪连和坪隆都曾是老锣鼓队的成员,当时打的是《长流水》,坪隆把《山景》带回村里后,坪连便跟着坪隆学《山景》。先前访谈坪隆时,他只说《山景》这个鼓曲难,并没有提到打鼓本身的难度,但对于坪连而言,打鼓本就不是一件容易的事,访谈时,他连续两次说"这个东西[鼓点]很深奥,太深奥了",由此反推,坪隆可能比坪连更有天赋。

如果说坪隆将桃庄老农民们卷入锣鼓学习活动的动机是消解"想继续打鼓但不想独自打鼓"的矛盾,坪连开展锣鼓教学和研发活动的矛盾动力则在于:一方面,他想要打破坪隆"桃庄《山景》第一人""城北《山景》第一人"等名号对自己的压制;另一方面,他不得不借着自己会打《山景》的名头去拓展自己的地盘。也就是说,他既想比坪隆更受认可,又不得不用坪隆传授的鼓曲来获得认可,如果想不出其他路子,这种尴尬的两难境地就会持续。后来他大概悟到,要想突破这种境地就必须突破《山景》本身,创造出新的东西,就像《山景》是前人创造的一样。如果他能创造一套众人认可的鼓曲,大家都愿意跟着学,那他就是某某鼓曲的创始人,而不是某现有鼓点在某个区域的"第一人",自然也就能超越坪隆了。

当然,这是笔者研读坪连的整体叙事逻辑之后所进行的分析,是对他的行动动机的推断,并非他的自述。据坪连本人说,他觉得打一成不变的鼓点会让人看不起——"这个鼓还得升级啊,不升级不行啊,不升级你去外面打,让人看不起啊”，但他也没能讲出何时何地被何人看不起，人家看不起他们又有何表现，因而笔者认为这只是他的个人看法。根据笔者对传统文化传承的了解，许多文化在传承时都更强调不变而不是变，对传统文化的维护和弘扬，是中国近代文化保守主义者最基本的文化取向。《学衡》杂志的吴宓、梅光迪等认为，历史文化的“常”是经过历史沉淀积累下来的真理。这种“常”不仅万古长存，而且具有世界性的意义。他们所要维护和弘扬的就是中国传统文化中的“常”。①

《山景》也是一样，它在历史的长河中生存下来，后又有人传承，一定有它的精妙之处。以精妙的技法在众人面前展示它的精妙之处，大抵不会被老百姓看不起，至少临沂市那些常年表演《山景》的专业鼓手大概不曾被人嘲笑他们过于精专。坪连所谓“看不起”，应该是有其他的原因，或者会被人看不起只是他对自身行为的一种合理化解释。

他进行研发的第二个原因是来自他的一种心理感受——一成不变的鼓点令人厌烦。他一边敲着鼓点一边告诉我们（笔者和小雨）为什么没有变化的东西会让人厌烦：“一二三，一二三，一二三四五六七，这样行吗？光这样打怪烦人。一二三得个一二三，一二三得个一二三，得个，得个，得个咚。不是一二三了，得个咚，是吧？得个咚得个咚得个咚咚咚咚，就是千变万化。”千变万化之后鼓点就“漂亮”，就好听，也就不会让人厌烦。当然，他不是在说《山景》的鼓点一成不变，而是学会《山景》之后的演奏不再需要动脑：“《山景》还用脑子吗，光手就记住了，都不用脑子了，用脑子还了得，用脑子就累死了。要是打精了哈，就用手，连想都不要想。那时候背（鼓谱），叫愁的那个味啊[很发愁]，现在打精了，就手感，不用想也不用记，脑子都灌满了，都在手里了。”于是，他认为《山景》再无可学，练起来也很乏味。回想当时坪隆用鼓谱来教学，作为一个被卷入的学习者，他感到当时的学习过程很痛苦，背诵鼓点也很棘手。如今已经出师的他不再执着于《山景》，想试着做一些更有眼界和变化的事，他先是跟着隔壁镇的李姓鼓手又打了一年，觉得还是不过瘾，总想着编出点新东西打打，但一个人编既没想法又没意

① 郑大华.中国文化保守主义研究的几个问题[J].天津社会科学，2005(2)：129-136.

思,得不到他人的帮助、肯定和回应。此时的坪连面对的矛盾和当年的坪隆很类似,是想要创造鼓点但不想一个人创造鼓点的矛盾。

到了2017年,坪连在一家工厂里打工,终于遇上了两个同样喜欢打鼓的工友——岭南和建斌,一个冬天的时间,他们三人每天晚上都凑在一起研究鼓点,分析什么样的鼓点更好听。这里的“好听”依照的是坪连等自己的标准,也就是节奏富有变化:“俺这几个人就编造,什么鼓点加起来,什么鼓点加起来,就把它串起来,这一整套。”编完鼓点就三个人一起练,练熟了就再编一套新的,如此反复:“你也练我也练,一直把它练会、练熟,行了,再编一套。俺就在那里琢磨着,天天晚上没事,就琢磨着再编一套。”讲到这里,坪连从自家阳台上拿出一副鼓槌,找了一箱未开封的牛奶,一边敲着自创的鼓点一边说:“自己(创造)的(鼓点)难啊。因为自己编的这些,别人学不去,别人不拍视频偷不去。《山景》都有谱,谁都不能错,谁都不能改。”坪连将自创的鼓点和《山景》联系起来,强调谁都不能修改《山景》的鼓点,所有人都必须照着坪隆发的鼓谱打,意思是说自己要是能创造出一套好听的鼓点并且得到认可,这套鼓点就能像《山景》一样让别人照着打,自己在临沂城北锣鼓圈子里的地位也能超越坪隆了。坪连的这番话恰好验证了我们对他创新动机的推断。

坪连想成为文化创作者的事实引发了笔者的兴趣,他的起点是沂蒙锣鼓的文化瑰宝《山景》和《长流水》,按照他目前的做法,他和他的伙伴又能去向何方?笔者在嘉定区马陆镇樊家村(这是真实的村庄名称)调研的时候,发现当地有一首名为《六样机》的民间唱曲,唱的是拖拉机等六样农用机械。这首曲子家喻户晓,村里上了年纪的人都会唱。随着农村生活的发展变化,村民们又创造出新的《六样机》,唱的是电视机等六样家用电器,反映的是农村的生产生活。同样,《山景》表现了《精卫填海》等八个神话故事,浓缩了经典的中华传统文化。反观坪连等的创作,只是基于个人对“好听”的判断创造出一套又一套的鼓点,这些鼓点缺少对应的表现内容,和农民的物质精神生活不对接,脱离了“文化”这一核心,就如同缺少研究问题的研究计划,自然发挥不了“化”人的作用。

我们还发现,如果没有类似《山景》《六样机》等真正的创作者的指点,或者像我们这样的研究者不道破“天机”,坪连等几乎没有发现自身局限性的可能性。他们会长期陷入自己的标准或水准，重复同等水平的创作，最终导致创作动力的衰竭。然而有趣的是，坪连用创新内容广度的拓展弥补了创新深度的不足，他自主研制鼓槌、鼓面等鼓具，不但让朋友帮忙从非洲进口木材，还和岭南、建斌合资购买了一台机床在家里制作鼓槌。他说自己以前在临沂市购买鼓槌，价格是 200 元一根，400 元一副，自制鼓槌倒不是为了省钱，而是为了更趁手。

坪连对学习的看法也和其他老农民有所不同，他没有说自己看会、听会或者跟着哪个师傅学会，而是说学习就是创新："怎(么)学习的？就创新哈。我刚刚说了，就是兰山、罗庄、河东(的《山景》)就是一个谱下来的，谁也不能改变，但是个人的《长流水》都是自己悟的，一个人一个样，都不一样。"这里的"悟"基本等同于"看会"，但坪连对学习成果的认识明显不同，他眼中的学习成果是和创造不同于他人的东西相联系的，同时他也很看重这些东西。访谈的时候，他告诉我们，他和岭南、建斌一起建了个微信群讨论那些自创的鼓点，刚要放给我们听，随即又很警觉地问："你们不是来偷我鼓点的吧？"可见他对自创鼓点的知识产权的重视。

坪连还是一位教学科研双肩挑的人才，学成《山景》之后，外村也有人跟着他学打鼓，其中有个 11 岁的小男孩很有天赋，他却想方设法劝退人家，理由是这孩子"一学就会，太精[聪明]了。太精了，我都不敢教了。我说你好好学习[学校里的知识]，(打鼓)这些都是无用的"。但是他爸爸很支持，坪连又说："支持也不行，这个东西就是个玩场，一个娱乐，老年人闲着没事了过去玩，你这个(孩子)得学习。"坪连本人对锣鼓痴迷到要搞"科研"的地步，遇上有天赋的孩子却说自己所热爱的锣鼓是老年人娱乐玩的，小孩子不应该学，应该好好学习学校里的文化知识，不知怎的就把传统文化的传承和学校里的学科学习对立起来了。和分析"六"棋时一样，我们又看到了老农民们歧视本土传统文化的影子，不知道坪连是担心孩子超越自己还是真的瞧不起沂蒙锣鼓，但他以这样的理由来说服孩子的爸爸，可见此类理由在此类场合中有不小的说服力，是一个百姓认可的通用理由，这可能也是传统文化难以传承的重要诱因之一。

六、广场舞队如何从无到有、由盛转衰

本节访谈文本编号:20191231-ZBH-GCW;20200101-XHSZ-GCW;20200102-LJQ-GCW;20200102-WH-GCW

1991 年“姜老背”停演之后,桃庄在组建锣鼓队的同时也组建了秧歌队,两支队伍平日晚间也会找个空地一起活动,一队人打鼓奏乐,一队人扭秧歌。桃庄隔壁有个羊村,两村只有一街之隔,街东边是桃庄,街西边是羊村,中间没有明显的分界。我们(笔者和小雨)去调研的时候,不知不觉就从桃庄走到了羊村,刚开始察觉不到,走了一会儿便发现两个村的风貌截然不同:桃庄是一个没有种植业的棋盘式村庄,羊庄则有大片的农田分布在林荫道的两侧。这两个村庄农民间的公共交往主要发生在村庄交界处的一家私立幼儿园,这家幼儿园的园长是羊村人,招收的幼儿也主要是羊村和桃庄的孩子。园长有一个女儿,我们叫她“冰冰”,她是两村村民中第一个带领大家跳广场舞的人。

2013 年前后,广场舞开始在我国流行,冰冰教舞领舞则是在 2015 年。冰冰既是园长的女儿又是这所幼儿园的老师,她刚毕业不久,对互联网比较熟悉,就从网络上找来一些视频自学。她把自家幼儿园的音响设备拿出来放音乐,凭借自身的幼师专业能力,每天晚上定时在幼儿园门口的空地上教羊村妇女跳广场舞。很快,桃庄的婶子大娘也受到吸引,其中就有两个重要人物:一个名为李金晴,我们称她“三大娘”,另一个名为张碧好,我们称她“交际花”。

三大娘是桃庄某工厂的老板娘,家境比较殷实,也是个当家作主的人,平日里负责外出谈业务、进货、参加培训等,她的丈夫负责工厂的内部事务,一天到晚泡在车间里,和工人同吃同住。厂里没有外联业务的时候,三大娘就有不少空闲,经常驾着车带交好的妇女们到处游玩,可谓有钱、有车、有闲。交际花是个普通村民,但她的社交能力极强,不但和一大半的桃庄人交了朋友,在羊村和其他村庄也有不少熟人,旁人圆不了的场她能圆,旁人劝不动的人她能劝,可谓绝活独具。三大娘在羊村的亲戚把她拉到幼儿园去跟跳广场舞,三大娘又拉上了交际花,交际花又拉上了一群相熟的桃庄妇女,迅速壮大了羊村的

广场舞队伍。

刚开始，三大娘和交际花不好意思去，去了也不好意思直接跳，总是扭扭捏捏地跟在队伍边缘，时而给几下动作。反倒是她们的丈夫鼓励她们，一个说："又不让你去比赛，跟着跳，还有什么孬好的。"另一个说："老在家里待着干什么，跳跳舞身体好。"就这样，三大娘和交际花放开了手脚，跟冰冰学会了第一支舞蹈——《最炫民族风》。经过每天晚上的广场舞交际，两村的妇女们更相熟了，交际花还成了幼儿园后勤的员工，大家从舞蹈中得到了健康、快乐和成就感，学舞热情空前高涨。

大约过了两年的时间，冰冰"找了老婆婆家[结婚了]"离开了羊村，广场舞队伍一下子没了老师，大家都很无措，但又不想放弃跳舞，很需要一个人来接冰冰的班。这时候，三大娘站了出来，她经营工厂时练出了组织和领导能力，为人热情不吝啬，在村里也小有威望，大家便同意由她来接任。成为两个村庄的领队之后，三大娘自费购置了一台音响，继续借用幼儿园门口的空地领着大家跳舞。又过了些时日，两个村的人每天晚上都学一些相似的曲目和动作，陷入了像坪连自创鼓点一样的"自标准陷阱"——在没有较高水平外部干预的情况下，很难突破以冰冰和三大娘的水平为最高标准的"自标准"限制，总是遵从村内领队的动作、审美和编排，长期重复而难以突破。这种境况之下，妇女们逐渐失去了学舞的热情，只有三大娘还沉浸在学舞、教舞、领舞的快乐中。桃庄有一位曾在队中的村民告诉我们："到最后俺这些人都凉不唧的了[没有热情了]，她(还)怪要紧[积极]，光想跳。"

终于有一天，三大娘在一次教舞时和羊村跟舞的妇女们发生了口角。据知情的被访者说，当时，三大娘和冰冰一样，每天在电脑和手机上学习舞蹈动作，学会了再去幼儿园教其他人。其中有一支舞，她教了很久大家也没有学会。桃庄人不好驳她的面子就没说话，羊村人都说是三大娘没教明白，三大娘却认为是她们没有认真学，双方各执一词。吵着吵着，三大娘一生气，就把插在电脑上的U盘一拔，转身走了。冷静之后，三大娘还是想去跳舞，但碍于颜面，她不愿意再回幼儿园，就想组织本村的人在桃庄找个地方继续跳。借着自身的财力、声望以及交际花的人缘，三大娘很快便说服桃庄的妇女们离开幼儿园,把学习场所转到桃庄的中心街上。一开始,村支书就告诉三大娘,召集大家跳舞是好事,但一定要注意防贼。没承想,跳了两晚上之后,真的发生了盗窃事件,一户人家的电脑、项链等物遭窃。发生盗窃事件之后,大家就不太敢在街上跳舞了。

消停了一段时间之后,三大娘和交际花还是忍不住想跳。她们联合了另一位重要人物——一位大专毕业、在镇上幼儿园工作的幼师——我们叫她"小红婶子",来负责舞蹈队形的编排。三人商量之后,决定带大家去村委会的院子里跳。桃庄村委会是四合院式布局,正中间的房屋用于办公;左侧连排房分别是储藏室和值班室;右侧连排房中有一间是村民学习点,存放着书籍和报刊,还有一间是党建会议室,里面有几张桌椅板凳。显然,在这种布局的院落中跳舞,肯定会影响村委办公。不出所料,三天之后,村委会成员就告诉她们,以后不要在村委跳舞。

笔者推断,三大娘她们领着人去村委会跳舞,多少有些催促村委会建设专门场地的意味。果然,三大娘向村支书提议修建一个桃庄健身广场之后,2016年上半年,短短几个月的时间,健身广场便投入使用,成为广场舞队的固定学习场所。设立固定场所之后,桃庄广场舞队也正式成立,在队长三大娘的带领下,鼎盛时期队里有几十人。

桃庄广场舞队正式成立后,队内有了初步的劳动分工:三大娘负责教舞蹈动作,小红婶子负责排舞蹈队形,交际花负责联络沟通。此时周边村庄的广场舞活动也兴盛起来,催生了一种新的活动形式——村庄广场舞比赛(通常是镇内的)。赛事的引入刚好化解了队员们陷入瓶颈但又想继续学习的矛盾,加上小红婶子的队形编排能力,桃庄广场舞队第一次突破了领队(以前是冰冰、现在是三大娘)的个人标准,引入了其他专业人员(小红婶子)和赛事评委的标准。

健身广场和赛事催生了桃庄的广场舞新热潮,彼时不论男女老少,都想到健身广场上跳上一跳,一位三十多岁的村委干部还组建了另一支以青年妇女为主的广场舞队,要和三大娘带领的、以中老年妇女为主的队伍分一杯羹。两支队伍平日里就会在场地使用等方面有所积怨,只是忍而不发,暗中角力,但因为一次赛事,双方发生了比较激烈的冲突。

那是2016年的秋天，荆林镇将广场舞比赛的通知发放给各村后，另一支广场舞队的队长便开始组织自己的队伍排练，三大娘从民间渠道得知镇里要举办广场舞大赛，便去村委询问，这位队长回答她“不知道”，随后，只将自己带领的队伍上报给镇里。三大娘队里的婶子大娘知道真相后都说：“咱不蒸馒头咱争这口气，一个广场上的，人家去比赛，咱不去多难看啊，行不行的，咱得去试试！”三大娘见队员们士气高涨，便辗转通过别庄的人找到了镇文化站站长，恳请站长又给了桃庄一个机会。

由于已经落后别人20多天，三大娘和队员们要赶紧确定曲目。据三大娘回忆，当时她在家看中央电视台播放的《非常6+1》节目时，听到《金光闪闪亮》这首歌曲，觉得很好听，便在网上搜索对应的广场舞视频推荐给队员们，比赛曲目就这样确定了。之后的几天，三大娘白天在家学习舞蹈动作，晚上就去广场上教其他人，熟悉了所有动作后，大家就一起反复练习。这期间，小红婶子负责编排舞蹈队形，纠正舞蹈动作。终于，三大娘带领的老年队获得了全镇一等奖，另一支队伍仅获得二等奖。赛后，另一支队伍士气大伤，加上队中有几个人要备孕，没多久便解散了。

三大娘的队伍一战成名，队员们带着极高的热情迎来了另一个珍贵的机会——在临沂大学城的运动会开幕式上演出。这次机会将桃庄广场舞队的水平提至最高，但也成了这支队伍由盛转衰的转折点。这场上千人的盛大演出是由临沂市文化局组织的，局里让一位名叫朱旭的老师（交际花说他是“主席”，小红婶子说他是“临沂市文化广场上的带头人”）①，每周末教各村的领队学习指定的舞蹈，再由领队回村教队员。教学的地点既不在村里也不在镇里，而是在临沂市，三大娘便和小红婶子轮流抽空去学。交际花在访谈中说这支舞很难，“排了半个月，才排好这一个”，小红婶子也说“这个舞怪难，反得[反正是]练了一两个月才成形”。自己村的舞练好之后，还要和上千人一起彩排，其中跳广场舞的有五百来人，打鼓的有八十来人，场里的观众有上万人。

因为提到了那次演出的舞蹈难度大、排练时间长，我们就问小红婶子“什

---

① 经查，此人的确切头衔是“国家级社会体育指导员、临沂市广场舞协会副主席”。

么样的广场舞叫难”,引出了舞蹈水平、教学水平的问题。关于难度最大的广场舞,小红婶子说她“觉得最难的还是民族舞”,我们猜想民族舞和广场舞根本不是一个舞蹈类别,就又问她:“这个民族舞是民族的广场舞?”小红婶子肯定道:“我觉得最难的就是那种民族的广场舞。”关于村中普通的广场舞和民族广场舞的主要区别,我们根据小红婶子的说法,概括了几条:一是普通广场舞的动作简单,“大通套的就那几个动作”,而民族广场舞动作难度大;二是普通广场舞的节奏简单,“都是四八拍的一个动作,都是重复的,反正就是四五个节拍一个动作”,而民族广场舞有复杂的节拍和旋律;三是普通广场舞对基本功的要求不高,“不扭腰,不下胯”,民族广场舞则相反;四是普通广场舞更注重健身,民族广场舞更注重艺术效果,“得跳出那种感觉,跳出那种味儿”。

民族广场舞的难度,还源于农民本身的舞蹈基础:“我觉得哈,就是刚开始哈,这些人都没有水平,基本是从零开始的,她也没有什么舞蹈动作,也没有什么基本功”,而朱旭等专家,达到了小红婶子接触过的最高水平:“朱旭那一伙人家真的,上临沂、上其他市都得过奖,[……]我觉得最好的广场舞那一伙就是临沂市文化馆那一伙,人家朱旭是男的你知道吧,人家跳出来那小舞蹈,那小动作,可到位了,手眼就是可协调了,咱这里哈,说实话就是不行。”

三大娘也说过,有专业水平的人和村里人对广场舞的要求有很大的不同,她感受最深的就是专业人员“动作抠得很细”“动作到位”,而村里人不讲究这些,他们跳舞的理由更多是锻炼身体、和同伴交流,如果有机会跟着比较“鸡血”的领队出几趟远门,博几分掌声,弄几身衣服,得几张奖状,拿几份奖品,那也是极好的。对于舞蹈本身的质量,大家基本上没有太高的追求,也不理解为一个健身娱乐活动那么上心究竟是图什么。而像小红婶子、三大娘这样真正想学好舞蹈的人,见了专业人员的水平之后,就萌生了许多需求。

小红婶子得知临沂市文化馆如何组织大家学舞蹈之后,觉得这是最好的方式:“就跟上课一样,就星期几星期几去上课,就专门弄了一间屋,就专门跟规定的样[就像专门规定的一样],星期几星期几去上课。”尽管桃庄离临沂市的南坊很近,但是“咱这里哈,农村还达不到那个程度,没有那个水平”,理由是“因为都各自忙各自的,上班什么的哈,[……]今天他不上班他上班。人家(临沂市)那些都是退休的,没有事的,去锻炼身体的呀”。她建议:“我觉得那种就是最好的,其实哈,我都觉得在咱荆林可以建一个那种就像他们一样,定期来给上课,[……]我觉得就跟人家一样,弄个舞蹈房,就跟小孩上舞蹈课一样,你可以报名,可以按年收费,少收个千儿八百块的,去塑身塑身你自己,其实也是可以的。”荆林镇也不是没有组织过舞蹈培训,有一年,“他们也跟老师下乡支教一样,他们也来过咱荆林,但是整体来说还是不规范。太杂了,他就来教个舞,动作不规范,那么多人,他也不能说就是一个个地纠正”。三大娘也希望村中的广场舞能往更高的水平发展,至少要像邻近的村庄那样弄个室内场地,安上一面壁镜,好让跳舞的人能自己纠正动作。访谈后的一年多,桃庄婶子大娘们的愿望也没能实现,而她们的这些需求,在我们走访过的、上海市的村(居)学习点中早已成为现实,但不知是被疫情波及还是舞蹈风潮已过,我们看到的是长期空置而布满灰尘的舞蹈房,照明设备已经故障,只剩三面大壁镜寂寞地映着我们疑惑而惋惜的神情。

不过,临沂大学城的这次表演成为桃庄广场舞队由盛转衰的节点,倒不是因为舞蹈的难度和排练的辛苦。原本这次演出机会让桃庄舞蹈队接触了临沂市最高水平的广场舞,大大突破了广场舞队原有的村、镇级标准(先是冰冰和三大娘的个人标准,后来引入了小红婶子的队形标准和镇评委的标准),这也是她们参与过的规模最大、场面最大的表演,受访的八名队员都不约而同地提到了当时的情景:北方深秋,天凉落雨,大家穿着短袖,披着“跟薄膜纸一样”的塑料雨披,一起心怀希望地发着抖,彼此之间的感情似乎更深了。凡此种种确实将桃庄广场舞队的发展推向了巅峰,但因为一些细枝末节,成员之间埋下了矛盾的种子。

关于这之间发生的事,好几位被访者都选择了隐瞒,但我们能感觉到他们叙事的断裂,经过多方询问和验证,终于理清了来龙去脉。说起来也简单,无非这次活动要在桃庄和临沂市之间往返,需要在用车等方面垫付一些费用,三大娘便替村委向队员作了承诺。但事成之后,村委因经费紧张未能兑现,队员便认为应当由三大娘履约,而三大娘觉得自己已经做出了很多贡献(广场舞队的日常排练开销,比如音响充电、外出出车、购置装饰等,涉及电钱、油钱、物料钱,经常自费),队员也应当分担一些。一来二去,个别队员就对三大娘有了意见,三大娘就找其余队员评理,众人也觉得这些队员缺点集体意识。后来,个别队员发现自己既不得利又不得理,便干脆淡出了广场舞队的活动。退出的队员原本和三大娘是好朋友,因为广场舞的事,两人的私交反而受到了影响。其他人还在支持三大娘,但非战斗减员还是令人如鲠在喉,慢慢地,这支队伍的凝聚力就如同入水滴墨般散开来。

再者,临沂市文化局让三大娘、小红婶子等看到了临沂市广场舞的标准,让她们产生了认同和向往,但文化局提供这种标准及其配套的指导,完全是为了运动会开幕式的演出。这种大型演出是瞬时的情景性活动,很难具有重复性和可持续性。演出结束之后,文化局和桃庄广场舞队结束了指导关系,二者之间的联系可谓少之又少。因为文化局出于演出要求的指导,桃庄广场舞队的妇女们产生了对更高水平、更高标准的舞蹈学习需求,但从市到乡镇再到村,几乎没有任何一个级别的分管部门或单位组织提供后续的服务来满足这种需求。如果说市文化局这个级别太高,不应当直接对接所有的村庄,那么至少应当有一个需求调研和传达机制,可以将市一级单位了解到的农民的闲暇学习需求由市下达区县和乡镇,由乡镇下达村庄,再由乡镇和村庄进行分工满足此类需求。村“两委”了解村民有这些需求时,也可以通过这样的渠道向乡镇一级的单位申请支持,由乡镇一级的单位直接提供服务或继续上报到区县甚至市一级的归口单位。上海市嘉定区设立了独立建制的成人学校,这样的传达和服务机制基本是完善的,成人学校可以作为镇级单位的代表长期提供同一主题的、进阶性的课程,而在桃庄,我们并没有看到类似的机制在发挥作用。

三大娘等渴望更高水平的舞蹈教学,相关的支持却跟不上,与此同时,桃庄广场舞队的其他队员只是将广场舞当作健身、娱乐和交友活动,对提升自己的舞蹈水平并不上心。因而在大展演的巅峰之后,多数队员感到极大的满足,变得“不思进取”,如果没有来自外部的新刺激,领队在日常活动中要求他们按照临沂市展演的标准来练舞,也的确是不现实的。由此,领队对现有水平的不满足和对自己的需求将长期不能得到满足的预见、领队和队员学习需求的不统一、领队和队员之间的矛盾、队伍和队伍之间的矛盾(先前两支队伍的争斗导致了另一支队伍的解散)以及领队和队员工作或家事不得闲等,使桃庄的广场舞学习和表演活动逐渐走向衰落。

如果说群体学习的成果就是创造进步性的实践,那么“六”棋棋手发现高手对战律,发明棋谱和“占二行”的战术,坪隆从临沂市人民广场带回《山景》,广场舞队从临沂市文化局带回新的广场舞表演要求,都是某种具体的闲暇技艺学习从个体走向群体、从低级走向高级的契机,只是“六”棋由于本身的双人对弈特点、口述史的丢失、棋手教学水平及活动组织能力的限制,基本没有实现或很难追溯到从个体学习到群体学习的拓展过程。而锣鼓和广场舞基于其需要多人开展活动的特征,加之某个十分热爱这种技艺的人偶遇高水平表演的机遇,都展现出了比较完整的从个体到群体,从不成熟的群体到相对成熟的群体,再由群体转化成有名号、有不成文规则的团队,甚至逐渐走向兴盛或衰落的过程。

总的来看,二姨父和大姐的农技学习以及二爷爷的“六”棋学习更多地反映了农民学习的“看会”现象,偶有“教学”的影子;邢书记的农技学习更多体现的是他人的“教”和自身的“学”,也有通过初步的自治形式实现农技知识在自治网络内的流动;赵长岭的“六”棋学习中既有自己的“看”,又有将自己创造的知识拓展到共同体内部的影子;桃庄锣鼓队和广场舞队的故事则比较清晰地体现了从个体到群体、从非正式群体到团队,从无到有、从弱到强的“拓展”过程。下一章,本书将从理论分析的层面解读农民学习的发生机制,即个体的“看会”和群体的“拓展”的发生过程及其中的要素、动力和关系。

第五章　农民学习的机制

农民学习的机制，回答的是农民学习的要素、过程和动力问题，实际上解释的是事物间“经常发生的、易于识别的因果关系”[①]。第三章和第四章的叙事已经铺陈了“看会”（包括表示其过程的“看”）和“拓展”的发生过程，本章将对其现象和发生机制进行比较详尽的、理论上的讨论。

一、关于“看”的解释

“看会”是一个多层次、多面向的，能够深刻反映农民对“学习”的认识的概念。“看会”包括表示过程的“看”和表示结果的“会”，其原理主要体现在“看”的概念中。除了“看”，农民还提到了“传”“说”“教”等本土概念，这些概念与社会大众平日所理解的教学、学习的概念也有比较大的差异。

在诸多相关线索中，我们追随着一对最值得释义的常识性悖论来到本章，那就是农民学习中传道授业与无师自通之间的矛盾。按照社会中惯常的理解，农业技术也好，文化传统也罢，这些东西从一个人传到另一个人，从一群人传给另一群人，其中肯定有“教”或“学”的成分，而笔者在田野中遇到的一些农民却明确表示这些东西“不用学”，是“看会的”，这就和社会的惯常理解产生了矛盾。显然，在一些农民看来，“看”和“学”是对立的，不用“学”只用“看”。但在笔者看来，“看”就是“学”。那么在农民的语境中，“看”和“学”因何对立？“看”剥离了“学”的哪些部分而独立？“教”在这种对立中是否出场、扮演了何

① 周雪光.组织社会学十讲[M].北京：社会科学文献出版社，2003：16.

种角色？这些都是前人鲜少关注却又值得关注的重要问题。

从结论上说，“看”一般对应的是缺失了典型教学行为的学习，这种学习的知识对象是非公共性的知识，也就是农民的实践性知识。农民用“看”的概念代替“学”的概念，是对学习自主性的强调，是对典型教学行为缺失的弥补，体现了外界给定的学习机会和自主寻得的学习机会之间的对立统一。“看”这一概念可从五个维度来解释：“看”的现象、“看”的条件、“看”的结果、“看”的诱因和“看”的特点。

（一）“看”的现象

现在让我们回顾一下，农民农技学习和闲暇学习的故事中，“看”这一概念于何处登场：东亭庄的二姨父说种菜不用学，是看会的；鹰林镇的大姐包吃包住找人教她发豆芽，却说除了少量的“说”，剩下的都是自己“摸索”的；桃庄村的“六”棋棋手说，下“六”棋和种庄稼都是看会的。接下来让我们再看一下，“教”和“学”于何处登场：东亭庄的二姨父唯一承认自己“学”，是去莒南参加关于新型农药使用的培训；发豆芽的大姐为了获取种子站的经营许可而去参加农委的培训和考试，在她看来是“学”；种粮大户邢书记认为自己参加新型职业农民培训，接受技术员的指导，学习如何使用插秧机、育秧盘，以及为村中小户农民答疑解惑，都算自己的“学”或他人的“学”；桃庄村的“六”棋高手赵长岭，说自己从拉炭小工那里“学会”了“二壶把门儿”的棋路；桃庄村的鼓手和舞者说自己“学会”特定的鼓曲和舞步等，这些场合都有一个模仿的对象或者教学的师傅。此外，笔者还邀请了数十名村民教我们下棋、打鼓、跳广场舞，一定程度上还原了农民“教”的过程。笔者发现，农民口中的“看”“学”“教”确实拥有不同的含义。那么，“看”究竟是一种怎样的现象？它和一般意义上的“学”有何不同？农民是怎么把“看”从“学”中分离出来的？“教”又在其中扮演什么角色？

首先，“看”发生于农民自主发动的学习活动中，或者说发生于农民自主发动的实践活动中，包括农业生产实践、文化休闲实践等。这些实践活动最初多半都缺少官方的组织，它们的来源对农民来说都是很自然的事——要么是祖祖辈辈传下来的，要么是村民自发引入的，要么是村民自主创造的。这些活动到了中后期或许会有官方组织的加入，或者在特定村民的带领下加入已有的官方组织，但官方组织在这些活动的缘起和发展方面很少起到决定性的作用。总之，站在农民的角度看，他们对此类技艺的习得与官方组织关联甚微，多少有些自生自灭的味道。

其次，“看”的过程缺乏典型的教学语言，甚至没有任何教学语言。在这里，要分析的不是课堂教学中哪些教学语言典型、哪些教学语言不典型，而是在农民的体验中，他们心目中典型的教学语言究竟是什么样的。一言以蔽之，农民心目中典型的教学语言来自他们接受基础教育时的体验，是他们年少时所接触的、当时当地的教师的教学语言，包括扫盲班、夜校、小学、中学等，其中最典型的，就是教师教写字时所采用的语句、步骤、活动等。好几位农民在访谈中将棋艺、农业生产技术的学习和学写字、教写字作对比，对我们说“这不是你们学写字”等，来强调看和学的不同。

以棋艺的学习为例，当地农民说自己的棋艺是“看二行”看会的，笔者也和他们一起在路边“看二行”，发现看的人和表演“二行”的人完全是两班人马，就如同演员和观众，观众观看演员的表演，能感受演员的声台形表，却不能在表演过程中询问演员一段戏背后的声台形表的门道。对弈者要么和对手对话，要么和自己对话，他们偶尔会请棋艺更高的观棋者支招，但几乎不会同过路观棋的新手对话，他们甚至无从得知谁是新手，除非新手自行上前讨教。即便新手表现出讨教行为，他们也很难获得“被教”这一结果，因为大多数棋手会说这棋不用教，自己在旁边看就能学会，新手的讨教行为往往以加入“看”的行列而告终。

笔者以晚辈外来新手的身份向临沂市各村镇数十位“六”棋棋手“强行”讨教，结果他们大多采用找人对弈或者直接和笔者对弈的方式来教学，但在教的过程中，他们所用的教学语言几乎都是指令性语言，直接告诉笔者落子的位置而不讲规则和原因，甚至教着教着就只想求胜，完全转变为无声的普通棋局。2019—2020 年的那个冬天，我们反复求教却仍不能完全掌握这门棋艺，甚至未能集齐这门棋艺的全部规则，这从一个侧面说明大多数农民并不擅教。对一些上了年纪的农民来说，他们唯一接触过的教学语言就是扫盲班里的读写教学语言，而读写和对弈完全是两回事，教法也截然不同，导致读写的教学语言无法向对弈的教学语言迁移，使他们认为对弈只可看，不可教。

既然不可教，也就很少有人去教，但奇怪的是，这种对当地农民来说不可教、没人教的东西却仍然有人能学会，为了消解这一矛盾，他们遂将不可教、没人教转化为“不用教”。而当笔者问他们如何“学会”某种技艺时，他们理解的“学”是和“教”相对的概念，既然不用教，那自然是不用学。此处仍有一对矛盾，那些不用教、不用学就能习得某种技艺的人究竟是以什么为中介习得技艺的？在农民看来，这些都是通过自主实践习得的，也就是通过参与缺少典型教学语言的、沉默的实践活动来习得。农民能隐约认识到这一习得过程和伴随典型教学语言的习得活动的区别，为了标识这种区别，农民将这样的习得过程命名为“看”。

让我们重新梳理一下“看”这一概念的诞生过程。第一，存在一些与农民亲身体验的教学活动（学读写等）截然不同的民间实践活动，其习得对象是实践性知识而非公共知识；第二，农民几乎没有经历过此类知识的教学，而活动类型、知识类型的巨大差异，导致他们无法从自身的受教育经历中迁移教学技能，包括教学语言、教学方法等；第三，农民据此认为这些活动中的对象知识不可教；第四，这些不可教的知识仍然有人能学会，农民据此推断这些知识不用教；第五，农民对“学”这一概念的认识局限于“教”的相对概念，因而不用教等于不用学；第六，不用学却能习得，从不会到会的过程出现了逻辑上的断裂，必须创造一个概念来代替“学”；第七，农民常有他人在做、自己在看，进而习得某种技艺的经历，因而用“看”代替了“学”，最终创造出“看会”这一概念。

事实上，“看”这一概念是从“学”这一概念中分离出来的，从“看”和“学”的对立，从农民否定自身的学习行为进而建构出“看会”这一概念，能推断出农民对于“学”的认识。如前文所说，农民将“学”看作同“教”相对应的概念，“学”必须伴随“教”而生，否则就不是“学”。这里的未解之谜是，农民对“学”的认识是如何同“教”捆绑在一起的？本书的田野调查并未获得这方面的直接证据，只能从一些侧面来推断。其中最主要的原因是，从历史上看，“学”是一个来自农业生产活动之外的概念，是一个外来概念。许多农民自幼便和耕作等农业生产活动打交道，对他们来说会耕作是一件自然而然的事，体验不到明显的学习过程。对当地农民来说，“学”这个概念似乎是从学校教育输入的，他们说到学习，基本是指读书写字。从成人教育的角度看，一个成人从不会到会的过程就是学习，但农民通过对有无学校教学语言、活动类型和知识类型的划分，建构了同外来概念“学会”相区分的本土概念“看会”，彰显他们在农业生产实践及农村闲暇活动中不同于读书习字的学习方式。

“看”从“学”中分离出来，实际上是对以“看”为中介的学习和以“教”为中介的学习的区分，是农民对自身主体能动性的彰显，是对主动求知、主动试错的强调，是对农民群体特有的学习方式的标榜。由于缺少主动施教者，学习者对知识的渴望以及行动上的主动性可能会远高于有主动施教者的学习，因而“看”这个概念从一开始就包含着极强的学习动机，一旦这种动机从个体传递到群体，就会迸发出极大的实践力量，推动群体实践的发展。虽然接受访谈的农民未能明言，但从他们的表达方式、从每一个学习故事的结局都能看出，农民认可“看会”的力量，他们对“看会”的认识是积极的，不曾有人抱怨主动施教者的缺失，他们不会主动将“看”的成果同“教”的成果进行比较，也不曾说“教”的结果优于“看”，更不曾主张用“教”来代替“看”，似乎“教”只是偶发的过场，“看”才是终身的陪伴。

同时，他们对于自己能够“看会”某些技艺感到自豪，认可自己的天赋、热情和努力，得意之情溢于言表。农民在访谈中陈述自身经历的时候，笔者能推断出当年肯定多多少少有他人的教学行为，但农民只陈述自己的“看”，不陈述他人的“教”，笔者三番五次想问出别人如何教，但或许是别人真的没有教，或许是不记得别人如何教，又或许是无法描述出别人是如何教，总之最终的结果就是十分强调自己的“看”。笔者认为，选择性注意[①]以及记忆的筛选和提取[②]，对“看”本身的强调，都能说明“看”对农民作为一个学习者的身份建构的

---

① 选择性注意是对外界丰富的信息进行筛选以确保有限的认知资源得以高效运行的认知系统。

② Downing P E. Interactions between visual working memory and selective attention[J]. Psychological Science,2000(6):467-473.

意义。对农民群体来说，要成为一个学习的农民，就意味着要成为一个“看”的农民。“看”最能够彰显农民学习过程中的积极要素，也最能够体现农民学习的特征。

但这并不意味着农民以外的群体就不会通过“看”的方式来学习，在福柯对医学史的论述中，“看”这一概念对于医生的专业发展有着重大意义，X 光透视发明之前和 X 光透视发明之后，医生专业领域中“看”的概念发生了很大的变化，使得医生的专业学习和专业发展也发生了很大的变化。[①] 但在这样一个专业性极强的群体中，对人体的“看”从表面观察转为透视，这和农民群体将“看”从“学”中分离出来是截然不同的含义。对于社会普通大众、各行各业的从业者来说，“看”也是一种学习方式，人们通过“看”就可以模仿，从而也能习得一些实践性的知识。然则其他群体中的“看”，一般是一个从属于学习或教学，而不是同学习或教学对立起来的概念。至此可以初步判断，“看”的确是一个属于农民群体的特异性概念，能够表明农民学习的特殊性。

（二）“看”的条件

“看”的条件包括对象条件、准入条件、静默条件和观演条件，具体为：天然场所中必须发生可观摩的实践活动（对象条件）；实践活动必须有较低的准入门槛（准入条件）；实践活动通常是相对无声的（静默条件）；实践者沉浸在活动中，呈现“剧场状态”，没有人主动担任“观众”的老师，或者学习者认定的传道者鲜有或没有典型的教学语言（观演条件）。

对象条件回答的是“看谁”的问题。从农民的语言表述上看，他们“看”的对象是人和人的活动，可以用几句顺口溜概括他们对看人的描述：祖传技艺看家长，路边技艺看大家；职业技艺看能人，娱乐技艺看网播；能看门道看门道，能看热闹看热闹；一朝热闹成门道，无师自通成才了；朝朝热闹远门道，天分不足叹息遥。看人不只是看人本身，看人的表情、动作等，更多是看人的活动。人是活动的主体，此外还有活动的客体、工具、规则、共同体和劳动分工。“看”

① 福柯.临床医学的诞生[M].刘北成，译.南京：译林出版社，2001：前言 4-6.

发生时，更多是看活动客体的特性以及客体改造过程，人们使用什么工具、如何使用工具改造客体和工具本身，人们如何制订、利用或改变规则，人们如何分工，如何与其他共同体成员发生联系，以及活动的结果如何、产出了什么。

比如在大姐发豆芽的故事中，大姐将豆芽师傅请到家中，“摸索”（“看”的一种形式）豆芽师傅的发豆芽实践活动。按照要素定位法，该活动的主体豆芽师傅对作为客体的绿豆采取一系列的措施使之生芽，在这个过程中，他使用水缸、瓦罐、水等工具，遵守时令规则、日时规则等。豆芽师傅及其家人组成的豆芽工坊分工很简单，甚至一人也能独立完成，但独立完成的工作量极大，就人的身体所能承受的合理工作量来说，这项工作很苦。20 世纪 90 年代，发豆芽的共同体成员分布在邻近村庄，多数是在贩售豆芽的集市上相遇，由于交通不便、信息阻塞，加上彼此的竞争关系，他们平日里很少往来，如有必要，也只能通过步行或简单的交通工具往来。

而在被大姐称为“摸索”的发豆芽学习活动中，大姐是主体，发豆芽的技艺是客体，学习的工具与发豆芽的工具是一致的（未见单独用于学习的工具，比如教科书、纸笔、图表、模型等）。大姐习得的发豆芽的规则与豆芽师傅所用的发豆芽的规则也是基本一致的，比如发豆芽的时节、水的深度和温度、豆芽的密度、起床发豆芽的时间等，除了豆芽师傅的告知，还有大姐本人的观察和试错，以及试错后的询问和调整。大姐和豆芽师傅之间的分工类似于传统学徒制中师傅和徒弟的分工，但这种学习活动不具备传统学徒制中严格的师徒身份和教学义务，学成之后也没有莱夫和温格所说的共同体身份的获取。豆芽师傅并不在意大姐学成之后会不会去卖豆芽，这是大姐自己的事，与其关系不大，甚至竞争者的减少反而对其有好处；豆芽师傅甚至不太在意大姐是否学会了发豆芽，因为传授发豆芽的技艺并不是其职责，只是受人之托忠人之事，至于学没学会，那全然是大姐自己的事。那时候发豆芽、卖豆芽的人之间也不会组成团队，更没有行业协会之类，也没有人刻意强调自己“卖豆芽的”职业身份。这一点和桃庄村的锣鼓教学有很大区别，坪隆很希望自己能教会其他村民，教会他人有自豪感，他人也会真的把他当作师傅，并且“学会”的村民会具有锣鼓队成员的身份，具有沂蒙锣鼓传承者的文化认同。锣鼓队里没有人说自己打鼓是看会的或者听会的(除了坪隆),要么自称是学会的,要么说是别人教会的。

在“看”的学习活动中,我们能发现实践活动本身成了学习活动的对象,而实践的过程和学习的过程通过要素的重叠发生了联系,由于要素定位的不同,实践活动中的一种要素在学习活动中是另一种要素,相同的人或物会以不同的要素定位出现在实践活动和学习活动中,但要素之间有相当大的重合。还是发豆芽的例子,发豆芽的人、豆子生长为豆芽、发豆芽的工具、发豆芽的规则、发豆芽的分工等,都会出现在学习发豆芽的活动中,不同之处有两方面,一是学习活动的主体是学习者(学习发豆芽的人),二是学习者的共同体应当是其他想要学习、正在学习或者已经习得发豆芽技艺的人,只是在“看”的过程中,共同体多半是缺失的,学习者以单打独斗为主。

因此所谓“看”的对象条件,首要的是具备可供观演的实践活动,实践活动向学习者展现的要素和过程应当是完整的,实践的成果往往是已知的或可预判的。如前文中讲述的习得农业新技术、《山景》鼓点和广场舞(作为新事物引进村中时),其实践结果是未知的,第一个或第一批探究这个活动的人往往把习得的过程称为“学”而非“看”,此时可供观演的实践活动的要素和过程还不完整,结果也不可预料。但在发豆芽、种园和“六”棋的例子中,学习者看到的是要素和过程完整、结果可预料的实践活动。农民发起“看”,多半是为了得到意料中的结果,比如卖豆芽发家致富、种菜园维持生计、下“六”棋分出胜负等。用拓展性学习的理论框架来解释,“看”一般不会发生在个体(于当时当地)首创某些技艺的环节中,更多地发生在这种技艺(创新的成果)从个体向群体、从群体向群体的拓展过程中。

这些实践活动如同剧目,出现在不同的时机和场合,这就有了一个门槛问题。即不是所有的实践活动都可以“看”。那么“看”在什么样的准入条件下才能实现?首先,“看”本身就意味着对一些学习内容的筛选。所谓农民“想学”的,是建立在他们能接触到的、符合他们自身利益的基础上的。接触又分为三个层面,即听说、旁观和参与。比如发豆芽的技术,大姐先是听说有人能发豆芽,再是想方设法找到一个能教她发豆芽的人,还要提供此人愿意接受“教职”

的条件，最终才能真正旁观甚至参与发豆芽的实践活动。以“想学”为大前提发起的“看”，接触对象活动有很多门槛，包括利益门槛、展演者门槛和资源门槛，资源门槛又包括学费门槛、场地门槛、工具门槛、时间门槛等。

先说利益门槛。与学校教育不同，学校教育的教师，无论从才学还是社会地位一般都高于学生，学生仰仗教师，教师与学生之间一般不存在利益冲突，学生的习得不会给教师带来损失，学生的学业成绩欠佳反倒有可能给教师带来利益损失。而在“看”的活动中，无论是农业生产技术还是文化闲暇活动，无论年龄大小，农民“看”的对象都是自己的竞争对手，被“看”的主体所面对的观众也都有可能成为自己的竞争对手，这种竞争既包括直接的市场竞争，也包括新乡贤地位和文化文明称号的竞争，种类繁多、形式各异。一些农村的市场小、地域文化相对封闭、技艺天花板较低，竞争往往发生在“看”的双方之间，导致许多人不愿意传道授业。相比之下，城镇社区教育中也有大量的居民志愿者，但这些人的专业程度高，加上城市的市场大，社区教育兼职教师和居民之间很少发生直接竞争，因而城市中也很少见因为利益受损而不愿意成为兼职教师的人。

接下来是展演者门槛。有一些实践活动，因为发生在露天的公共场所，比如“六”棋、田间耕种等，即便有利益门槛，也很容易发生面向大众的效益“溢出”（spill out，比如路人可以免费看烟花表演）[①]，大家可以随意观看。但也有一些实践活动发生在相对封闭的私密场所，比如我们想看别人在自家发豆芽，就要获得主人的允许，而这个豆芽户就会成为实质上的展演者。展演者门槛讨论的是，当农民想“看”某些技艺的时候，施展这种技艺的人究竟从哪里来，他们施展和传授技艺的水平如何。露天开放性活动的展演者多半是同一村庄或邻近村庄中已经习得甚至十分擅长这种技艺的人，实践活动和展演活动是统一的、同时发生的，实践就是展演，展演就是实践。

如果是发生在封闭场所的非公开活动，则需要想“看”的农民自行寻找展

---

① 这是一个经济学概念，经常用于公共事业管理。李锋亮，雷虹.论教育的非货币化收益和溢出效益[J].清华大学教育研究，2007(6):65-69,94.

演者，征得其同意。农民往往通过口碑和观察来判断展演者的水平，而不是查看他们的资质（如新型职业农民证书、教师资格证等）。有时候，农民能请到当地人人认可的高手，而另一些时候，他们求得的不是高手而是唯一。尤其是引领市场先机的技艺，在一定地域范围往往最开始只有一个人会，在以“看”为主导的学习中，这个人的水平几乎决定了全村甚至邻近村庄的最高水平，需要度过一定的历史时期才能被超越。

这个过程之所以被称为“看”而不是“教”，正如前文提到的典型教学语言的缺失，较大程度上是因为在公共场合自然展演的或者农民本人求得的当地的高手或唯一掌握某种技艺的人，并不具备教学的技艺。笔者找了桃庄数十位“六”棋、广场舞和锣鼓高手教笔者这些技艺，真正会教的不过数人。且不论农民受教育程度的高低，会做不会教是再正常不过的现象。根据笔者多年来参与高校新教师培训带教的经历，许多博士毕业的高校新教师尚且不能取得良好的教学效果，更不能指望受教育程度为小学甚至以下的农民天生就是教学好手。既然很多人会做不会教，一身的本领犹如茶壶里的饺子，那就只能依靠学习者的“看”。

当然，这并不意味着农民的技艺都是站在一旁看来的而完全没有语言交流。事实上，农民经常在茶余饭后的闲谈中提及农业生产或文化闲暇活动中遇到的问题，遇上愿意解答的高手自然会得到答案，但这种闲聊受到亲缘关系的影响较大，这也是为什么村中专门向高手求教的现象其实很少，明知某家的田种得最好，但因为和这家人走得不近，产量的差异也不影响生计，也就作罢。另外，这种闲聊以答疑解惑、信息传递为主，内容很不系统，几乎没有可能通过闲聊完整地学会一种技艺，至多成为“看”或“教”的补充。

至于学费、场地、工具和时间等资源门槛，在任何群体的学习中都存在。不过农民多半是自己解决这些问题的，比如没有人能因为想“看会”某种技能而申请到经费。时间方面，展演者的时间安排基本上决定了“看”的时间，展演发生在何时何地，“看”就发生在何时何地。

(三)“看”的结果:直接转化定律

关于“看”的结果,本书分类总结了五条:从习得结果上看,分别是看会了和没看会;从传授技能上看,分别是看会且会教、看会不会教和没看会但会教。这里需要再强调一遍,农民眼中的“会”和通常所理解的“会”是不一样的。在教学上,学界把“会”分为了解、理解、掌握三个层次①,或者了解、理解、初步运用、熟练运用四个层次②,但农民眼中的“会”等于“精”(精通),同时还要将“精”转化为实际收益。这种认识和他们的农业生产实践需求密切相关。以开收割机为例,了解收割机的样式、结构,理解收割机的工作原理,将开收割机的一切步骤烂熟于心,所有这些如果不能帮助他们熟练操作收割机并将操作收割机的劳动兑换为农业产出或劳动报酬,那么这些了解、理解和认知意义上的掌握就是毫无意义的。同样,假设他们对收割机的操作水平一直停留在初步运用技能的阶段,一直歪歪扭扭地开收割机,导致设备损坏、无效耕田等无法兑换劳动收入,这种初步运用也是没有意义的。非要等这个农民能熟练地开收割机,能顺利地利用开收割机的技能兑换劳动报酬或者其他有意义的劳动结果,这个农民才会说自己“会”开收割机。

让我们回想一下第四章中我们和小雨的爷爷关于“拨楞拧”的对话,爷爷一开始说“拨楞拧”是扎笤帚用的,但它其实是一种拧麻绳、草绳的工具,拧好了绳子才能去扎笤帚,所以我们根据爷爷对“拨楞拧”用法的描述根本无法和扎笤帚建立联系,费了很大劲才问出“拨楞拧”是拧绳子的工具。当时我们觉得爷爷的逻辑有些可笑,但仔细想来,爷爷对“拨楞拧”用途的描述和他对“会”的理解是相通的。如果不用“拨楞拧”拧出的绳子去扎笤帚或其他生活用品,这些绳子的诞生就是没有意义的,这就好比一个人知道“六”棋的所有规则却

---

① Orey M. Emerging Perspectives on Learning, Teaching, and Technology[EB/OL]. (2010-08-17) [2025-04-29]. https://www.textbookequity.org/Textbooks/Orey_Emergin_Perspectives_Learning.pdf.

② Krathwohl D R. A revision of Bloom's taxonomy: An overview[J]. Theory into Practice, 2002(4):212-218.

始终无法战胜对手，一个人会操作收割机却不能有效收割，在农民眼中，这些都不叫真正的“会”。“会”应当和直接产出有效的、有意义的成果相关联，同一些经济所得（如劳动报酬）、效用所得（如获得生活上、地位上、声誉上的效用）和心理所得（如战胜对手后求胜欲的满足）建立直接联系，本书称其为“直接转化定律”。

笔者所访谈的那些主动提及“看会”的农民，几乎全都符合直接转化定律。二姨父看会种园，售卖蔬菜换取生活资料；大姐看会豆芽的种植方法，售卖豆芽增加家庭收入；“六”棋棋手看会“六”棋的诀窍，在一场场对弈中战胜对手，满足好胜心；坪隆听会（本质上也是一种看会）《山景》成为“桃庄《山景》第一人”，换来了声誉；广场舞队的婶子大娘在手机应用上看会舞曲，赢得了领舞者身份和广场舞比赛。反观那些声称自己看了一辈子都没看会的人，比如用割瓦机在家门口刻下“六”棋棋盘的那位大爷，他并非不懂“六”棋的规则，也不是不能安棋和走棋，他所谓的没看会，说的是自己棋艺不佳、赢不了别人，尤其是有二爷爷这个高手在场的时候，他更是无论如何都不肯参与对弈。

这种关于“会”的本土化界定也不能算是农民独创的，在日常生活中偶尔也能见到。比如笔者本人的自行车技艺，能做到前进和平衡，也能上路，甚至可以骑车 40 分钟前往单位，但由于技艺不精，经常发生急刹车、跳车、缓行等，出行效率极低。不到万不得已，笔者绝不愿意采用这种出行方式。因此每当与人同行，对方为了选择出行方式而问笔者会不会骑自行车时，笔者一般都回答“不会”，因为此时的“会”等同于“高效出行”，如果骑行技术不能换来高效出行的结果，就等同于不会。再好比很多考出驾照却从不开车上路的人经常声称自己不会开车，在对“会”的界定上也使用了直接转化定律。但从教育学角度看，当我们正式地谈论教与学中的“会”，笔者和那些拥有机动车驾驶证的人是会骑自行车、会开汽车的，桃庄村的割瓦机大爷也是会下“六”棋的，“直接转化”对“会”的界定在教学的场合中似乎是个例，但在农民“看会”的场合是“定律”。

综上所述，所谓“看会了”，实际上等同于熟练掌握某种技艺并能在一定时期内将其转化为有效的成果。而所谓“没看会”，则包括熟练掌握之前的初步掌握、理解、了解和不太了解等层次。一般情况下，熟练掌握和成果转化是同时发生的，因为农民几乎不会主动将没有成果转化意义的技艺掌握到熟练的程度，这也是某些传统技艺失传的原因之一。虽然我们在教学场合也不会说一个仅仅能背诵收割机操作步骤的人会开收割机，但会认为这种背诵是有意义的，而对于农民的"看"来说，这种背诵不但很少发生，而且一旦脱离了最终的熟练掌握和成果转化，这种背诵几乎是没有意义的。在这样的认识之下，从不太了解到初步掌握之间的所有阶段性的水平，就都被归结为"没看会"。所谓一辈子没看会，也并非一种夸张的说法。

(四)"看"的诱因

根据目前接触的个案，"看"这种学习现象可分为刻意的"看"和巧合的"看"。刻意的"看"的诱因比较明确，几乎可以等同于学习的动机，包括维持生计、增加收入、获得赞许、战胜对手等。在笔者观察的村庄中，巧合的"看"的发生多半由聚集现象引起。田间地头、宅舍家院、桥上树下，只要有人(尤其是两个及以上的人)在从事某些活动，就会有人凑过去看。当所见与动机相结合，巧合的"看"就有机会转化为刻意的"看"。这种转化也许在第一次巧合时就发生，也许在很多次以后才发生，也许永远都不会发生。我们认为，在第一次或前几次巧合的"看"中，农民是否有机会直接参与碰巧看见的活动，可能在较大程度上影响巧合的"看"向刻意的"看"的转化。有些活动天然就有很高的路人参与性，拿前面分析过的农民闲暇学习的例子来说，参与性从高到低的排序是广场舞、"六"棋和锣鼓。

这些活动中，某些条件的改变会直接影响路人的参与性。以广场舞为例，服装、队形、音乐、难度和人际都会产生这样的影响。路人几乎不会主动参与身着特定服装、排列特殊队形的广场舞活动；音乐节奏过快、舞蹈难度过高也会限制路人的参与；当路人发现舞蹈队的其他人都相熟时，不擅长社交的路人也不愿意主动加入。棋类活动中，对弈双方如果不发生替换，路人便只能"看二行"，因为许多棋类需要棋具，而路人既不能替换当前的棋手，也没有棋具开设新的摊位。但像"六"棋这样的民间棋，由于棋具可以就地取材，路人参与的可能性就得到了很大提升，也就有更大的可能性将巧合的"看"转化为刻意的

"看"。一场极其普通的广场舞活动会有较强的吸引路人参与的能力，而一场精雕细琢的广场舞活动，其吸引路人的能力可能会下降到与锣鼓同样的水平，而锣鼓的吸引能力之所以较弱，首先是因为它离不开鼓具。

乡村文化的传播中，聚集是一种非常重要的现象。农民被聚集现象吸引，见到新鲜的或熟悉的活动，通过亲身参与或旁观，融于活动的文化得以引入、传播和巩固。笔者调研桃庄村的时候访谈过一位大爷，他是村中的吹笛能手，还在市里获过奖，村里人大都知道他吹笛子很厉害，但桃庄不像有"六"棋文化、锣鼓文化、秧歌广场舞文化那样有吹笛文化，大抵是因为这位大爷只在自家独自吹笛，独自去市里参加比赛，他的笛声会从家中飘扬出去，也有人会闻笛而来，但"家"是个有亲缘门槛的地方，对"看"的吸引力远不及户外场所所能引发的聚集。就农民的闲暇学习而言，笛子和锣鼓的学习机制或许没有本质差异，然则桃庄村兴鼓不兴笛，这多少和聚集现象是否发生有关。

桃庄村的"六"棋、锣鼓和广场舞，其源头和传播都离不开聚集活动。生产队时期，田间地头、村间角落的"看二行"活动造就了当代桃庄的"六"棋高手和"六"棋文化；坪隆从临沂市人民广场的开放式表演中听会了《山景》，自学成才后主动将村民聚于家中，众人学成后又在各类日常及庆典场合在露天场所聚众表演，参加比赛；三大娘、交际花等广场舞能手，也是在别人的鼓动下加入了路边的广场舞队伍，随后参加了一系列的群体教学、学习、表演和比赛活动。我们发现，尽管诱发刻意的"看"的动机和条件可能各不相同，但对于巧合的"看"的发动，聚集活动是十分重要的诱因。

（五）"看"的特点

农民所谓"看会"一种技艺，其"看"的过程与学校主导的"学"有较大差异，表现为自主性较强、灵活性较强、释疑性欠佳、传承性不稳定等四点。

第一，自主性强。卷入活动后，在活动存续期间，农民多半可以自主决定看或不看、在什么位置看、看多长时间、重点看谁、重点看什么内容以及先看什么后看什么。不过作为看客，他们多半无法控制活动的发生时间和地点，也无法强行要求自己想看的对象参加活动，此时他们可以像第三章讲述的农技学习者一样自主拜师，将想看的对象邀请到自己家中或其他地方，或者前往想看的对象所在之处，甚至长期旅居。

这种情况下，他们的“看会”基本上和传统学徒制中的“看会”是一致的。正如比利特所言，传统学徒制中的模仿学习实际上有类似于工作场所课程的东西，师傅会按照难易程度、犯错误的代价等对徒弟所学的东西进行排序，比如裁缝学徒最先获得的是给布料画线的机会，接近出师时才有机会制作衣领等关键部位①。传统学徒制中也有类似教学法的东西，比如口传心授、手把手教授等。与学校教育正规的课程安排和教学方法相比，传统学徒制中的课程论和教学法已经比较隐性且少有人研究，而本书所讨论的那些由聚集活动引发的“看”却连传统学徒制中的课程和教学安排都不具备。可以说，在某些“看”中完全不存在教师的角色，缺少对经验和程度的排序，没有对时间、地点、学习时长以及重点、难点的安排，更没有教学之后的考核。可以说，“看”的过程中，学习者拥有很大的自由度和较强的自主性。

第二，灵活性强。这一点主要是说，在缺少教师扮演者的“看会”中，基本没有人会干预学习者对所学内容的理解。如果观众不说出自己对表演的理解，表演者可能根本不知道观众“看”到了什么。这里所说的当然不是语言、动作等表面的东西，比如在“看二行”中，一个不懂“六”棋规则的人纵使将棋手所有的语言和动作尽入脑中也无济于事，他们对棋手意图的理解仍然是破碎的，甚至会完全误解棋手的意图。

在“看”的许多场景里，表演者和观众之间缺少交流，观众之间的交流也往往会因为下一场表演的迅速开始而中断。作为一种技艺，表演背后的原理可能是有正确答案的，但由于语言的缺位，表演者少有机会说出这些原理，观众不参加考试，也少有机会和表演者“对答案”，尤其是闲暇活动中，多数人出于对活动结果的轻视，无论是表演者还是观众都很少去主动总结一些原理，即便总结出原理，也很少系统性地讲解，导致大多数人对原理的理解是零散的；人

① Billett S. Constituting the workplace curriculum[J]. Journal of Curriculum Studies，2006(1)：31-48.

们针对原理的交流也是零散的交流，比如某几个农机操作步骤、某一步棋、某几个鼓点、某几个舞蹈动作等——这也是笔者访谈了几十名“六”棋棋手却没能完全集齐“六”棋规则的原因。

基于此，懂得原理的人如果没有从表演者转化为师傅，便基本上不会在意观众有没有看懂或看会，更不会主动干涉观众对某些原理的理解。当然，人们也能看到表演者对观众、观众对观众、观众对表演者在理解和操作上的纠错，但比起传统学徒制和学校教育中基于实践后果和考核的纠错，在缺失教师角色的“看”中纠错还是比较随意的。这种情况给学习者留下了比较大的理解空间，对学习者天赋的依赖程度似乎更高了。同样是看拉炭小工下“六”棋，长岭从中看出了“二壶把门儿”的棋路，换作别人可能就看不出，拉炭小工本人也未必能总结出和“二壶把门儿”相关的原理，也就没有和长岭探讨什么是“二壶把门儿”、如何能形成“二壶把门儿”的棋路、如何能利用“二壶把门儿”制胜等，更没有倾听长岭的理解并在此基础上探讨和纠正，而这些恰恰是在学校教育中(尤其是一对一的教学指导中)经常发生的——教师在给学生“指路”的同时也会限制学生的思考和发挥，给学生限定唯一正确的答案。而在“看”的过程中，学习者的创造空间是充足的，从长岭的例子中不难看出，这样的创造空间的确能让学习者创造出新的东西，同时这些新东西(棋路、鼓谱等)是具有文化、历史意义的。

第三，释疑性欠佳。基于第一点和第二点的解释，这一点也就不难理解了。不过本书初步认为，释疑性欠佳或许只能在一定程度上算作“看”本身的属性，它更像是“看”的结果的表现形式。所谓释疑性欠佳，同样是和传统学徒制、学校教育、培训等正式组织的学习形式作对比，表现为“看”的对象(比如棋类活动)本身缺少对话交流的机会，对话交流的内容、形式等不受引导，释疑的正确性缺少保证等。但与此同时，“看”在释疑上也有一定的优势，比如学习者提出的问题完全是个性化的、适合学习者本人的、具有直接的问题解决意义的。在笔者的调研中，农民多半是在问“怎样做”，关于“是什么”的提问比较少，而几乎不问涉及“为什么”的问题。农民惯于自行领悟“为什么”，于是当笔者问及某些事物发生的原因时，农民的解答要么显得不太有耐心，要么表现得捉襟见肘——或许他们从未对原因进行总结,即便有所总结也很难顺畅表达。一旦有农民针对原因类的问题进行过思考,其学习成效便会更加突出。

第四,传承性不稳定。所谓传承性不稳定,就是某种技艺在进行人际传递、代际传承时,其效果很难得到保证,成败皆有较大的可能。造成这种不稳定性的首要原因是传承人的缺失或缺位。缺失的含义是:针对某种技艺,村中有一些掌握了这种技艺的人,但是这些人没有传承者的身份,他们是否向他人传授技艺完全出于自愿,因而有的人传授得多,有的人传授得少,但鉴于身份的缺失,他们是否承担传承义务均无可非议。缺位的含义是:尽管有名义上的传承人,但传承人不履行传承职责,没有发生实际上的传递。

影响成败的要素中,比较重要的是有没有看的人,尤其是巧合的"看"。前文提到,聚集是巧合的"看"的一大诱因。只要有人聚集就有人看,这可能是因为熟人社会中的每一个人都必须尽力掌握这个社会中的一切,否则就会丢失社会中的熟人身份,被这个社会排斥。在本书调研的山东、河南传统的建制村中,村民仍是逢人就要打招呼,看到村民聚集,哪怕是时间再紧,也要匆匆看上一眼,而在江浙地区正经历变迁的村庄中,城乡混合、村改居、外来务工人员租住等对熟人社会造成了较大的冲击,村民之间互不相识、互不相帮的情况与日俱增,这就使得观看聚集活动从一种熟人社会的义务变成了个人意愿,这就为"聚集"向"看"的转化设置了更多的条件,比如人格特质上的乐群性、时间上的闲暇程度等。

二、"教"能不能弥补"看"

(一)农民眼中的"教"

前文已经讨论过,农民对于"学"和"学会"的认识和教育学界的认识有所不同,他们将"学"和"看"对立起来,认为"学精+收益转化"才算"学会"。通过田野的叙事和文本的编码,笔者发现农民对于"教"的认识也有别于一般的理解。农民提到"教",普遍会涉及类似学校教育中的场景,比如年纪较大的农民会提到夜校扫盲班，壮年农民会提到农业生产技术培训等，在江西的农村，农民还会将“教”和传统学徒制中的拜师结合起来，同家长对子女的教导结合起来。因此，诸如学开拖拉机时有人在旁指点的现象，农民并不认为“指点”是一种“教”。

老农民对于学校教育的认识，主要来自扫盲运动。中华人民共和国成立后，全国5.4亿人口中有超过4亿人是文盲，这4亿人中又有超过80%是农民，部分农村的文盲率甚至超过95%[①]。1950年9月，教育部和全国总工会联合召开了第一次全国工农教育会议，明确指出：“推行识字教育，逐步减少文盲。”[②]同年12月8日，中共中央发出《关于扫除文盲运动的补充指示》，向全国发出了扫除文盲的动员令，从此识字、扫盲成为全国各行各业普遍开展的一场社会运动，也是一场全民战争[③]。农村扫盲运动集中在农闲时期，通过冬校、夜校、识字班为文盲农民普及基本文化知识，由专门的老师教农民识字写字，并传播先进理念和思想（不能包办婚姻、买卖婚姻、封建迷信等）。对大部分农民而言，扫盲运动时期的学习是农民“被教”的起源，农民开始对“教”形成基本而固化的认识——如同夜校识字班中有正式老师的教学才能算作“教”。

上山下乡运动中知识青年同样为农民传播先进的技术和思想，但是农民并不认为知识青年是在“教”他们。2023年1月，我们在张家村访谈时听农民说，之前知识青年也跟着他们一起种田，在种田过程中会讲一些以前在单位工作上的事情，比如给领导开车的故事、领导们谈了什么事情等，大多是农民从未接触过的新鲜事物。即使知识青年在这种交往过程中，向农民传播了一些外界的思想、介绍了一些新事物，农民也不会认为知识青年是在“教”他们，等到这位知识青年去村小学教书后，农民才开始认可对方是在“教”（此时知识青年的教学对象是下一代的孩子们）。本书在第三章中也讲到，东亭庄的二姨父在种植韭菜、建大棚时，并不认为是别人“教”会他的，而是多次强调自己“一看就会”“是看会的”；等提到“韭菜防蛆虫培训”时，他才终于承认是自己去“学”

---

① 武春霞，武洪隽．新中国成立后的全国扫盲运动[J]．共产党员（河北），2020(1)：51-52．

② 何涛．档案见证建国初期的扫盲运动[J]．北京档案，2014(8)：55-57．

③ 魏玉山．新中国农民阅读史（1949—1966）[J]．新阅读，2020(3)：40-47．

东西了，有专家来“教”他。再次印证了农民眼中的“教”主要是指正式的、有组织的、由专人指导的学校教学或培训。

第二种农民眼中的“教”是赓续千年的传统师徒制。在传统师徒制中，“师”既有师傅之意，又有师父之意，“徒”是跟从的人，特指徒弟①。由此，师徒关系中既有师傅和徒弟的关系，又有师父和徒弟的关系。师傅和徒弟与现代教育的导师和学生相似，师傅被理解为在一段时间内给予徒弟帮助和建议的人，特别在徒弟职业生涯方面。师父和徒弟的关系更贴近“一日为师，终身为父”的概念，这类师徒关系往往建立在传统行业中，如中医、梨园、武术等②。农民拜师学艺的过程更符合师傅和徒弟相互联系的过程，因此本书将师徒制中的“师”理解为“师傅”，师徒理解为师傅和徒弟。

师傅和徒弟本质上是一种合作关系，徒弟从师傅手里学到技能，师傅则享受徒弟在学徒过程中的帮助。因此，徒弟应表现出学习的热情与灵活性，理解师傅苛刻的安排，尊重师傅的指导，乐于接受师傅的反馈与批评。师傅对徒弟具有指导职业和个人发展的双重功能，有责任帮助学徒学习技能；师傅还要帮助徒弟融入工作场所的社会环境，协助徒弟形成未来合作的专业关系③。虽然师傅与徒弟之间的确可能发展出长久的友谊，但这种关系首先仍是一种专业关系，随着徒弟出师，师傅对徒弟不再有许多约束，徒弟在日后工作中的地位甚至可能超过师傅。江西省宜春市的一位农民说：“（我）在南昌（做工）的时候（包工头）都是把活包下来，一次性承诺给我多少钱，（我就）帮他把活干完。我以前的师傅，还来跟着我干活，我就按照正常的工价给他算钱。”（20230202-ZHM-XTZ）

在乡镇成人学校、职业技术学校未普及之前，农民学习技能的途径往往只有拜师。受到交通以及市场的限制，也为了维护行业的稳定和自己的营生，师

① 宿凤玲．武术传统师徒关系研究［D］．太原：山西大学，2021：7．

② 宿凤玲．武术传统师徒关系研究［D］．太原：山西大学，2021：7．

③ Sanfey H，Hollands C，Gantt N．Strategies for building an effective mentoring relationship［J］．The American Journal of Surgery，2013（5）：714-718．

傅不会随意招徒，“一进一出，二进二出”[①]是常见的招徒方式，徒弟多了做不到口耳相传、耳提面命，也无法真正给徒弟的职业生涯提供帮助。为了避免“教会徒弟饿死师傅”，师傅对于招收徒弟非常慎重，在徒弟的选择上往往以亲缘远近为标准，首先选择自己的亲人，其次选择熟人介绍的知底之人。张家村的张广清说：“做学徒都要找一个师傅的，我当时师傅就是我的舅舅，学做木匠。”(20230114-ZGQ-XTZ)即使符合上述要求，想要拜师也并不是随心所欲的，需要经过师傅的反复考验。首先，拜师学艺的仪式就有讲究，需要挑选良辰吉日开始拜师仪式，《礼记・少仪》记载需要准备“六礼束脩”[②]，即古代拜师时徒弟赠与师傅的六种礼物，徒弟磕头敬茶后，师傅喝下徒弟敬茶才算完成拜师。到今天仍有师傅要求必须有拜师仪式，只是拜师时的礼物不再是原来的“六礼束脩”，换成了更符合时代的“新四礼束脩”——鸡、猪肉、烟和酒，“要提着篮子，装好肉，抓只鸡，还要买烟买酒，还要磕头敬茶爆竹”(20230202-ZHM-XTZ)——完备的拜师仪式体现出师傅对待招收徒弟的严肃性。

徒弟拜师后并不能立即开始学习技能，张家村的老支书告诉我们，徒弟的学制通常是三年，在这三年学徒期间，徒弟没有任何工资收入，还要承担师傅的很多家务活，吃饭时要先给师傅盛好饭菜，等师傅吃完饭学徒才能上桌吃饭，“徒弟徒弟，三年奴隶”也是常有耳闻的学艺俗语。传统师徒制结成的师徒关系蕴含着浓厚的情谊，天地为大，亲师为尊，师傅对徒弟有着非常严格的要求，徒弟也要尊师敬师，以师为先，方能从师傅那里学到手艺继承衣钵。因此对于大部分有过学徒经历的农民而言，普通人无法承担起“教”的重量，只有“师傅”才能“教”。如果他们不是别人的师傅，就不能“教”别人。这也是为何农民很少谈及自己“学”或他人“教”，因为在这类农民眼中，“教”并非所有人都可以，正如唐唐讲述自己学开推土机时所说：“他哪有教我啊，就是带我开了几圈，我站在车子里，他给我做了下示范，也就操作了两分钟，这个好简单，你看下也会。”(20230111-TT-MF)除了师傅，他人这类短暂的示范或指导完全不

① “一进一出”是指师傅在招收徒弟时，每次只选择一个学生作为徒弟，并在此后维持一个徒弟的数量。“二进二出”同理，同时招收两个学生作为徒弟，并在两个徒弟出师后再次招收两个新的徒弟。

② 徐语鸿，严明.师徒，一半规矩一半路[J].中华手工，2019(2):42-45.

能被称为“教”。

家庭教育中的“教”对农民认知中的“教”也有重要影响，尽管本次访谈过程中没有直接收集到农民家庭教育的佐证，也没有弄清楚农民是否认为教育子女儿孙算他们眼中的“教”。农民会经常给自己的子女儿孙提出建议，拿出自己多年的人生经验来告诫他们。比如老支书张涵茂说，“他[小孙子]初中的时候就学抽烟，我叫他不要抽烟，不要抽烟，抽烟有什么好处噢，哪有学生去抽烟的？”(20230227-ZHM-JJ)这种“苦口婆心”理应属于“教”。在子女儿孙没有听取他们的建议时，农民也常感叹子女“不听话”或是“说了自己不愿意听，怪不得我们”。由此可见，农民也认可家庭教育过程中的绵长的“教”。农民不常用“教”这个词，是因为农民对提供“教”的人有严格的身份限制，会对“教”的资格进行不成文的规定和筛选——要么是学校、培训班的教师，要么是正式拜师的师傅，要么是自己的长辈亲人——随意的指导和短暂的示范都不能算作真正的“教”。

(二)“教”不能代替“看”

农民对于施教者存在强烈的身份认同和身份限制，导致农民不会轻易求教于人，即使有人为农民提供了示范指导，农民也仍有可能否认这是在“教”。张广清在访谈中说：“我过年的时候去亲戚家拜年，看见他开中四轮挣了钱，然后我就坐在他的车上，他带着我开了两圈，说了下挂挡什么的，我感觉不错，回去后商量了下就决定买一辆，自己就开回来了。”(20230115-ZGQ-MF)尽管笔者认为这位亲戚在示范和讲述技巧时已经在教他了，但是受访者坚持认为是自己“看会”的，亲戚没有“教”他。他这样想的主要原因是，尽管第一次他成功把车子开回来了，但在第二天就因为操作失误而撞车，这不能叫“会”。等到后来成功干完一桩活以后，他才认为自己算会开了，所以断定先前的亲戚没有“教”他，是他自己“看会”的。同“看”的直接转化定律相一致，农民对于“教”也更看重其结果，而非过程和形式——假如“教”没有达到农民自己认可的学习目标，或是没有让农民完全掌握他要学习的技艺，农民便认为对方没有“教”他，反而是自己“看会”或者“练会”的。因此，在农民眼中“教＝教会”。

如果没有“教”，那么农民很多生产生活中的技能就无法解释起源，为此农民们建构了一套属于自己的方法论——“看”。尽管在访谈过程中，被访者总是含糊地表示“一看就会”“自己看会的”“不用教”等，但具体是如何“看会”的依然没有解释清楚，通过对农民“看会”行为结果的分析，最终发现农民在“看”的过程中存在一系列活动：以观察、倾听和触摸为主的感官活动，以及模仿和练习。以农民“看会”挖掘机驾驶为例，农民在“看”别人驾驶时，会观察司机手脚的配合，倾听对方指示，触摸操作杆，感受操作力度，模仿司机的动作，同时还要多次练习才能正确掌握驾驶技巧。即便掌握了基本的驾驶技巧，农民也仍然不会说自己已经“学会”了。访谈时笔者还发现，有位农民已经能够驾驶挖掘机去加油站加油，也能在空地上正确使用挖掘机，但他仍然表示自己还不算“会”，因为挖掘机有很多技巧和方法短期内很难掌握，如在用挖掘机给别人拆旧房子时，从何种角度开始拆、老房子的墙倒向哪个方位、要留出挖掘机行走的路线、废弃的砖块要便于清理等。就像经验丰富的品酒师能够轻易品出葡萄酒的年份以及产地、不同品类酒之间细微的差别，这些技巧是他人无法直接“教会”的，需要长远的练习来补充，也就是农民所说的“看”。

（三）“教”在一定条件下能弥补“看”

“看”是以农民自身为主导的过程，“教”是以教学者为主导的过程。由于在“看”的过程中没有产生符合农民认知的“教”，与“教”同时发生的“学”也就不知如何表达，因此农民往往不说自己“学会”，而是建构出“看会”。理清这一点以后，可以把农民的“看会”理解成一种非教学式的“学会”。农民可以通过“看”掌握大多数与以往经验产生连接的知识，而对于那些缺少连接的知识，或是反经验、反常识的知识（结构不良的知识）[①]，农民仅靠“看”是难以掌握的。

以智能手机的学习为例，如果农民从未接触过智能手机，也从未储备过相关知识，即便他们经常见到外来人拿着智能手机按来按去，一时间也很难掌握

---

① 杨嵩.观察学习理论下学徒制默会知识传递路径的质性研究[J].高教探索，2021(8)：103-108.

它的用法。此时，他们需要暂时引入外来人的“教”，通过“空降”的人生经历重新构建“看会”的机会和本领。也就是说，“教”有助于打造“看”的地基，能帮助农民直接积累针对某些（以前没接触过的、难以接触到的）新鲜事物的经验，从而帮助农民通过“嫁接”的经验对“看”的机会和本领进行再生产。

根据工作场所模仿学习理论，“教”的过程中合理的课程设计（对经验进行梳理、分类和排序）和教学法（以合适的方法利用学习者以往的经验和将要学习的经验）能有效弥补“看”的不足。例如，唐尼（Downey）发现，在卡波耶拉舞蹈的教学中，许多舞蹈动作无法通过“教”来直接掌握，于是经验丰富的舞蹈教师会尽量将动作拆解。比如在教授一种复杂的踢腿动作时，教师会优先展示几种基础类型的踢腿动作，等学习者习惯了这种踢腿方式，再对这些基础动作进行组合和变化，当学习者适应了踢腿的节奏和难度时，便再一次组合、变化动作——如果教师直接展示复杂动作，即使给出非常标准的示范，学习者也仍然难以掌握。[①] 由此可知，设计合理的“教”能有效弥补“看”。再如，东亭庄的二姨父之所以在“韭菜防蛆虫培训”时才终于承认他是在“学”，一定程度上是因为新品种的农药还未出现在自己所在的村庄中，“看”的对象处于缺失状态，而市场对农残的排斥以及农委对农残的新规可能会影响他的生存，他必须学会以合规的农残量来消灭蛆虫，而这只能求助于“教”。可见在农业生产过程中，当农民需要掌握一项新技能时，他们往往会优先寻找“看会”的机会，而当自己的“看”始终无效时，受到生存与发展动机的驱动，他们便开始向外界求助，此时“教”对“看”的弥补作用就彰显出来了。

（四）“教”能助推个体学习向群体学习的转化

通过“看”，农民能自主掌握大部分的知识和技能，但从群体学习的效率上看，只“看”不“教”很难实现知识和技能在某个群体内的迅速传播，个体学习成果向群体学习成果的转化成效也不太稳定。田野调查显示，会驾驶农机的农

---

① Downey G. Scaffolding imitation in capoeira: Physical education and enculturation in an Afro-Brazilian art[J]. American Anthropologist, 2008(2): 204-213.

民，包括挖掘机、收割机、铲车等，一个村庄一般只有两到三人，而广场舞、锣鼓队这类由农民自愿“带教”的学习群体，却能教会数十人甚至上百人。除却技能本身的因素——包括技能是否属于默会技能、学会技能的前提条件是否满足等（比如学习挖掘机的前提是需要有一台挖掘机）——只有“看”时，农民只是单方面地观察示范者，或者只是与示范者进行简单的口头交流，在这种情况下，农民的个人因素（性格特质等）会在较大程度上影响学习的过程和效果。比如在“看”挖掘机驾驶时，有些农民反应较快、眼神较好，以往也有相关的驾驶经验，可能“看会”的概率比较大，而另外一些从未接触过农机的农民，也许就很难看会。

此外，农民在“看”时，往往没有固定的场所和时间，学习对象和学习同伴也不固定。农民可能今天还在和张三、李四一起看挖掘机驾驶，改天再去时，发现驾驶挖掘机的人变了，身边一起来“看”的人也变了。缺乏固定的学习对象与学习同伴，农民也就很难在“看”的过程中产生经验的交换与交流，个体学习也就很难向群体学习转化。“教”则相反，农民在被“教”时，既可以通过“看”来模仿教学者的动作，也可以在无法“看会”时及时向教学者请教。此外，“教”往往会形成固定的学习群体，同一学习时间段内的教学者和学习同伴比较固定，学习过程中，农民与教学者、学习同伴相互熟悉，即使当时没有教会，也能继续向同伴请教。如此一来，农民就比较容易长期参与某些群体性的学习活动，实现从个体学习向群体学习的转化。

综上所述，如图 5-1 所示，在“看”的时候，主体与客体之间的交互是单向的甚至缺乏的，故外围主体指向中心客体的箭头，部分是实线，部分是虚线，主体与其他主体之间的交流也是不稳定的，故外围的箭头为虚线；而在“教”的时候，主体与客体、主体与主体之间的交互都是连续的，因此所有箭头都为实线，指代交流的稳定性和双向性。

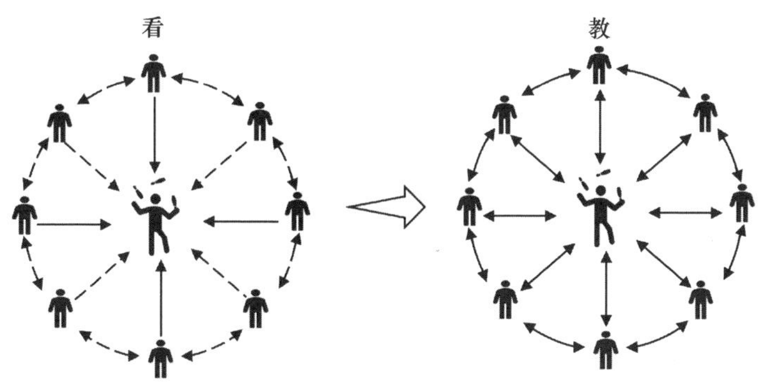

图 5-1　“看”与“教”的示意

三、农民群体非正式学习的发生机制

一个村庄内农民群体非正式学习的发生，有着鲜明的“网络组团”特点。他们在特定的地域内，借助村庄特有的自然条件和社会条件，自发形成了无固定形态的学习网络。这些学习网络串联了学习同一内容的农民，随着网络内部条件的成熟，又在网络的基础上组建了正式的学习团队。为了剖析这一过程，笔者将以锣鼓队和广场舞队的学习故事为切入点，借助拓展性学习理论的要素定位法展开分析。

(一)农民群体非正式学习过程中的拓展性学习要素定位

根据拓展性学习理论，群体学习的成果应当体现为对这个群体来说具有历史进步意义的实践，简称进步性实践。如第一章所述，对农民群体学习过程的分析，应当先找到一群创造了这种进步性实践的农民学习者，即要素定位法中的“群体＋成果定位”。在田野调查数据中，桃庄锣鼓队和广场舞队的群体学习能比较清晰地体现农民学习者对进步性实践的创造。

以桃庄锣鼓队为例，老锣鼓队向新锣鼓队的更迭，不仅将农民的锣鼓演奏从简单的《长流水》提升到复杂的《山景》，创造出《山景》鼓谱等学习工具和规则，而且还创造出了锣鼓教学活动、锣鼓研发活动和锣鼓经营活动。比起老锣鼓队仅以生活用品交换为目的来演奏《长流水》，新锣鼓队的成立和发展过程确实比较明显地产生了进步性实践。再比如广场舞队，她们从无到有，不仅创造了桃庄的广场舞实践，而且还创造了队内的分工和标准，随着大学城演出等关键事件的发生，妇女们对广场舞动作难度和标准的认识有了提升，也是农民群体创造进步性实践的体现。

找到创造了进步性实践的农民学习群体之后，就要开始追溯群体学习的发生过程。根据要素定位法，第一步是找到第一个发动这一学习过程的人，即始动主体。在锣鼓队的故事中，始动主体是坪隆；在广场舞队的故事中，始动主体是三大娘。接下来，要找到始动主体所卷入的核心成员——本书称之为“卷入主体”。锣鼓队的卷入主体是坪连等第一批跟着坪隆学习《山景》且愿意向他人传播锣鼓技艺的人；广场舞队的卷入主体则是交际花、小红婶子等承担了队内特定劳动分工的中坚力量。当然，锣鼓队和广场舞队中的普通参与者也算是卷入主体，但在学习过程的阐释中作用甚微，故不再作专门分析。

接下来是其他要素的定位。已知拓展性学习理论的三角模型中除了主体，还有客体、工具、规则、共同体、劳动分工等五个要素。以锣鼓队为例，锣鼓活动的客体是锣鼓及其演奏曲目，比如《长流水》和《山景》。客体是活动主体作用于其上的对象，对主体的活动有不可避免的引导作用。《山景》和《长流水》在难度和演奏方式上有着根本不同，因此其所能激发的主体的内在求学动机、主体所需要的演奏技艺、不同主体之间的配合方式也就发生了巨大变化，导致老锣鼓队无法直接演奏《山景》，这在客观上产生了创建新锣鼓队的需要。广场舞队也是一样，作为活动客体的广场舞及其曲目会引导主体的未来走向，比如日常曲目、比赛曲目和大型展演曲目对舞者的不同要求，引发了队伍的一系列创造。反观没能组成学习群体和学习团队的“六”棋以及各种各样被“看会”的农业生产技能，其客体本身就允许一到两人独立完成，不像锣鼓和广场舞这般需要声势。

工具既包括主体日常加工客体所使用的器具——如锣鼓队使用的鼓面、鼓槌，广场舞队使用的服装、音响等，也包括主体在形成进步性实践过程中创制的新工具，比如坪隆为了教会其他村民演奏《山景》而自制鼓谱，坪连为了演奏更动听的鼓点而研制鼓具。新工具的出现往往是新活动诞生的重要标志。

规则这一要素既包括学习群体自创的规则,也包括对群体有重要影响的外来规则。锣鼓队的故事中,村委取消对老锣鼓队的物质奖励,就是一项非常关键的外部规则的改变,它直接导致了老锣鼓队的解散。广场舞的故事中,三大娘承担大部分的自费项目,其他队员偶尔分担,便是队伍自创的不成文的内部规则,而这条规则没有明确的书面或者口头约定,加上与村委的经费使用规则(这是外来规则)的纠缠,间接导致了广场舞队的衰落。

劳动分工则是与规则紧密相关的要素,锣鼓队中,一开始是坪隆负责教,其他人负责学,后来演变出一层一层的师徒关系;广场舞队中,三大娘负责教动作,小红婶子负责排队形,交际花负责人际联络,则是更为明显的劳动分工。

在两支队伍的学习过程中,外部的共同体都发挥了比较重要的作用:比如临沂市的锣鼓圈子,包括"鼓王"王学亮以及担任坪隆师傅的王学亮的师兄,再比如临沂市文化局的朱旭老师,都将桃庄锣鼓或广场舞提升到新的水平。

(二)农民群体非正式学习的过程总述

通过叙事和分析,笔者发现农民群体的非正式学习过程基本上符合拓展性学习理论环状模型的推演过程。现基于环状模型,以桃庄锣鼓队的学习为例,将农民群体非正式学习的过程总结如下。

拓展性学习的第一个阶段是需求状态,指的是某一群体及其中的个体均在经历一对长期的、稳定的矛盾,既可以表现为社会的主要矛盾,也可以表现为小社会中的主要矛盾。比如在老锣鼓队时期,大家九年如一日演奏《长流水》并换得村委发放的礼品,体现出锣鼓作为文化活动的使用价值和锣鼓作为生活资料交换资本的交换价值之间的矛盾。主要矛盾所支配的阶段是学习发生的预备阶段,群体中的每一个体都长期处于主要矛盾的张力中,但矛盾并未激化。大家内心虽有矛盾,但仍然比较顺畅地从事着日常活动,没人料到当前的活动会被破坏并从中产生新的活动,也很难看出谁会是未来新活动的始动主体。

当群体活动的六个要素中有一个要素(往往是规则这一要素)发生重大变

动时，主要矛盾长期维持的平衡就会被打破，促使该群体中某一个人的内心矛盾被激化，从而使整个群体走向第二个阶段——双重束缚阶段。虽说是整个群体走向第二个阶段，但实际上是其中一个人从旧群体中逐渐分离出来，成为未来新群体的始动主体。双重束缚实际上是这个人内心的矛盾被激化到极致的表现。

老锣鼓队的故事中，2000 年春节，新的外部规则被引入活动系统——村委不再发放礼品，交换价值被撤销，主体和规则之间的次要矛盾产生了。老锣鼓队随即停止演奏活动，从更大的社会背景来看，这是村民日益增长的物质文化需要同落后的社会生产之间的矛盾。老锣鼓队的“罢演”让青年鼓手坪隆产生了一对互相矛盾的需求——“想继续打鼓・独奏无趣”。坪隆热爱锣鼓但没有威望，无权劝说长辈无偿演奏，只得延续这种需求矛盾的状态。偶遇《山景》后，客体从《长流水》变为《山景》，其魅力很快将需求状态激化为双重束缚，“想继续打鼓・独奏无趣”的矛盾被激化至心理阈限。坪隆发现关键症结在于教会他人，于是短期内完成了客体/动因建构（拓展性学习的第三阶段）：创制鼓谱→将鼓谱作为教材分发给其他鼓手→完善鼓谱——在改造客体（从口传心授到以鼓谱为中介）的同时实现鼓谱的模型化。

进入应用与泛化阶段（拓展性学习的第四阶段）后，初期新活动与旧活动之间的矛盾比较尖锐，老锣鼓队的成员因《山景》难度太大而不愿加入新锣鼓队，但随着规则和分工的日趋成熟，老锣鼓队几乎全员加入新锣鼓队，将《长流水》同《山景》组合演奏，以融合的方式实现了新活动对旧活动的替代。

到了固化与反思阶段（拓展性学习的第五阶段），新锣鼓队衍生出三个新的活动系统：传习《长流水》和《山景》的教学活动系统、研制鼓具和鼓点的研发活动系统以及婚庆公司等经营活动系统。反思方面，尽管锣鼓对当地乡村文化振兴有较大贡献，但农民仍然认为钻研锣鼓是玩物丧志。

从最初的一张鼓谱发展到一支锣鼓队，再到整个城北地区的锣鼓文化和锣鼓经济，体现了农民学习实践的演进，也反映出“从抽象上升到具体，从单一到丰富，从片面到全面，从分散到系统，从不发达到发达”的拓展性学习发生过程[①]。

（三）农民群体非正式学习的发生机制模型

通过田野叙事，本书抽取了推进农民非正式学习的要素、条件、过程、层次和动力，结合基于三角模型和环状模型的理论分析，提出农民群体非正式学习发生机制模型（见图5-2）。该模型将农民群体非正式学习的发生机制描述为五个阶段、三个层次和三种动力，其中五个阶段用弧形单向箭头表示，其内容与环状模型一致，但鉴于学习的发生是一个连续的过程，学习阶段之间的过渡意义大于区分意义，笔者将原模型中接续的双向箭头改为交叠的单向箭头，表达的是拓展性学习的各个阶段在临界处通常会有模糊和反复，但几乎不会出现跨阶段的历史性倒退。虚线倒三角形和“闪电”表示旧活动及其主要矛盾、次要矛盾；实线三角形、箭头梯形和实线倒三角形及其中的无阴影圆形、箭头，用于重点揭示农民非正式学习的核心条件及其关联；向下箭头表示推进学习活动的动力变化；阴影圆形表示各层次中起关键作用的活动要素。

农民非正式学习的过程性递进分为三个层次——个体发动层、群体互助层和系统巩固层。始动主体对整个学习过程的发动是农民非正式学习的前提和起点。成为始动主体需满足三个条件：一是热情，即对活动客体（学习对象）表现出来的热烈、积极、主动的情感或态度。热情是与人生观、价值观相关联的，是一个人态度、兴趣的表现[②]。需求状态和双重束缚中的两难困境，较大程度上表现为个体无法顺利追求热衷之事。个体的价值取向同群体、社会的价值取向发生冲突，长期身陷不良感受，进而就可能产生突破困境的强大心理动力。二是机缘，即接触活动客体的机会与缘分。农民非正式学习缺少村委会、乡镇成人学校及村（居）学习点的专门组织，学习机会多来自农民的人生际遇，偶发性很高。机缘到来之前，学习活动的客体始终处于“失控”状态，不以

---

① 马颂歌，李静静，徐雄伟.革新实验室的原理、案例、模型与教育应用展望——拓展性学习方法论的创新[J].远程教育杂志，2022(1)：37-49.

② 苗元江.热情——积极心理学视角[J].广东社会科学，2015(3)：64-69.

农民的主观意志为转移，客体出现的时间、地点和形式均不可预料，无法预先做出选择、准备、设计和规划。始动主体的日常活动范围和轨迹往往能决定其所遇机会的数量、种类和层次，继而影响一个村落的文化繁荣。三是基础，即接触活动客体时主体所具备的积累和水平。由于学习机会的高偶发性，农民无法事先为学习做准备，只能基于机缘到来时的自身水准推进学习进程。始动主体的基础决定了整个群体的初始水准，与正规教育不同，这种初始水准缺少专门设置的准入门槛、等级层次和评价措施，随意性较大，未必能与学习机会相匹配。

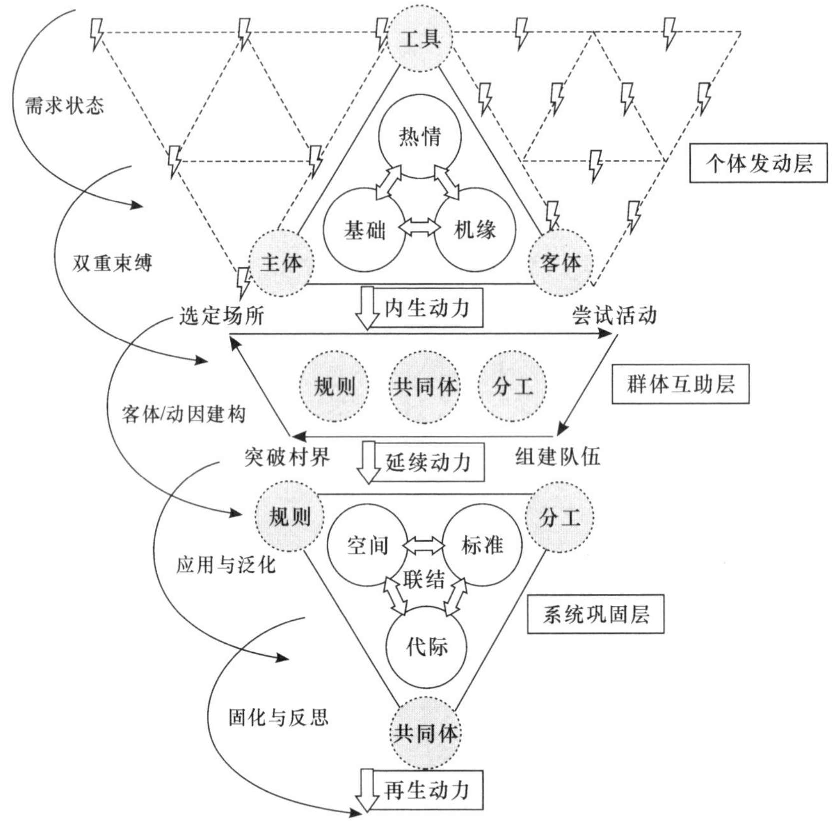

图 5-2　农民群体非正式学习发生机制模型

始动主体卷入其他主体后，学习进入群体互助层。“群体”可分为核心群、中间群和外围群，由始动主体和首批卷入者组成的核心群最具热情，高频或主动参与的中间群次之，低频或被动参与的外围群最次。核心群决定着学习过程的延续，一旦缺少实力相当的继任者，学习即面临中止或终结。

群体互助层涉及四个关键步骤——选定场所、尝试活动、组建队伍和突破村界。四个步骤之间的次序在某些情境下可能发生变化。学习场所一般由农民自行圈定，多选址于宅所家院、荫下路旁、桥梁广场等。场所的圈定是群聚式的学习发生的关键一环，场所的空间和物质条件决定着农民对活动客体的探索阈限（例如，在缺少舞蹈镜的习舞场所，学习者很难纠正精细动作，进而会影响学习的最终成果）。尝试活动和组建队伍通常接续发生，前者是指以群体为单位正式开展学习活动，后者是指为学习群体正式命名。组建队伍往往是非正式学习"正式化"的重要步骤和标志，队伍的名称具有品牌效应，有助于学习成果以演出、参赛等形式传播，从而获得村委会和街镇文化部门的认可，由"民间"转为"官方"，取得更有利的发展条件。当水平和声誉积累到一定程度，我国东、中部地区连片村庄的学习活动比较容易突破村界，迅速实现跨村传播，形成新的地域文化；西部山区的村庄由于彼此距离较远，跨村传播情况有待在后续研究中进一步考证。

当学习进入系统巩固层时，群体所创造的学习成果已经达到本村乃至连片村的最高水平，只有实现空间、标准、代际等三方面的拓展才能取得新的历史性进步。空间拓展主要是指从农村向城市的拓展；标准拓展主要是指从"自认"标准向业界标准的拓展（包括接触业界标准的机会）；代际拓展主要是指以代际传递为主的拓展。由于缺少"官方"渠道，拓展发生的主要路径是村民和村民之间、村民和市民之间的人际联结，对"私交"依赖度较高。桃庄村的案例中，《山景》来自临沂市，临沂市"鼓王"的演奏代表业界最高水平；坪隆向"鼓王"的师兄拜师学艺，体现了从农村到城市的空间拓展，以及从农民"自认"标准向业界公认标准的拓展，避免陷入"自认"标准而导致的学习停滞；坪隆的徒弟中有若干儿童，锣鼓大有绵延之势，相比之下，"六"棋没有 45 岁以下的棋手，几乎必然面临失传。

模型中，有三种动力推动了农民群体的非正式学习，分别是基于个体发动的内生动力、基于群体互助的延续动力和基于系统巩固的再生动力。内生动力的作用是发动学习过程，主要来自旧活动的矛盾驱动（主要矛盾、次要矛盾）以及始动主体的热情、机缘和基础。学习发动时，大量动能集中作用于某一（或少数）个体，着力点小、爆发力大，但动力持续性不佳，一旦始动主体未能及时卷入其他主体并设法将学习推向群体互助层，内生动力便会迅速衰竭。

延续动力由内生动力转化而来，是通过个体向群体的拓展而传递的动力，相当于首先将内生的初始动力在群体中“分摊”，起到“接力”作用，再由群体创造新的动力。较之内生动力，延续动力着力面扩大，爆发力减弱但持续性较强。延续动力贯穿群体互助层和系统巩固层，在其作用下，学习活动能持续数年甚至更长时间。

再生动力一般来自外部，也可称为外生动力，是延续动力衰竭后继续推动学习进展的动力。再生动力可源于上级政府、村委会、城市社区、专家团队等，通过创造资源、制度等方面的有利条件来促进学习的再生，通常用于补救由代际更迭、人际矛盾、治理变化等原因造成的学习进程中断。再生动力的产生取决于外部人员对学习成果的认可程度以及可调配资源的丰富程度，受制于外部人员的决策。

第六章　农民学习的场所

后面的内容，本书将讨论网格组团学习模式的网格划分和整体运营问题，某些农民学习的场所将作为网格的“总控制站”或“分控制站”出现，是网格组团学习模式的关键要素之一。因而本章有必要先对农民学习的场所进行描述，分析各类场所的样貌、特点、作用，存在的问题以及初步解决方案。按照是否占据真实空间，农民学习的场所大致可分为物理学习场所和虚拟学习场所，其中物理学习场所主要包括成人（社区）学校、村（居）学习点、学习场馆和天然场所，虚拟学习场所主要包括虚拟聊天群、手机应用、微信公众号等互联网空间上的场所。

一、物理学习场所

（一）成人（社区）学校

成人（社区）学校是一种集成性的物理学习场所，同时也是乡镇成人教育和学习活动的核心管理机构和指挥中枢。笔者长期合作的成人学校主要集中在上海市嘉定区，其中镇成人学校主要是江桥成校、外冈成校和马陆成校（笔者还和若干所街道成人学校有合作）。此外，笔者在高邮市玥池镇（化名）调研时，在主干道旁发现了一所成人学校并偶遇其校长，也算是一桩奇事。上海城郊与高邮小镇的成人学校自是风貌迥异，不过，就算是隶属上海市同一个区的成人学校，其地理位置、校舍格局、文化氛围等，也是大有不同。

江桥成校的校舍建在交通要道旁的一个小型园区里，与江桥镇社区文化活动中心、江桥镇社区事务受理服务中心等便民服务机构位于同一幢大型单体建筑中，其间有连廊相通；楼内有不少运动场馆和艺术学校。园区共有七栋楼，江桥成校所在的二号楼楼顶立着“江桥镇成人学校”七个大字，楼门右侧立着一块棕底白字带党徽的碑，上书“江桥镇社区党群服务中心、江桥镇文化体育服务中心、中共江桥镇委员会党校、江桥镇成人中等文化技术学校、江桥镇老年学校、江桥镇社区学校”，楼门左侧立着一块竖长的白色指示板，告知往来的行人一楼是嘉定区图书馆江桥镇分馆。

江桥成校位于二号楼的三、四、五层，共有13间教室、两间兼做教室的陈列室、八间办公室和两间会议室，走廊墙面上的小型展板展示着学校的办学理念、党政风貌、所获荣誉、重要活动、学员作品等，还有几幅装饰画作。校舍的墙面干净整洁，基本没有墙皮脱落、墙面脏污等现象，再加上墙面上的展板和装饰，颇有一番腔调。13间教室中，有一些教室和大众印象中的教室很相似，都是讲台、黑板（白板）和多媒体位于教室前部，课桌椅位于讲台后方并占据大部分空间的布局；也有一些教室为满足特殊的学习需求而调整了陈设，便于学习者在室内表演或运动。

外冈镇成人学校也没有独立的校舍，目前在外冈中学借用两层楼，用于教学、会议和办公。外冈镇是农业大镇，南北两个区域是乡镇企业，中部是万亩良田，镇中有郊野公园和古镇，都离成人学校不远。向外冈中学的门岗报上成校校长的大名，穿过教学楼的连廊，来访者很快便能找到成人学校所在的教学楼。迎着“老师好”的问候声爬上三楼，便会看到成人学校的标识牌和墙面布置，以及楼梯和走廊里新鲜的竹芋科绿植。中学生课间休息的时候，耳边尽是校园里熟悉的喧嚣。

据前任校长说，外冈成校以前不在这个地方，为了中转，就在中学里临时办学，除了此地的三间教室、一间会议室和五间办公室，校外的老年学校还有可以上课的地方。2021年9月，研究团队拜访现任校长时，他指着学校后面不远处的一块荒地，从书橱里拿出一套制作精良的规划图，说外冈成校将来要和市民活动中心建在一处，成为上海市设施最好的成人学校。我们看了设计图，上面的生态感和未来感的确很吸引人，心里也盼着他们早点脱离这局促的校舍、斑驳的墙壁和 20 世纪的铁围栏。

马陆镇成人学校位于嘉定新城远香湖附近的一个产业园区里，园区名为“上海希望经济城”。虽说是一座城，但也只有一栋写字楼和楼前的一块空地而已。写字楼“希望商务楼”有 16 层高，多为企业单位入驻，许多房间统一安装了玻璃门和玻璃墙。大楼的内部装修很朴实，部分基础设施有些陈旧，厅堂采光不佳，常年亮着电灯。马陆成校位于商务楼的八楼，有四间专用教室、五间办公室和一间多功能会议室。其中，四间专用教室设有桌椅、多媒体设备、计算机等教学设施，主要用于开设马陆成校的品牌课程——“红色动力”党建课程和“智学新城”楼宇课程[①]，最大的教室可容纳 100 余人。

写字楼的楼顶、外立面和一楼大厅都没有马陆成校的显眼标识，只在楼层指示牌上用一行小字写了学校的名字。不过成校的现任校长是个易拉宝达人，每次走进一楼大厅，笔者就能看到左手边立着一排介绍成校课程和师资的易拉宝，乘电梯来到八楼，就又看见电梯门口摆着一圈思想政治教育的易拉宝，学校大厅的迎宾墙两侧也各站了一排介绍课程和师资的易拉宝。不同于江桥成校相对固定的陈设内容，马陆成校的易拉宝会随着课程的迭代而更新。比如，2022 年 11 月，学校发布了“智学新城”楼宇课程，校长便将课程表和师资简介制成新的易拉宝摆在显眼位置。马陆成校也有固定的墙面宣传，主要内容是学校的办学理念、办学宗旨、典型活动等，比较侧重内容本身，并不注重装饰性。

初到马陆成校，设在写字楼里的校址刷新了笔者对“学校”的认识，但现任校长于 2021 年秋天上任后，反而利用起写字楼的地利，开设了一系列针对楼内白领群体的楼宇课程，包括瑜伽、芳疗、毛笔字等，吸引白领利用业余时间来学习。学校还同 2016 年新建的希望社区邻里中心合作办学，将老年学校设在邻里中心，利用十间活动教室——多功能教室、益智教室、钢琴教室、舞蹈教室、书画（手工艺）教室、摄影教室、乒乓教室、烹饪教室、科普教室和数字体验

① 马陆镇成人中等文化技术学校. 智学马陆，共建共享！马陆镇党成校举行党建共建结对签约仪式暨社区教育专题活动[EB/OL]. (2022-11-16)[2023-08-06]. https://mp. weixin. qq. com/s/lg42Ai_gw9VSIyhsx5KKuw.

中心，一年分两期开设钢琴、花艺、烘焙、智能软件应用等20余门备受欢迎的课程。[①] 2022年，邻里中心完成改造升级，增添了一批数字化基础设施，创造了不少数字化生活场景，成人学校也设计了一整套老年数字化学习课程，帮助老年人跨越数字鸿沟。

接下来，让我们把镜头移向江苏省高邮市的玥池镇。2019年11月，笔者和两名研究生一起来到玥池镇，为的是调研当地村庄的农民农业技术培训和网格化管理情况，我们本没有调研成人学校的打算，也未预料到此地竟然有一间独门独院的成人学校。调研村庄回来的路上，我们发现大路边有一家单位，门口挂着镇成人教育中心校的牌子，尽管与该校的工作人员皆不相识，但惊喜与好奇之心难以抑制，一想到成人学校一般都是向社会公众开放的，还是决定光明正大地参观一番。

在校门口站了没多久，我们便发现这所学校几乎无人出入，抱着一探究竟的心态，我们顺着封闭式的门廊走进了校园。一出门廊，眼前就是一个大院子，院子中间有一棵巨大的松树，附近的砖石地上长满了荒草，只有靠近门廊出口的地方铺设了水泥地。松树的背后是一排低矮的小楼，有若干普通教室和办公室。小楼后面还有一间围合式的院落，地上铺的是正方形的石板，左右两侧的平房基本是艺术类的教室，有舞蹈室和音乐培训室，还有一间陈列室。这些平房皆为尖顶瓦房，瓦是黑灰色的，墙面刷的是淡黄色和淡绿色的涂料。平房之间的后墙前搭了一排三角顶的简易建筑，应该是学校的自行车棚。这间院落的教室皆已废弃，屋舍里到处都是灰尘，墙皮剥落严重，墙上张贴的终身学习理念被晒得字迹难辨。半开着门的音乐教室里堆放了好几只大麻袋，看上去像个仓库。小楼里的教室似乎也很少使用，我们从窗玻璃窥向室内，看到了款式还算新的浅色课桌椅，但窗上、地上、陈设上都落了不少灰尘，贴在后墙上的大照片也卷了起来，让这些教室显得寂寥而沧桑。

正当我们给校舍拍照时，远处的一个人影走进了镜头。当时周围实在没

---

① 马陆镇成人中等文化技术学校.青春不是年龄，而是一种心态——家门口的马陆镇老年学校[EB/OL].（2019-06-01）[2023-08-06]. https://mp. weixin. qq. com/s/GbyiHvLKV1WuSyUhXS_2TA.

有旁人，我们的举止又颇为蹊跷，此人便走上前来搭话。一来二去，我们得知此人竟是这所成人学校的校长。校长得知我们是成人教育学专业的师生，便带着我们参观办公室，还向当时唯一在办公的教职员工（教导主任）介绍了我们。临了，我们站在校门口和校长聊了一会儿，向他询问了成校的开课情况。校长告诉我们，该镇成人教育的“人头费”是 2 元，未能覆盖所有人，目前的培训主要面向的是种植专业户、养殖大户和村民代表。

校长走后，我们又拍摄了校门口门廊里的所有公告，包括该校当年（2019年）的培训计划表、镇社区教育委员会成员名单、镇社区教育网络图、镇社区教育工作目标和成人学校办学理念。笔者发现，该镇的社区教育主要围绕农业、农村和农民展开，实施乡村振兴战略的意图十分明确。比如，成人学校的办学理念是：服务农村建设，关注农业发展，提升农民素质；社区教育工作目标也明确列出了“积极实施‘教育惠民’和‘乡村振兴’战略”；培训计划表上约 50 门课程的内容包括农业技能培训（田间管理、虫害防治等）、职工技能和职业道德培训（主要针对服装行业职工）、安全生产和安全居住培训（安全操作、防火防电等）、家长培训（早教指导、小学生家长教育等）、老年人健康培训（冬季保健等）以及特殊群体培训（主要针对留守儿童、残疾职工等）。

培训计划表还显示，培训课程的实施地点比较多样，共有社区教育中心、镇劳保所、村农校、乡镇企业、镇小学和辖区内的村庄等六种。由于培训计划表的标题上写的是“镇（社区教育中心）成人学校 2019 年培训计划表”，我们当时推断，成人学校和社区教育中心应该是“一套人马两块牌子”。后来笔者查资料发现，至 2022 年，“十年来，全省共建成各级开放大学 73 所、县（市、区）社区学院 103 所、乡镇（街道）社区教育中心 1260 所、村（社区）居民学校（老年学校）1 万余所。江苏省教育厅副厅长曹玉梅介绍，全省 95%的乡镇（街道）已建成标准化社区教育中心”①。事实似乎是，不论眼前的校舍多么破败，江苏省的成人（社区）教育工作始终在大力推进，成人学校或许会有修缮校舍、迁至新

① 江苏省教育厅. 全省 95%的乡镇建成标准化社区教育中心，社区教育师资不断充实[EB/OL]. (2022-09-23)[2023-07-02]. http://jyt.jiangsu.gov.cn/art/2022/9/23/art_86491_10613354.html.

址或借用新场地办学的一天。

对乡镇成人教育来说，成人学校是十分重要的中枢机构，起到承上启下的关键作用，但是成人学校作为农民学习的场所，还是存在一些问题。第一，名称不统一，同一性质的成人或社区教育单位在不同的省、自治区和直辖市名称不同。由于历史遗留原因，各级各类成人教育单位的名称少说也有十余种。且不论高等教育层次的单位命名，仅初中、高中层次的成人学校就有多种名称，如成人文化技术学校（安徽省、浙江省、广东省）、成人中等文化技术学校（上海市）、成人学校（河北省）、农业广播电视学校（北京市）、成人教育中心校（江苏省）、成人教育中心学校（山东省）、成人文化技术中心校（广西壮族自治区）；还有突破了学历层级的限制，为社区教育或成人培训事业而新建、挂牌的中心或学校，如社区教育中心（江苏省、浙江省、山东省）、社区学校（上海市）、成人教育培训中心（广东省）等。

在成人教育大发展的年代，各地根据实际需要和本土习惯为成人学校命名，命名依据包括学校的功能、学校的职能＋等级、学校的知识传播途径等，各地没有统一。那个年代，当地百姓有大量的学历教育和职业技能培训需求，经常和成人学校打交道，就一个地域来说，认个门儿并不困难。但随着学历教育存量的消耗和职业技能培训的专业化，百姓与成人学校生分了，许多人没有接触过成人学校，也不清楚它的办学使命。于是在全国范围，成人学校的名称无法互通、成人学校和社区学校（社区教育中心）的关系没有在明面上理顺，加深了百姓对成人学校、社区学校实际办学功能的不解。随着时间的推移，不只是百姓，就连成人教育的业内人士和教育系统的工作人员也需要专门理顺这些学校之间的名称和关系才能说得清它们的办学要义，这对农村和社区成人教育的发展是不利的。

第二，校址隐蔽，学校标识和道路指示不明显。据上海市嘉定区成人教育学院的相关负责人说，嘉定区只有徐行成校和工业区成校有独立的校舍，其他学校都是在一些综合体里办学，经常与党群服务中心、文体中心、社区事务中心等共用一幢楼宇。楼宇门口的牌子很多，如果不是专门冲着成人学校来，一般不会注意到成人学校的存在。许多学校不是建在大路旁，而是隐藏在道路支弄、办公楼宇、中小学校甚至公园深处，加上缺少显眼的标识牌和道路指示，人们很难像发现中小学一样在路边发现一所成人学校。由此，成人学校便少了校址和门牌带来的宣传作用，许多百姓都不知道自己居住的街镇有成人学校，即便听说过，也很少有人能说出成人学校究竟在什么地方。试想，如果玥池镇成人教育中心校没有建在主干道旁，我们也不会知道该地有一所成人学校。

第三，场地有限，场地不足与场地空置并存。相对于服务的人口总量，成人学校所能直接提供的学习场地显然是有限的。一所成人学校寥寥数间或十数间教室，当然不可能装得下所有有学习需求的人。有学习需求的人中，老年人占绝大多数，社会上常有“老年学校一座难求”的说法，从教室数量的配比来看，这的确是不争的事实。但有趣的是，笔者不论何时到访成校，都很少看到学校教室满负荷运转，大多数情况是一到两间教室有人上课，或者所有教室都空无一人。这里有一个特殊情况，就是新冠疫情影响了课程的正常开展，其他时候的情况的确好一些，但也不会像中小学校那样，几乎每一间教室都全天候地充分利用。

场地空置的背后有许多原因：一是课程跟不上需求，资源跟不上课程，经费跟不上资源。二是成人学校的需求落实者身份和管理中枢身份存在冲突。百姓想去成人学校或者老年学校要一个座位，说的是需求端的问题，而“一座难求”，说的是供给端的问题。百姓想要一个座位，大多体现的是百姓想要去此类场所学习的愿望，很多人并不知道具体有哪些学习班可以报，只有少数人真正知道都有哪些“座位”（课程），想要报名而得不到名额。百姓的学习需求散落在村庄和社区中，成人学校作为落实百姓学习需求的机构，需要去发现、统计、梳理这些需求，再将它们转化成关于课程的一些想法。这一过程中，受到时间、精力和水平的限制，难免会丢失一些需求。随后，成人学校要用有限的资源撑起自身规划的课程，由于师资、场地、设备的不足，又会丢失一些课程。三是社区教育的课时费比较低，兼职教师的机会成本高，还会丢失一些课程。凡此种种，成人学校有能力开设的课程数量本就是有限的。

与此同时，成人学校是一个中枢性质的农村成人教育管理机构，和 20 世纪80年代大兴农技培训的时期相比，当下和未来，成人学校在管理、治理方面的职能应当且必定会优先于课程开设的职能。笔者通过对嘉定区成人学校长达五年的调研发现，成人学校早已发生转型，脱离了大型办班中心的角色，更多的是上传下达，做好政策的落实、理念的更迭、管理和治理的创新、学习品牌的创建和课程的配送。因此对于许多成人学校来说，“办公”的需求会优先于“办课”。如果办公场所有许多学员穿梭往来，学员还进入办公室咨询，就会干扰成校教师办公。这种干扰除了会降低完成一些具体工作任务的效率，还会占用成人学校对辖区内成人教育事业整体规划和创新策划的时间，掣肘该区域成人教育事业的未来走向。

第四，点位不足，距离较远。乡镇很大，但成人学校只有一所，势必有不少学习者的居住地超出了“10分钟学习圈”或“15分钟学习圈”，无法在短时间内步行抵达。若要实现短时间步行抵达，就必须把成人学校的“手”伸得很长，也就是要增加办学的点位，覆盖所有的居住区。然则从建制、编制、土地、人员等方面来看，目前在同一个乡镇开办多所成人学校是不现实的，况且基层已经开设了便于百姓学习的场所，也就是下文即将阐述的村(居)学习点。

综上所述，作为学习场所，成人(社区)学校所能发挥的空间功能是十分有限的，但作为中枢单位的统筹作用应当是无限的。针对成人(社区)学校作为学习场所的一些问题，应当考虑在国家层面统一同一层级、功能近似的成人学校的名称，统一社区教育单位的名称；增加成人学校和社区教育单位的道路标识，加强宣传，让多数百姓了解此类单位的主营业务；在空间设计上实现办公场所和授课场所的分离，辨明设立在成人学校的教室同分校、学习点的教室的功能区别，合理分配教室资源；鼓励成人学校转变角色，不停留于“大型办班中心”，创新管理理念和模式，在社区自治和教育治理中发挥重要作用。

(二)村(居)学习点

村(居)学习点是村(居)民家门口的学习场所，一般由村民委员会或居民委员会在街镇成人(社区)学校的指导下设立，相当于乡镇成人(社区)学校在村庄和社区中的办学点位。村(居)学习点的数量是乡镇成人(社区)学校的数倍甚至数十倍，能有效解决成人（社区）学校场所不足、场所较远的问题。村（居）学习点是上海市比较通用的叫法，也被称作居（村）学习点、村（居）办学点、居（村）办学点，简称“学习点”或“办学点”——“村”和“居”的先后顺序取决于名称使用者的立场是农村本位还是城市本位。正如成人学校、社区学校在不同的地区有不同的叫法，村（居）学习点也有其他称谓，比如江苏省叫作“村（社区）居民学校（老年学校）”。村（居）学习点的学习场所以活动室为主要形式，按照是否专建和专用，可分为四种类别。

第一类是专建专用的学习场所——这类场所专门为村（居）民举行各类学习活动而建设，不用于或者偶尔用于其他事项。所谓“专建”，分为新建和改建两种。新建学习场所是在一块空置的土地上建设学习场所，或者在已有的建筑物上加盖学习场所，是“无中生有”的学习场所建设。改建学习场所是对已有的场地或建筑进行修整，改变其原有的作用和功能，使之成为学习场所，相当于对村（居）内部场地或建筑的结构和功能的优化，是“有中改优”的学习场所建设。

在经济实力比较雄厚、对成人（社区）教育比较重视的乡镇（这些乡镇所属的城市也有相应的经济实力和重视程度），专建专用的学习场所是比较常见的。比如上海市的嘉定区，几乎每一个村（居）都有专建专用的学习场所。居民区中的学习场所通常和居委会建在一处，一般设在办事柜台的两侧或后方，如果是建筑面积较大的居委会，还会在其他楼层甚至别馆单设学习场所。设在居委会的学习场所一般以特色活动室为主，如舞蹈室、茶艺室、烹饪室、电脑室等，室内配备专业设备，用于体验式的学习活动。居委会也有综合性的宣讲场所，用于党员学习和其他知识性的学习活动。特色活动室的容量都比较小，可供几人或十几人同时使用；宣讲场所容量略大，但多数也只可供数十人同时使用。据江桥镇某居委的办学干部说，许多学习活动他们都不做宣传，因为“人多了装不下”。

村庄中，专建专用的学习场所以大型综合性的活动室为特色，常命名为“××堂”，比如上海市嘉定区马路镇的樊家村，将村中高横梁、大尖顶的闲置旧仓库改建为综合性的学习场所，开展沪剧、书法、阅读等学习活动，起名为

"敬乐堂";河南省郑州市辛店镇的橘庄村(化名),将废弃的村小学改建为集村史馆、家风家训馆、儿童之家和图书室于一体的综合性学习场所,起名为"永兴堂"。此类场所占地面积较大,一般都有院落,能满足全村开展聚集性学习活动的场地需求。

有的村庄也会建设一些特色活动场所,包括室内的特色活动室和室外的特色学习广场。例如,上海市嘉定区江桥镇的华庄村为村民修建了棋牌室和读书室,空间比较宽敞。笔者 2018 年走访的时候,看见许多老人自由进出活动室,有的人宁静致远,有的人相谈甚欢,一派乐学、乐活的景象。高邮市玥池镇的长岗村(化名)则建设了乡村舞台、运动场地、主题公园等,笔者没能亲临,但据该村支书说:"我们那边办了一个乡村舞台,村里面也配了一些专业的音响设备,有跳广场舞的,还有打打篮球啊、羽毛球啊,这种的体育运动的。我们是省美丽乡村示范村,当时投资近千万元,去置办这些器材,我们这些场所都是比较到位的,还有一个主题公园,还有村民健身广场。"(20191126-XSJ-XXCS)

第二类是专建混用的学习场所——这类学习场所在建设的时候是为了方便村(居)民开展学习活动,但是建成之后也经常用于其他事项。在经济实力比较雄厚、对成人(社区)教育比较重视、对成人(社区)教育管理比较严格的乡镇,专建的学习场所很少被挪作他用。但如果所在的乡镇不满足这些条件,则很有可能将专门建设的学习场所挪作他用,比如当作会议室、陈列室、仓库等。也有一种特殊情况,就是有的场地(尤其是露天场地)没有准入门槛,场地空置时,百姓会主动前来"占领"。本书在第四章讲到,桃庄村的广场舞队本来没有专门的学习活动场所,教舞、排舞、练舞都很不方便,三大娘等坚持不懈地向村委会提出要求,后来建成了健身广场。尽管健身广场的建设由头是为广场舞队提供场地,避免广场舞队干扰村民的休息和村委会的办公,但新建的广场是块露天水泥地,没有大门也没有围栏,村委会还顺便安装了健身器材,改变了这块场地的专用目的。于是这块场地成了从事各类活动的村民的聚集场所,不再为广场舞队开展学习活动所专用。

第三类是非专建专用的学习场所——这类场所在建设的时候不是为了让

村(居)民在里面学习的,但是现在经常用于村(居)民的各类学习活动,很少用于其他事项。此类学习场所的情况和专建混用的学习场所相反,相当于学习场所“抢占”了其他活动的地盘。比如在有的村庄,村民对各类学习活动十分热衷,但村中暂时没有专建的学习场所,与此同时,村中有一些闲置的、原本是其他用途的场所,村民要么在村委会的安排下,要么自己主动前往这些场所进行学习,这些场所也没有再作他用。在资金充裕、对成人(社区)学习活动比较重视的村庄,非专建专用的学习场所是一种过渡性的场所,后续一般会专门建设专用的学习场所。在上海城郊,许多村庄都有处于这一阶段的学习场所。

第四类是非专建非专用学习场所——这类场所在建设的时候不是为了让村(居)民在里面学习的,但现在村(居)民也会在里面开展学习活动,同时这些场所也经常用于其他事项。笔者调研的近百个村庄中,大多数村庄都有非专建非专用的学习场所。这样的学习场所一般设在村委会的办公场所中,原本是村委会的一间会议室、陈列室或者空房间,当乡镇要求村里设置农家书屋、廉政书屋、文体活动室、家长学校等,就在这间屋子外面的墙上钉一块牌子。这间屋子还可以同时作为志愿服务站、红十字会办公室、乡村文明行动办公室、执委工作站、妇联、妇女之家和民兵之家等,笔者遇到过的挂牌最多的多功能室,门外总共钉了 12 块牌子。

村(居)学习点的优点是离家近、所举办的学习活动可能更具本村(居)的特色,但也存在一些问题。第一,学习场所的使用率普遍较低。在笔者调研的村庄中,设在村委会办公场所的学习场所的使用率是最低的,尤其是非专建非专用的学习场所,基本无人问津。其原因可能包括,一是此类学习场所的门外经常挂着一把弹簧锁,钥匙在村干部手里,村民不能随意进出。二是对村民来说,村委会是一个特殊的场所,往来村委会的人会被其他村民盯上,猜测此人是否有什么特殊事项要处理。三是有些学习活动不够安静,频繁的人员往来也会影响村委会办公。四是此类场所门外的牌子太多,如果不张贴具体的活动时间表,村民们也不知何时该轮到自己用,也不好意思主动去问。对于村庄里的学习场所,不论是否专建、专用,“门锁”是一个关键的门槛,凡是上了锁的学习场所,使用率就会低一些。在河南省的某村庄,笔者一行人看到村中修建了非常气派的综合性学习场所。得知我们要参观，田野的“把关人”就提前借来了钥匙，当着我们的面开了门。我们问他平时钥匙在谁手里，他说“不知道”，原来，他也是传了好几手才拿到钥匙——平时大家很少专门把钥匙借出来在里面活动，也不太关心钥匙在谁手里。

由于当下许多农村的“村改居”现象比较普遍，很多原先是农民、村民身份的人如今也在社区中学习，使用居委会中的学习场所。同一些学习场所管理比较随意的村庄相比，上海市居委会中学习场所的使用率普遍要高一些，许多活动室都能做到一室一用，也会在门口张贴使用时段和使用规则。这些场所的使用率偏低（许多场所是每周使用 1—2 次），倒不是因为管理不规范，而是有以下三个主要原因。

一是学习点的活动室使用率是由学习团队的数量决定的，学习团队数量不足时，使用率会偏低。“学习团队”是上海市的叫法，在全国也比较通用，是指村（居）民为了习得特定的内容而组成的相对正式的队伍，比如舞蹈队、国画队、沪剧队等。学习团队要有名称、领队、规章和学习活动记录，其中，领队在很大程度上决定了团队能否成形，以及团队后续的活动水平。除了本书第四章阐述过的、通过拓展性学习过程自主生成的学习团队，居民区中的学习团队经常是为了达到指导单位的要求而刻意组建的。为了组建团队，居委会要找到辖区中专业水平高、服务意愿强、闲暇时间多、管理能力强的“能人”来担任领队，同时让这些人成为社区教育兼职教师。“能人”在辖区中的分布有限，他们与村居委的联系有限，他们的奉献意愿与时间精力有限，导致学习点所能组建的学习团队数量有限，随之导致活动室的排课有限，最终导致活动室的使用率不高。

二是活动室的排课时间取决于相关工作人员的办公时间，而工作人员的办公时间和许多居民的工作时间几近重合。2020 年冬，笔者一行人去上海城郊的学习点走访，办学干部告诉我们，他们点上组织过几次电影放映活动，选的都是很受欢迎的片子，居民们也都很想看，但放映的时间是每周二的下午：“我们只能这个时间点（放映），（因为）周六周日我们放映员休息的，因为放映设备贵，我们也怕忘关门什么的。被偷了怎么办？”（20190319-JWSQ-XXD）办学干部说，他们可以为大家把电影放映的时间改到晚上，但这样就是加班，自己加班不打紧，让外面请来的放映人员加班就不好意思，人家也不乐意。

三是居民的使用习惯会在一定程度上影响场所的使用频率。比如，学习点安排好了教室的使用时间，也在教室门口张贴了课程表，学习团队却可以随时决定是否前去开展活动。例如，某学习点定好了老年舞蹈队于周四下午在舞蹈室举行活动，但领队身体不适、天气太热、天气太冷等原因，都有可能导致活动中止。

第二，专业活动室的灵活性不够。许多专业性的活动室需要专门的装修和专门的设备，建设之前，成人学校和村（居）委也做了学习需求的调研，为了满足村（居）民的学习需求才建设了这些活动室。然而，学习需求和学习团队人员的变化不可预料，比如某些学习内容不再流行、领队患病导致活动停摆等，都会造成场所的长期空置。学习点上某些活动室的兼容性较强，比如国学、国画和书法可以共用同一间活动室，假设居民不再对这些内容感兴趣，也可以比较方便地稍加改造。而另一些活动室的兼容性较差，比如西点烹饪室需要安装专业的灶台和设备，很难挪作他用。

为了提高学习场所的使用率，应当考虑提高村（居）民的场地使用自主权，多设置使用门槛较低的场所，没有重要材料和贵重物品的场所尽量不上锁；成人学校和学习点应高频、长期、持续地开发学习团队，建设学习团队领队的后备队伍，形成后备领队师资库；加强对学习团队的纪律约束，鼓励领队和成员按约定时间开展活动。为了提高学习场所的灵活性，应慎重建设在用途上较为“排他”的专业活动室，提高场地的兼容性；如果经过调研，认定确实需要建设此类活动室，应当保证人员和活动的持续性，做成品牌项目。

（三）学习场馆

所谓学习场馆，是指成人学校和村（居）学习点之外的、为村（居）民开展学习活动而建设的场馆，比如文化馆（文化中心、文化站、少年宫等）、学习基地（蔬菜种植体验基地等）、图书馆、博物馆、艺术馆（艺术中心、艺术教室等）、纪念馆（包括祠堂）、运动场馆、文化广场、文化公园等。除了文化广场（开放式学习场馆），大多数学习场馆都有固定的开放时间和使用规则。受村庄规模等限制，在笔者调研的村庄中，学习场馆着实不多，村民接触学习场馆的前提大多是为了办其他事前往城市，借此才能顺便接触学习场馆。即使是“顺便”，在本书的调研样本中，农民也极少提到学习场馆。

当然，这种情形更多是指村民自发自主的学习，如果有村（居）学习点及成人学校的组织，专建场所的使用便是另一番情形。在上海市，许多场馆与成人学校合作，建设了市民终身学习体验基地，学校辖区内的村（居）民都可以预约报名，体验活动也颇为丰富。根据田野笔记和照片、视频的记录，笔者整理了以下例子：安亭镇以“黄渡番茄”闻名，辖区内有大规模的现代农业生态园，将农业生产、科技示范、果蔬采摘、观光休闲、环境保护融为一体，帮助学习者体验液体无土栽培、悬浮基质无土栽培、漂浮循环水培、管道栽培、潮汐式桶式栽培等技术。江桥镇的“梧桐艺韵”体验基地设在梧桐美术馆内，将艺术参观、作品讲解和制陶体验相结合，配备专业的陶艺师傅，以小组为单位带领学习者制作陶艺作品。外冈镇的游击队纪念馆体验基地是一家爱国主义教育基地，通过文物、图片和历史资料的展示，以及影视、水粉画、雕塑等多样化的表现形式，帮助学习者体验当年外冈游击队的抗日事迹。马陆镇则将辖区内的远香湖和湖畔的嘉定区图书馆作为村（居）民参观体验的场所，分批次组织专人为学习者讲解各类建筑的设计意图。另有一些体验中心，有“非遗”传承人常年驻扎，与学习节展演等活动相结合，弘扬了不少“非遗”技艺，比如徐行镇的黄草编体验馆、江桥镇的“生活遗艺体验馆”（体验里弄文化、海派剪纸、民族服饰、盘扣制作、书法版画、茶艺养生）等。

场馆类场所的优点是集成性好、专业性强，站在农村学习者的立场上看，这种学习场所的主要问题是：场馆数量和质量的城乡差异、场馆数量和质量的区域差异（也就是村庄所属城镇的场馆数量和水平的差异）、城市场馆面向农村的宣传不够、农民接触场馆的机会不多、农民主动前往场馆的意愿不强、农民主动前往场馆的便利性不够、大场馆一票难求与小场馆利用不够之间的矛盾等。

尽管农村学习者也应当均等享有接触各类学习场馆的机会，但在农村建设与城市同样数量和水平的大型场馆仍是资源浪费，可以先从人流量不大的、建设成本较低的小型场馆入手，借鉴上海市市民终身学习体验基地的模式，与辖区内有特色的小型场馆合作，挂牌体验基地，赋予小型场馆接待村民学习体验的社会服务职责。同时加大宣传力度，鼓励农村学习者报名体验，在提高小型场馆利用率的同时，增加学习者的体验式学习机会，帮助学习者开展专业的体验式学习活动。

（四）天然场所

所谓"天然场所"，是指由村（居）民自然聚集而形成的、由大自然或日常生活中的场所转化而来的学习场所，主要有田间地头、交通要道、宅舍家院三大类。天然场所大多具有开放性、隐形性和瞬时性。

除了宅舍内部，天然场所均具有很强的开放性，不但允许人们随意停留、进出，甚至允许学习者根据学习需求随意对场所进行改造。隐形性表现为，学习活动未发生时，有些天然场所仅展示其日常功能（比如一堵墙的区隔功能、一座桥的通行功能），其作为学习场所的功能是隐藏起来的，只有学习发生时，才会被指认为学习场所。瞬时性表现为，学习场所的形成必须依赖"召集人"，一旦有人进入场所，以站、坐、蹲等相对静止的姿态"召集"到其他人开展学习活动，学习场所便形成了，等到这些人尽数散去，学习场所又消失了；一天中的大多数时间，这些地方不作为学习场所存在，也不发挥学习场所的功能。

田间地头、交通要道、宅舍家院三大类型中，第三章已经描述了田间地头的学习场景，学界对于农民田间学习的研究也比较多，本部分的阐述将瞄准交通要道和宅舍家院两类。

交通要道类型的学习场所是指出现在主干道及桥梁两侧的露天或半露天场所。在对农民闲暇学习的论述中，笔者曾提到桃庄村青草河上的大嵌桥，对"六"棋棋手和广场舞队成员来说，它是一处典型的交通要道类型的天然学习场所。根据田野日记和照片记录，本书对大嵌桥上的学习场所描述如下：青草河的水域不算宽，也就三五米的样子，村委会近年修了河堤供村民休闲，看上去和城市的河流景观颇为相似。嵌桥不仅是通往村北的必经之路，还是通往邻村的交通要道。这座桥之所以能成为学习、休闲的场所，是因为它除了供车辆通行的“主干”，身侧还有一扇“翅膀”。翅膀实则是一块将近10平方米的长方形空地，空地的边缘有围墙式的围栏，能起到人水分离的作用，是重要的安全保障。嵌桥主要由桃庄和羊村共用，羊村还有一位“文化人”，兀自将空地命名为“桥下水上小广场公园”，在残破、脏污的围墙上写了一些桥头语，分五个部分——欢迎光临、孙子兵法、人生三大幸运、人生三苦和温馨提示，曰(20191230-DQ-LQ)：

欢迎光临

桥下水上小广场公园已初步形成。此处，遮日、避雨，凉爽宜人，可供大家休闲、娱乐、观光、纳凉，垂钓、洗浴之要用。静坐其中，居高临下，赏碧水或观水流，别有一番情致。居于此，放眼左右，水清岸绿，美景如画，可谓水绿相映，生生不息，让人深感美不胜收，陶醉其中。

值此，敬请各位乡亲，各位宾朋及所有光临者自重自律，自觉维护场地环境公共卫生。炎炎烈日，酷暑难耐的季节，这里是我们理想的好去处。希望大家珍惜它、爱护它，确保一方净土不受污染、不遭破坏，并且做到相互监督、人人维护。这里让我们来了不想走，走了还想来，让它与我们相随相伴，岁岁年年，天长地久，永永远远。

志愿者亲此

孙子兵法

瞒天过海	围魏救赵	借刀杀人	以逸待劳	趁火打劫	声东击西
无中生有	暗度陈仓	隔岸观火	笑里藏刀	李代桃僵	顺手牵羊
打草惊蛇	借尸还魂	调虎离山	欲擒故纵	抛砖引玉	擒贼擒王
釜底抽薪	浑水摸鱼	金蝉脱壳	关门捉贼	远交近攻	假道伐虢
偷梁换柱	指桑骂槐		上屋抽梯	树上开花	反客为主
美人计	空城计		苦肉计		走为上计

人生三大幸运

(一)入学时遇到一位好老师

(二)工作时遇到一个好师傅

(三)成家时遇到一位好伴侣

人生三苦

(一)疾病苦

(二)贫穷苦

(三)老来苦

温馨提示

寒冬季节屋内生火取暖,切忌不要把门窗关得严丝合缝,一定要通风排气,以防室内缺氧,危及生命,对此,万不可掉以轻心,粗心大意。

在我们看来,这些桥头语写得很有兴味,后来还专门打听了这位文化人的来历,桃庄人说此人原为邻村的一位小学老师,因为历史上的种种原因,后来做不得老师,身世有些可怜;但他文人之心不死,以“志愿者”之名在桥头写下这些文字。桥头语中不乏网友口中的“毒鸡汤”、引人发笑的表达和不准确的科学普及,不过和桃庄许久才打理一次的宣传栏相比,桥头一隅几乎是村中最有文化韵味的地方,和遗弃在墙角的废旧沙发一起,围成了一个小小的文化广场。

据村民说,清晨五六点就有人在这里跳舞,跳舞的人去做工之后这里就成了“棋手”和孩子们的天下,日暮西沉便又成了舞场,还有人闲话家常,如此循环,使用率倒是相当之高。但到了2021年回访时,村委会已经重修此桥,拓宽后的桥面不再有“翅膀”和围墙,这个重要的天然学习场所也就成了历史的尘埃。好在村委会又在河边修了一座现代艺术风格的遮阳棚似的白色建筑,建筑旁的空地成了嵌桥的接班人,只是再没有“文化人”题字的地方了。

事实上,依附于交通要道的学习场所是全国各地村民的首选,在有些地区,虽然没能像桃庄村那样观察到正在进行的学习活动,但也看到了学习场所的雏形或遗迹。比如在陕西省永寿县的麒麟沟村(化名),房屋整齐地列成排,一排约有五户人家,各排的尽头有一条和房屋垂直的交通要道,道旁躺着一棵巨大的树干,像成年人的腰身那么粗,一到茶余饭后就坐满了人。据求学回村的大学生说,笔者一行人来调研的消息很快就在村里传开了,人人都知道来了一个老师和三个学生:“平时村里一有消息,不到半天的工夫大家就知道了,也不知道是怎么传开的,反正就是都知道了。”(20210718-TT-NMXX)笔者看道旁那棵树干嫌疑很大,怕不是村中的“消息中心”,村民们往这里一聚,便织成了一张巨大的消息网。

另一位返乡大学生说,这些年村里有很多糊纸、编假发等零工,“只要村里有一个人做,大家就都知道,就都可以跟着一起做。我们以前是贫困村庄,这几年精准扶贫、乡村振兴政策有一些扶持,主要是村里的路都修好了,周边有一些厂子,大家出去做事的机会多了,各自都可以忙自己的事儿,明显感觉村里的闲人少了,收入也就变多了”(20210718-JJ-NMXX)。通过这段话,不难看到农民实践的进步,针对这个村庄,却很难追溯其实践进步的过程:一是农民很难在访谈中用语言顺利地表达这一过程;二是这一过程已经发生,笔者在田野中观察,无法看到过往的学习活动;三是笔者和当地农民的语言不太相通,访谈的时候只能听懂个大概,失去了一些追问的时机。然而,通过对现有活动和部分访谈内容的判断,由于地处高原、交通不便,对这个村庄来说,比起知识技能的习得,由环境改造而带来的谋生机会以及针对机会的群体性消息传递是更重要的实践进步要素:“我以前以为我们村穷是因为懒,大家闲着是因为懒,现在看来我们村的人不懒,他们只是没有机会。”(20210718-JJ-NMXX)笔者只能据此推断,道旁树干等依附交通要道的聚集地是消息传播的重要渠道,也是潜在的学习场所。

宅舍家院类型的学习场所主要包括村民住房的内部以及住房周围划归为该村民打理的区域,包括由民房组成的建筑群。在村庄宅舍的装饰方面,不同地区的村庄有较大差别。在上海市,村口最大单体建筑的白色墙面上多半会绘制一些装饰用的图画,以图配文,宣传某些文化精神。如果是由有“非遗”等文化传承的村庄改建成旅游景点,相应的文化痕迹便在村中四处可见,比如“农民画村”开放农民画工作室,将农民画绘于村中各处的白墙上,凸显文化特色。这些农村的装饰图文往往反映的是时代精神、村庄文化品牌等,而非最近具体要实施的政策。而在山东、河南、陕西等省份,多半是用红色或蓝色的颜料将一些政策标语以特大字号直接刷在沿街家宅的墙面上,家宅的外墙也以土色为主,那些墙面涂了白涂料的村庄,多半有“美丽乡村示范村”的名号,许多也是乡村振兴示范村。笔者行走各地,发现从农民布置自家宅舍的角度看,黑白两色多伴随水色,在沿河村庄中较为多见,而北方农村与黄土相伴,农民几乎不会用白色涂料涂装墙面。

前文提到,上海市设有村(居)学习点,由成人(社区)学校统一管理,而成人学校中就有以"宅舍文化"为特色的学习品牌,比如嘉定区马陆镇的成人学校。不过,由成人学校来组织学习和宣传宅舍文化,同村民自行将宅舍作为学习场所相比,其中有相关的地方,但大体说的并不是一回事。对宅舍文化的宣传学习,更侧重文化的内容方面,比如对家风家训、时事政治的学习,不一定发生在家宅之中,甚至主要发生在教室之中。而针对农民将宅舍本身当作学习场所的做法,研究者应当更侧重文化学习发生的具体地点,以及这些地点成为学习场所的原因。

笔者发现,长期被当作学习场所的宅舍家院具备以下两项重要条件中的一项:家中有技艺的创始人或传承人;家宅地处交通要道或重要场所旁侧。先说技艺的创始人或传人。以第四章详述的桃庄村沂蒙锣鼓为例,坪隆作为"桃庄《山景》第一人"和"城北《山景》第一人",算是桃庄村和临沂市城北农村地区《山景》的创始人,也算是沂蒙《山景》在桃庄的传人。坪隆为了教会其他村民,便将自家宅舍作为学习场所,家里待客用的皮沙发、观影用的影音设备等,都转化成学习和教学的工具,教会了一批又一批的徒弟,建成了新锣鼓队。这在桃庄村乃至整个临沂城北地区,应当是很重要的文化传承事件,对于成人教育学研究者来说,也是很重要的农民非正式学习活动。不过在桃庄,无论是整体的村容村貌还是坪隆自家,都很难让人看出这个村庄有锣鼓文化,如果不是其他村民向笔者提到坪隆的"传奇故事",笔者根本不会知道有这么一个人,也不会去他家中走访。桃庄村的秧歌广场舞也是如此,作为主要学习场所的健身广场和领队家宅都没有相关文化和学习的痕迹。

有趣的是,锣鼓和秧歌广场舞都是有传人和领队的、村民自组织的学习,其学习场所却没有任何文化标志,反倒是完全没有组织者的"六"棋,却让我们发现了学习场所的物质文化痕迹。在第五章中,本书反复强调一个常识性悖论,就是"看"和"教"之间的关系,而"六"棋的"看",与其发生的场所有很强的关联。走访桃庄村的中心街时，笔者发现街边一户人家屋檐下的水泥地上刻着一副“六”棋棋盘，旁边恰有七旬家主和另外两位老人在闲聊。家主名为吴彻明（化名），我们称呼他“大爷”。此人并不会下“六”棋，但是由于自家宅舍地处中心街，家里又同时经营着磨坊和修车行，就成了一名非常重要的观棋者。大爷最值得称道的事迹就是用割瓦机和瓦片刻下了这副“六”棋棋盘，供棋手自由使用：“我靠[总是]说我有一个割瓦机，然后找一个瓦片，他不是经常画吗[下棋的人经常在地上画棋盘]，我使割瓦机，割上一个棋盘，也不用靠画。”(20200102-WFXWCM-LQ)这不仅是农民在拓展性学习的过程中创造出工具的典型实例，还体现了学习场所和学习活动的有机结合。

接下来，让我们来分析一下这种结合发生的过程。首先，吴彻明大爷的家宅具备几个条件，有助于产生聚集效应：一是家宅位于交通要道旁，曝光频率高；二是家中有面向村民的生意，往来密切；三是家宅有面向街道的、能遮阳避雨的屋檐。其次，吴彻明大爷本人也具有聚集效应：一是他经济条件较好，无需以打零工维生，闲暇时间较多且家中无人陪伴；二是他喜欢蹲坐在自家门口，在农村，“蹲坐”是一个重要的招揽动作；三是他爱好观棋，尽管“看了一辈子都没学会”(20200102-WFXWCM-LQ)，但仍然乐在其中；四是他曾经从事的工作让他拥有一台割瓦机，相当于“他山之石”；五是他和村中多数棋手关系不错，没有人际矛盾。

和锣鼓队的坪隆不同，吴彻明并不是一名棋手，仅有他蹲坐在门前，不足以让自家屋檐下成为活的学习场所，还必须搭配会下“六”棋的人才行。据村中一位棋手说，天暖的时候，他经常蹲在吴彻明家的屋檐下等棋友：“只要我往那里一蹲，就有人来下棋。”(20191229-WTL-LQ)在刻印的棋盘诞生之前，非得有这样的棋手前来助阵，吴彻明的家宅才能以“六”棋学习场所的样貌呈现出来，呈现的方式便是一场又一场的“六”棋对弈，棋手们散了，学习场所也就消失了，彼时的学习活动便不着痕迹。刻印棋盘的诞生即吴彻明在自家家宅刻上了“六”棋特有的文化印记，这成了“六”棋学习场所的标记，也成了追溯学习场所和学习活动之存在的起点和依据。总之，刻印棋盘作为学习场所的标记，其诞生之前，场所必须以“正在进行的学习活动”或称“活的学习活动”的形式存在，随活动的消失而消失；其诞生之后，场所以文化印记为标志而存在，其作用相当于将某间空屋子挂牌为教室，即便长期空置，其也可以被称为学习场所，使场所发生物理空间与学习活动的脱离。

跟随空间—活动的脱离现象，笔者发现农民的学习场所首先可分为名义学习场所和实际学习场所两类，实际学习场所又可分为有标记场所和无标记场所两类，其中有标记场所还可根据标记者的身份分为民间标记场所和官方标记场所，根据标记的准确性分为对位标记场所和错位标记场所。名义学习场所是指名不符实的学习场所，挂牌学习场所却几乎从不供人使用，徒有其名。实际学习场所是指学习活动实际发生的场所，不以该场所的预设用途为转移。实际学习场所中的有标记场所是指能被特定符号指认的场所，包括官方赋予的门牌、招牌等符号，也包括百姓自发赋予的文化符号，比如刻印在地上的“六”棋棋盘。这些标记中，与学习活动相一致的被称为对位标记，与学习活动不一致的称为错位标记。错位标记可分为以下几种情况：一是故意错位，即因为政策落实等需要，将不打算实际开展某项学习活动的场地标记为该项学习活动的场所——这种情况多发生于官方标记场所；二是遗留错位，即该场所先前确实长期开展某种学习活动，但因为主力活动者厌倦、去世等原因不再开展活动，遂将该场所赋予新的标记但无法或没有去除先前标记的情况——这种情况在官方标记场所和民间标记场所都比较常见。无标记场所，顾名思义，是指发生学习活动但没有任何对应标记的学习场所，这种场所多见于民间。

具体说来，以上根据空间—活动脱离所区分出的学习场所种类，在我们的田野中都能找到。村委会常年挂锁的学习场所多半可归为名义学习场所，这里所强调的并不是“从不”供村民使用，而是使用的频率和自由程度相当低，在实际作用上等同于名义场所。村(居)学习点中各种各样的教室、活动室都属于官方标记场所，桃庄吴御明的家宅檐下属于民间标记场所，桃庄锣鼓队坪隆的家宅则属于无标记场所。许多村子曾因政府倡导科学育儿、乐学爱读等原因挂牌家长学校、农民书屋等，但从未开展相关活动，这种标记是故意错位标记。有些村(居)学习点曾开展沪剧、国画、西点制作等活动，但因为担任教师的志愿者搬迁至其他村(居)、领队身体健康状况变差、风潮已过居民失去兴趣等,将教室重新挂牌,由于拆除困难、故意保留、随意保留等,原先的设施设备、室内陈设仍保留先前学习活动的样子等情况,这种标记是遗留错位标记。在民间,诸如吴彻明家宅檐下的“六”棋棋盘刻印处等场所,未来很有可能变为遗留错位标记的学习场所,因为“六”棋最年轻的棋手已将近五十岁且仅有一人,大多数棋手年过七旬,村里的年轻人更喜欢电子游戏或是带有“来局”性质的麻将和扑克牌,再加上村中无人专门从事保护“六”棋文化的活动,“六”棋未来很有可能后继无人。待到老一代的棋手离开,吴彻明刻印的棋盘就会成为一处学习景观,再无生动的学习活动相佐。

上面讲的都是一些相对固定的、长期学习场所的例子,在宅舍家院中,还有一些临时充当学习场所的情况。在陕西省永寿县麒麟沟村,笔者一行人走访了一家农户,家中的女主人正在从事假发编织工作,宅子里放着发丝、发网和又细又长的钩子,她说自己是帮着外面的厂子编假发,厂里会给新去的人培训,但后来再去的村里人也可以跟着她学,因为手艺简单,很快就能学会。前文提到这个村子的劳作信息都是一传十、十传百,假发编织也是一样,当时村里的妇女很多都从事这项工作,按件数领取工资。在其他村庄,这样的事情有很多,比如桃庄人结伴去糊纸盒子、去板厂(生产制作家具用的三合板、五合板)晒板子等,简单的手工艺也都在家宅之间口口相传。谁家先得了这门手艺,谁家就有可能成为临时的学习场所,随着习得这门手艺的人越来越多,学习场所也逐渐增加,待这门手艺风潮一过,这些场所也便不着痕迹地变为普通家宅。

事实上,雇用农民的厂子都会有人帮他们习得完工所必需的手艺,农民在其他农户的家宅中学习这些手艺,一般都发生在预备阶段或者后续遇到具体细节问题的时候。就拿假发编织来说,一位农妇去另一位农妇家询问假发怎么编,不是为了当场就掌握这门手艺,而是想知道这门技艺之于自身水平的难度、自己能不能学会这门手艺以及这门手艺的收益几何,好做出是否从事这门手艺的决定。由于能招上当地农民的手艺门槛都很低,并不像锣鼓、秧歌广场舞那样需要系统的教学,行政村范围内,手艺的习得几乎不需要群体的力量。

这样的家宅传播瞬时性都很强，教与学的发生都很短暂，通常表现为一人口述或展示这门手艺，另一人（或几人）了解个大概，有条件的就上手一试。不过能从厂里带出来的一般是耗材，每人领走多少都记录在册，除非之前有废品，否则也不大可能直接让别人去试。此类学习的瞬时性同农户之间互相学习家用电器的使用、手机的使用等相差无几，很少能像锣鼓、秧歌广场舞那样成为“系列学习”，只有此类手艺发展成村内自主开办的、几乎家家从事的常规产业时，某些存有“绝活”的家宅才会转变为长期学习场所。

笔者发现，宅舍家院和交通要道的结合十分紧密，只要稍加“改造”，宅舍就容易被赋予学习场所的潜质，其重点就是制造“聚集”。在麒麟沟村，不少农户的门前屋后都有几处小树干、小树桩，有些是家主有意为之，确实吸引了不少人，消息传递得又快又广。这样的学习场所不仅在一村之内发挥作用，遇到村庄之间有共同的文化传统（或其他情况）时，学习场所会吸引邻近村庄甚至较远村庄的人，比如桃庄的锣鼓、广场舞和麒麟沟的神会[①]，发挥重要的文化链条作用。

参照桃庄的吴御明家，提供遮阳遮雨的树木或顶棚，制造当地人感兴趣的活动工具、文化印记等，甚至是“蹲坐”的动作，都有可能引来聚集。尤其是群体学习，聚集是必备前提。可见家宅通过非正式途径转变为学习场所的条件，多半是“时空条件＋落脚条件＋落脚信号＋学习内容”。时空条件主要包括季节、天气、空间大小、空间分布等，其中季节、天气对室外区域影响更大；落脚条件是指提供落脚处和落脚的可能性、优越性，比如提供座椅及其替代物，提供减少自然侵扰的遮蔽等；落脚信号是指家宅主人或路人的号召，相当于活的课程表或上课铃，以“蹲坐”等行为为主要标志。以上条件更多是聚集条件，聚集发生时，如有学习内容附着其上，聚集的场所就成为天然学习场所。

天然场所有得天独厚的聚集优势，其主要问题是场所中实际发生的学习活动与场所名称的错位（包括没有名称），以及场所中实际发生的文化活动与场所布置的错位（包括没有布置）。为解决第一个问题，村委会及成人（社区）

① 神会开始时，十里八乡的人都聚在一起，以装扮、摆设、唱跳、宴席、烟火等仪式彻夜迎神送神。

学校应当充分挖掘村中的此类场所，为场所命名并添加标记，及时修改错误、过期的场所标记。为解决第二个问题，村委会及成人（社区）学校应当在某项学习活动发生的天然场所布置与该活动相关的乡土文化及背景知识：比如在"六"棋棋手的活动场所布置"六"棋的渊源、规则和棋谱，添加知名棋手的照片；在锣鼓活动场所布置锣鼓的历史、故事和鼓谱，添加知名鼓手的照片。如此一来，文化与活动就可以在天然场所合二为一，让文化成为活动的背景板，往来的行人一看便知活动背后的文化意义。

二、虚拟学习场所

（一）虚拟聊天群

本节访谈资料编号：20200105-JZX-YJ

关于虚拟聊天群，本书在第四章发豆芽大姐的故事中已经有了描述，但大姐使用聊天群时已经发家，聊天群只是辅助，因而此处再提供一个虚拟学习场所对农技学习起到关键作用的例子。桃庄村有一户开养鸡场的人家，主人叫蒋朱霞，我们称她为"二奶奶"。二奶奶家以前是经营板厂的，2019 年春天才开始养鸡，在板厂的空地上养了 1500 只鸡，当时是新晋养鸡户。从板厂到养鸡场的转变，主要是因为板厂"落不着睡天明觉[没机会一觉到天明]"。为了让来帮忙的工人日出就能把湿皮子（板材）拉到太阳下晒，二奶奶两口子凌晨三点左右就起床，在天亮之前收完干燥的皮子，工人来了就直接把潮湿的皮子拉到厂房外面的空地上。

二奶奶家板厂开了十几年，由于上了年纪之后体力不支，再加上有了第二个孙辈，她要帮衬着看孩子，就把板厂停了。二奶奶说，养鸡主要是为了不让原先板厂那块地空着，至于为什么养的是鸡而不是其他什么东西，大抵是因为附近村庄的养殖业大多是养鸡。关于这一点，笔者一行人没有问到确凿的证据，只能根据先前东亭庄二姨父的说法进行推测。我们问了两次"为什么想养鸡"，她就回答"这么大的地方闲着，我说养点鸡""我就觉得这个院闲着怪可惜”，重点完全不在“鸡”这个物种上。我们当时也没想到要问她“为什么是鸡而不是其他东西”，于是作罢。

从板厂到养鸡，无论是品类还是行业，跨度都有点大，我们觉得其中肯定会学点什么，就问她：“养鸡那时候有什么巧法［技巧］吗？跟别人学了吗？”答曰：“那也得有啊。”又问：“去学，去问人家了吗？”答曰：“这现在都有微信，有专门养鸡的群，有什么毛病，用什么药都跟那上面学的。”她说有专门的养鸡群，“养鸡的都在里面，就看人家的经验，里面也有卖药的，咱把图片发上去，这样的鸡得什么病，用什么药，人家就知道。”我们又问：“这回都在网上看啊，人家来养鸡场看了吗？”她说：“不用来养鸡场看，有什么毛病咱拍上照，发给人家，人家就看到了。现在不和以前一样了。”

在笔者看来，二奶奶的回答有两个值得关注的地方：一是和东亭庄的二姨父不同，当我们问她有没有跟别人学的时候，尽管微信群不是实体的学校，她也没有否认她和养鸡群里的人的交流是“学习”；二是她意识到，现在的指导、学习和以前不一样了，不需要专家来到现场，通过互联网也能达到解决问题的目的。二奶奶的学习情景中有待解决的问题，养鸡群里经验丰富的同行扮演“教师”角色，能直接提供解决问题的答案，互联网就是媒介，手机就是工具，微信群就是教室。之所以能称为“学”，初步推断是因为问题的解决，而问题解决的前提是问题的通用性。据二奶奶说，这个养鸡群聚集了全国“爱好（喜欢）”养鸡的养殖户，“都互相赶集啊，卖鸡啊，都在一块，越扩展越大”，目前有几百人之多，除了山东，还有安徽等地的人，解决的问题大多是“有的拉肚子，有的起鸡痘，有的感冒”。解决问题的直接目的是避免经济损失，二奶奶一家进行套养——“就是一批一批进，然后一批一批长大，大一点的就卖，这就是套养”——一年能卖四茬，如果不及时解决患病问题，可能直接导致鸡群的死亡，造成严重经济损失。与传统的田间专家指导相比，微信群具有即时性，能有效避免损失。

微信群中的学习能及时顾及经济利益，因而也能吸引农民主动学习，其主要问题可能是，一些信息的来源、可信程度和专业性有待考证，一旦造成经济损失，很难追责和弥补。如果可能，适当的监管还是有必要的。

(二)手机应用

本节访谈资料编号:20200102-LJQ-GCW

第四章讲到,桃庄村广场舞队的领队三大娘,在原先的总教头冰冰离开之后,便自己当起了总教头。一开始,妇女们都嫌弃她教得不好,她还和人家起了争执,但关于如何学舞教舞,她当时的确也有些头疼。那时她知道,冰冰就是跟着网络上的视频学习的,而且那时候比较高级的智能手机也普及了,她就在手机上下载了一个叫“糖豆”的应用,里面有很多广场舞教学的视频。三大娘还下载了一个名为“快手”的应用,用于搜索流行歌曲并学习新舞蹈。渐渐地,三大娘觉得自己知道怎么教别人了:“有时候我就在头里跳几遍,人家就在后面赶着跳赶着学,我回头看看人家有不会的吧,我就说怎走怎走[脚步这样挪那样挪]。基本上我也就是喊口号,几拍几拍,几拍几拍,喊着节拍走。”

不过三大娘也说:“真人教和手机上不一样,真人教哪个动作怎么样怎么样,手机上哪个动作就是那样的,真人教(的时候如果)咱不会走,就能说怎么样走怎样走,是吧?就是说正式的培训最好了。”可见在某些技能的学习上,手机应用不能解决农民学习的一切问题,还需要专业教师的支持,但是村委会对广场舞学习的专业性不以为意,没有给三大娘更多的学习机会,三大娘只能继续通过手机应用来学习,再将学会的东西教给队员。于是,从手机应用视频中的舞蹈,到三大娘学会的舞蹈,再到三大娘教给队员的舞蹈,最后到队员习得的舞蹈,其间必定有一些标准和规范的丢失,导致教学和学习质量的下降。其中一个原因可能是,手机应用上的视频是知识和技能的单向传递,没有学习者和教师的双向反馈,也就不利于答疑和纠错。

笔者发现,三大娘认可了手机应用的资源广度和便利性,但也否定了手机应用的资源深度和互动性,不过在面对面学习和培训机会不足的情况下,手机应用还是可以作为一项重要的补充。可以看出,三大娘等村民对于手机应用的使用还是有一些被迫与无奈的,村委会和成人学校应当率先重视村庄中的农民线上线下混合学习,在课程开发上下功夫,及时实现两种学习途径的优势互补。

(三)微信公众号

微信公众号作为一种互联网发展下流行的社交媒体平台,能为用户提供广泛的信息内容和交流机会,在上海等发达城市市郊的农民学习中比较常见。村委会和成人学校不仅能在微信公众号上传活动报告、官方信息,还能上传学习资料、教育信息、培训课程等,供村民了解、学习。村民通过关注微信公众号获得最新的学习资源,并在此平台与其他村民或学习者进行线上互动,提升学习兴趣。

以上海市嘉定区江桥镇成人中等文化技术学校(简称江桥成人学校)的微信公众号"乐学江桥"为例,其部分内容瞄准新时代年轻父母与祖辈家长因教育理念不同而产生的矛盾,为帮助父辈家长和祖辈家长互通有无,江桥成人学校在公众号上推出"梅源讲坛·家长课堂",通过分析隔代教育现状、类型及利弊,为隔代教育矛盾提供解题之道。点开公众号中关于祖辈教养的推送文章,首先能够看到一幅温馨的祖辈教养卡通图像,接下来便是一段真实的情景导入文字——"生活中我们经常能看到这样的情形:奶奶把东西嚼了喂给孩子吃,妈妈看到了会马上阻止,奶奶会生气并说'我又没病,怕啥?我以前都是这样带过来的!'当今社会,祖辈参与隔代教育日益普遍。如果您家庭也存在隔代教育,相信这样的情景您不会陌生,或者您正处于这样的矛盾之中呢!"

接下来再引出问题,以文字的形式讲明隔代教养中的父辈、祖辈的沟通问题可能带来的家庭矛盾,再以文字的形式询问读者:"都说'隔代亲,连着筋',老人对孩子的喜爱,似乎是人类发展的常见现象。而老人对孩子的爱,又与父母对孩子的爱不同——他们关注孩子的情绪,也容易无条件满足孙辈的要求;他们更加温和,也会因此包容孩子的错误。祖孙情虽然可贵,但也容易陷入溺爱,影响孩子人格、品质的形成和发展。那么,隔代教育有哪些行为是溺爱孩子,又会给孩子造成哪些问题呢?"随后,公众号抛出一段视频,详细讲解解决矛盾的办法,邀请学习者点击观看。

总体而言,江桥镇在整个微信公众号上发布的内容紧紧围绕着当下家庭教育痛点——隔代教育问题,从课程导入到视频课程设置都比较合理。按理来说，这类信息资源能够受到学员和村民们的欢迎，但是实际情况是，课程点击率平均为50次，而其他的类似专题报告和官方信息点击率往往在120次以上。为何发布的课程内容质量并不差，但是点击率远低于其他板块？其原因可能是：首先，隔代教育问题可能受众群较小，尤其是课程所展示的祖辈与年轻家长之间的教育理念矛盾，更多发生在农村祖辈与城市年轻家长之间——农村祖辈由于缺乏足够的科学养育知识，更多依靠过去的生活经验来养育孙辈，而年轻的城市家长掌握科学养育知识，无法接受“经验式非科学”的养育方式，矛盾由此产生。其次，村委会和成人学校的微信公众号并非一个专门发布教育资源的平台，其还承担着宣传、报道官方信息的任务，这可能导致公众号在教育资源传递方面的专注度较低，影响用户将其作为首要学习平台的倾向。最后，村委会和成校的受众群体大部分为农民，而农民的数字化素养是否支持进行公众号学习还未知。尽管仍面临一些挑战，但通过持续改进和创新，微信公众号基于其随时随地访问学习、个性化选择学习资源以及互动、留言学习的功能，仍然可以作为一个通用的虚拟学习平台来使用。

第七章　乡镇社区教育网格化的原貌

乡镇社区教育治理向网格组团学习模式转化的实践先例是上海市嘉定区江桥镇的社区教育“网格化管理、组团式服务”管理模式，即本书所说的“网格组团管理模式”、本章标题中的“网格化”。“网格组团管理模式”是构建网格组团学习模式的实践基础，本章的主要任务是将“江桥经验”体系化，提炼、总结为“江桥模式”并探讨其复制推广的优势和障碍。

一、乡镇社区教育网格化简史

“网格化管理、组团式服务”是我国本土化的基层治理模式，其灵感来源是西方的“无缝隙政府”理念①。无缝隙政府②，顾名思义，力求做到政府的“手”伸向社会治理的方方面面，但这只“手”的延展，依靠的不是中央和地方政府的亲力亲为，而是以居委会、村委会、楼组、生产队（小组）等为单位，以基层自治的方式实现政府功能的“纵向到底”和“横向到边”，实际上就是将辖区内的大片区按照一定的依据切分成小片区，让每一个片区的住户数量都比较适于开展基层自治，而这一个片区就是一个网格，许许多多的网格就组成了城镇管理的一张大网。

2004 年，北京市东城区率先提出并实行城市网格化管理，结合信息技术，

---

①　竺乾威.公共服务的流程再造：从“无缝隙政府”到“网格化管理”[J].公共行政评论，2012(2)：1-21，178.

②　林登.无缝隙政府：公共部门再造指南[M].汪大海，吴群芳，等译.北京：中国人民大学出版社，2002.

以综合治理、治安管理为主，大大提高了城市治理的效率[①]。2007 年，浙江省舟山市率先将网格化管理用于渔村，提出“组团式服务”，由自治人员组成管理团队提供上门服务，询问、统计百姓的各类需求，再由专家团队上门满足这些需求，起到了于日常管理中纾解民怨，及时帮村(居)民解决问题的作用[②]。关于浙江舟山的先进经验，也有课题组做过专门研究[③]，此处不再赘述。

2015 年底，上海市嘉定区江桥镇成人学校率先提出了乡镇社区教育的“网格化管理、组团式服务”，一是将原本用于综合治理、治安管理的网格用于对村(居)民教育和学习业务的管理，同时保留了网格的责任归属功能和信息传递功能；二是组建了网格管理团队和专家服务团队，以前往村(居)学习点送教的形式满足百姓的学习需求。

江桥成校基于对 56 个村(居)学习点的走访，将全部学习点划分为四个社区网格，由辖区内的中小学校和幼儿园组成第五个网格——学校网格，统称为一级网格。一级网格均设立网格站，每个网格站任命一名站长、两名副站长和三名由成人学校教师担任的联络员。一级网格下设二级网格，也就是村(居)学习点，仍由原先的办学干部负责。由此，“成人学校→网格站→村(居)学习点”的网格化管理“三级负责制”得以形成。

组团式服务方面，除了组成网格所必需的管理团队，江桥镇还根据明代进士、著名学者王圻返乡开设学堂的“梅源”精神，组建了“梅源百姓宣讲团”。宣讲团由江桥百姓中的“能人”组成，宣讲内容涉及政治、经济、科学、文化、卫生等方方面面。江桥成校每年根据宣讲团擅长的内容设计“学习菜单”，相当于课程备选方案，将“学习菜单”送到网格站，再由网格站送至基层学习点，由学习点召集百姓“点单”，之后再通过网格上报至成人学校，由成人学校确定当年送教的课程表，最后由“梅源百姓宣讲团”的宣讲员前往“点单”的村(居)学习

---

① 张伟，高建武，向峰. 北京东城区：网格化模式迈入 3.0[J]. 中国建设信息化，2017(3)：38-41.

② 徐博龙. 服务“零距离”——浙江省舟山市普陀区对渔农村实行网格化管理组团式服务[J]. 农村工作通讯，2009(2)：59.

③ 孙建军，汪凌云，丁友良. 从“管制”到“服务”：基层社会管理模式转型——基于舟山市“网格化管理、组团式服务”实践的分析[J]. 中共浙江省委党校学报，2010(1)：115-118.

点送教——称为“基层点单，学校配送”。

至本书出版时，江桥镇的社区教育仍在使用这套管理模式。2021年“双减”政策出台后，江桥成校开始着手构建家校社协同育人体系，将学校网格拆分，融入四个社区网格，不再单独设立学校网格。江桥镇的社区教育网格化管理，帮助江桥成人学校获批市、区级重点科研项目，也获得了许多荣誉称号，同时提升了江桥镇的社区治理成效和社区教育管理效率，但时至今日，仍未见上海市其他街镇或全国其他地区引鉴“江桥模式”，其中原委笔者将在后文加以分析。

二、江桥镇社区教育网格的创立

本节访谈文本编号：20220819-WXY-WG；20220819-WXY-ZT

（一）江桥镇社区教育网格的创建者

江桥镇社区教育“网格化管理、组团式服务”的创建者名为吴享荣（化名），时任江桥成校的校长，笔者叫她吴校长。2017年的暑假，吴校长想找一名社区教育领域的专家并向其咨询创建教育综合改革示范校的相关事宜，辗转多人，找到了年仅31岁、还只是一名讲师的我。当年我以为，高等学校教师的专业技术职务等级和社会声望几乎是一一对应的，也遇到过对年轻教师不屑一顾的校外合作者。吴校长找到我时，我非常想服务一线工作者，但也担心她会对我有成见，于是问她：“我只是个讲师，没问题吗？”吴校长答：“没问题！只要有水平，什么职称都可以！”那次咨询之后，她说我“出色地完成了任务”，并和我签署了一年的合作协议，开始了延续至今的合作关系。

示范校咨询期间，我和吴校长都是通过手机、微信和QQ联系，直到该项工作完成才第一次见面。彼时我住在莘庄镇，需要历时两小时，换乘两次地铁，再搭乘成校老师的私家车才能到达位于华江路129弄二号楼的江桥成校。吴校长的办公室在四楼，醒目位置养了一大盆蝴蝶兰。后来我才知道，这盆蝴蝶兰和该镇的获奖课程“兰花的培育”有关。

吴校长的做事风格和我有些像，好比写个材料，不改到完全满意就坚决不送出去，堪称完美主义强迫症。2017 年还不流行“内卷”这个词，但吴校长绝对是成教系统当之无愧的“卷王”，包括“网格化管理、组团式服务”在内，江桥成校的很多制度、品牌、做法和成绩，都是她一手创造出来的。倘若有个评比，不论是什么级别的，她都要带队争第一，其他人要是干不动了，她累死累活也要自己干完，这也导致她身体状况始终欠佳，并于 2019 年 7 月提前卸任。

出于对她本人和“网格化管理、组团式服务”的兴趣，2018 年 4 月 23 日，我约她进行了一次人生经历访谈。通过她的叙述，我得知她生于 1969 年，父母是种植蔬菜的小农户，每天起早贪黑劳作，家境却依然清贫。高中二年级时，在服装厂工作的表姐带回许多漂亮衣服，那个年代很少能见到这么多有创意的成衣，她也想创造这样美丽的东西，就迷上了编织。根据对整个访谈的编码，我发现“创造”是她的关键词，她说小的时候感到农民的劳动很苦，却也说不出为什么苦。如果“苦”等同于劳累，等同于在不利的条件下工作，那么在她罹患心脏病、一只眼睛几近失明、一条腿行动不便的状况下，伏案写作和基层走访也不是什么轻松的工作，可她却乐在其中。这大抵是因为她在成人学校完成了许许多多的创造，是这些创造让她感到快乐。

2008 年 4 月，39 岁的吴校长因身体健康原因卸任某中学副校长一职，抱着减轻工作压力的心态来到江桥成校当一名普通教师，她在江桥成校仍努力工作，于 2012 年 11 月被任命为校长。她在工作上的竭力付出并不只是因为好胜，还因为她的从教经历让她体会到，教育确实可以改变人，社区教育确实能为百姓谋福利，也能彻底改变一个社区的风貌。

1989 年 7 月，吴校长在封浜中学当政治老师，1998 年升任政治教研组长，两年后又升任政教处副主任，当年学校里那些和她“斗智斗勇”的学生，都在和她交往的过程中逐渐回归正途，有的学生成家立业之后还常来看望她。她说：“不论什么年代，班上总是会有一些难教、难管的学生，有些老师把责任全算在学生、家长和社会头上，可我不这么看，遇到这样的学生时，我首先想到的是分析学生行为背后的原因，多观察、多思考，想不到办法的时候就去图书馆查资料，去向前辈请教，不断尝试各种各样的方法，直到找到合适的方法为止。

[……]我当时在封浜中学想办法帮学生改变命运，就像今天查文献、组团队、做调研、做实验、写报告的科研创新路线一样，这也成了我后来做各种教育工作的常用方法。”(20180423-WXY-RSGS)过往的职业背景造就了她敏锐的政治嗅觉和大局意识，练成了行之有效的工作方法，这也是她能将“网格化管理、组团式服务”的社会治理方式移植到社区教育领域的重要原因：“我们成人教育的社区教育应该是为地方政府服务的，对不对？那么政府在做这个事情，我们社区教育也应该做。”(20180423-WXY-RSGS)

(二)江桥镇社区教育网格站的设立

2017年，创建示范校期间，吴校长给了笔者36份江桥成校的工作文件，包括学校的特色品牌、学习活动、成效奖励等，反复阅读这些文件之后，我发现这所学校的工作制度比较完备，各项工作也很细致，猜测它大概是嘉定区排名前列的成人学校，后来得知，江桥成校在嘉定区年终考核中的排名都是数一数二的。在吴校长给笔者的文档中，笔者发现江桥镇在社区教育自治方面有一套新颖的做法，就是“网格化管理、组团式服务”。吴校长说，这是江桥成校首创的特色做法，获得了嘉定区重点课题的立项，在上海市社区教育的圈子里有些名气，也得到了市级、区级社区教育分管领导的肯定。根据当时笔者对江桥镇“网格化管理、组团式服务”的理解，依次解释“网格化管理”和“组团式服务”，能更顺畅地理清这种社区教育自治方式的全貌。

理清江桥镇社区教育的“网格化管理”，首先需要解答“什么是江桥镇的社区教育网格化”。应当先了解，网格在江桥镇的社区教育中是何种层级的治理单元。江桥成校是网格化的发起者，《嘉定区江桥镇成人中等文化技术学校章程》规定，学校的性质是全民所有制事业单位，由上海市嘉定区教育局和上海市嘉定区江桥镇人民政府共同管理，江桥成校同时挂牌“江桥镇学习型社会建设与终身教育促进委员会办公室”(简称“学促办”)，面对村居时经常自称“社区学校”，在社区教育“条线”分管设置在村委、居委中的学习点。学习点上有分管社区教育事项的居委成员，他们通常被称为“社区教育委员”或“社区教育干部”，在江桥镇被称为“办学干部”，其他街镇也有“教育干部”等称谓。办学干部在行政上受居委书记和居委主任领导，但要接受成人学校的社区教育业务指导，协助成人学校完成社区教育工作。据此可知，江桥镇所谓“社区”，是以行政村和居委为边界的，江桥镇的“社区教育”就是以行政村和居委中的村民、居民为对象的教育活动。在嘉定区，并非所有街镇的社区都和江桥镇的社区含义相同，比如马陆镇的“社区”就是多个居委合并而成的“大社区”概念。

江桥镇总面积 42.32 平方千米，人口超过 33 万人①，人口密度约为 7808 人/平方千米，而 2020 年上海市的人口密度为 3922 人/平方千米②。2015 年设立网格时，江桥镇共有 56 个村(居)学习点③和 56 名办学干部，平均每名办学干部服务约 5800 人。参照《北京市社区居民委员会设立标准》，每 110 户至 150 户居民应配置 1 名社工④，每个村(居)仅配备 1 名办学干部，很难做到社区教育服务的“纵向到底”。再者，江桥镇的户籍人口数为 7.9 万⑤，仅占人口总数的 23%，其余多数是外来人口，也有一小部分是市区流入人口，“混居”现象比较典型，百姓的生活习惯和学习需求比较多样，加大了服务难度。成人学校层面，江桥成校含校长在内仅有九名专职教师，其中两人负责社区教育，即两名社区教育专职教师要在业务上指导 56 名办学干部，管理幅度为 28 人，已经远超合理范围(合理的一线管理幅度约为 13.8 人⑥)。

为了改变这样的状况，吴校长一直想在管理模式上取得突破。2012 年，党的十八大报告指出，要“改进政府提供公共服务方式，加强基层社会管理和

① 上海市嘉定区江桥镇. 上海江桥经济发展投资指南发展优势[EB/OL]. (2023-12-06)[2023-12-07]. http://jiangqiao.jiading.cn/jjfz/tzzn/content_267083.

② 刘世锦，蔡颖，王子豪. 人口密度视角下的中国经济潜在增长[J]. 经济纵横，2023(1):41-60.

③ 江桥镇的村(居)委于 2017 年增至 58 个，其中 17 个行政村、41 个居委；2022 年增至 60 个，其中 17 个行政村、43 个居委。

④ 北京市人民政府. 北京市社会建设工作领导小组办公室、中共北京市委社会工作委员会、北京市民政局关于印发《北京市社区居民委员会设立标准》的通知[EB/OL]. (2021-01-13)[2023-08-07]. https://www.beijing.gov.cn/zhengce/zhengcefagui/202101/t20210119_2222667.html.

⑤ 上海市嘉定区人民政府. 江桥镇全镇户籍总人口数[EB/OL]. (2024-12)[2025-01-07]. http://www.jiading.gov.cn/qqpd/zjjd/jzqh/jqz3.

⑥ 马亮，王程伟. 管理幅度、专业匹配与部门间关系：对政府副职分管逻辑的解释[J]. 中国行政管理，2019(4):107-115.

服务体系建设，增强城乡社区服务功能”①。2013 年，党的十八届三中全会通过的《中共中央关于全面深化改革若干重大问题的决定》明确指出，“坚持源头治理，标本兼治、重在治本，以网格化管理、社会化服务为方向，健全基层综合服务管理平台，及时反映和协调人民群众各方面各层次利益诉求”②。2014 年，上海市委发布的《关于进一步创新社会治理加强基层建设的意见》(沪委发〔2014〕14 号)提出，上海的目标是，“经过 3—5 年努力，进一步完善基层社会治理体系，进一步提高基层社会治理能力，使基层社会在深刻变革中既充满活力又和谐有序，为城市治理体系和治理能力现代化奠定坚实基础，为上海顺利实现‘四个中心’和社会主义现代化国际大都市建设目标提供坚实保障”③。

2014 年，上海市嘉定区江桥镇人民政府发布了《江桥镇联勤和城市网格化综合管理工作实施意见》(嘉江府发〔2014〕4 号)。在镇级层面，“成立江桥镇联勤和城市网格化综合管理工作领导小组，为本镇城市综合管理工作的领导决策机构，负责研究决定本镇城市综合管理工作的重大事项，统筹协调全镇城市综合管理相关工作。领导小组下设办公室，办公室设在新成立的‘江桥镇联勤和城市网格化综合管理中心’”。在村(居)层面，“各村、社区在原联勤工作领导小组基础上，成立村(居)联勤和网格化综合管理工作领导小组，由村(居)党支部书记任组长，形成与镇级相对应的领导组织架构。领导小组下设办公室，办公室设在新成立的‘村(居)联勤和网格化综合管理工作站’。管理工作站站长由村居主要负责人兼任，另由村(居)市容环境卫生、治保、文卫计生、社会保障、土管等条线负责人兼任工作站副站长或组员”。④

吴校长说，时任江桥镇党委书记吴斌同志是她的大学同学，“他创立了江桥镇的联勤的城市网格化管理，那么管理工作他下发了文件，但是我们学校不

① 胡锦涛. 坚定不移沿着中国特色社会主义道路前进　为全面建成小康社会而奋斗——在中国共产党第十八次全国代表大会上的报告[M]. 北京：人民出版社，2012：38.

② 中共中央关于全面深化改革若干重大问题的决定[M]. 北京：人民出版社，2013：50.

③ 中国共产党新闻网. 解读上海市委一号课题成果《关于进一步创新社会治理加强基层建设的意见》[EB/OL]. (2015-01-06)[2023-08-06]. http://dangjian. people. com. cn/n/2015/0106/c117092-26336495. html.

④ 上海市嘉定区人民政府. 江桥镇联勤和城市网格化综合管理工作实施意见[EB/OL]. (2014-02-21)[2023-08-06]. http://www. jiading. gov. cn/publicity/jcgk/zdgkwj/gjzwj/15545.

在里面，我们的社区教育不在里面”(20220819-WXY-WG)。不过，镇里的网格化管理还是给了吴校长很大的启发。如果说江桥镇(2015 年)25.8 万常住人口是江桥成校社区教育“网络”的全部覆盖范围，那么 56 个村(居)学习点就是这张大网的节点，成人学校就相当于总控制站。在江桥，社区教育网格的本质是一个社区教育区划单元。总控制站中，两名分管社区教育“条线”的专职教师相当于管理员，两名管理员直接面对 56 个节点导致工作量过载时，有两种处理办法：一是增加管理员；二是将节点进行分级，通过增设新的管理层级减少管理员面对的节点数量。

在成人学校“条线式”的劳动分工之下，直接增加社区教育管理员的做法并不可行，因为在这种分工制度下，社区教育管理人员的增加就意味着其他“条线”管理人员的减少，会导致其他工作无法完成。根据《嘉定区江桥镇成人中等文化技术学校岗位职责》规定，江桥成校共有 13 个岗位，分别是书记、校长、工会主席、校务办公室主任、招生培训部主任、科研发展部主任、后勤服务部主任、人事干部、档案工作人员、短期培训班负责人、老年教育负责人、女工委员和财务出纳员。学校仅有九名专职教师，已知社区教育已经占用两个名额，去除兼任书记的校长，剩下的六人要承担十个岗位的任务，加上兼职人员才刚满足一人一岗，很难再指派专人负责社区教育。

江桥成校在 56 个村(居)学习点(节点)和成人学校(总控制站)之间增设的管理层级就是网格站，相当于分控制站。和村(居)学习点不同，网格站是一种非实体节点，增设网格站只是增加了权力层级，不会占用新的物理空间，也不需要专门的房屋和设备。设立网格站只需要同上海市嘉定区教育局和上海市嘉定区江桥镇人民政府交流想法，不需要正式批文，完全体现了成人学校层面的社区教育自治。网格站的社区教育管理权限必定小于成人学校，也必定大于村(居)学习点，它的权限大小基本上由成人学校在有关部门的支持下决定，也能充分体现成人学校的社区教育自治权。网格站的设立是江桥镇社区教育网格化的标志和直接表现，网格站设立之后，江桥镇的社区教育自治呈现出以成人学校为总控制站、网格站为分控制站、村(居)学习点为节点的网络形态。

(三)江桥镇社区教育网格的划分

江桥镇的社区教育网格是由江桥镇学习型社会建设与终身教育促进委员会办公室(简称“学促办”,和成人学校是一套人马)根据本镇社区教育的实际情况划定的。2014 年,江桥镇已经在镇内划定了 14 个行政网格,但镇“学促办”并未沿用镇里的划分,其中比较直接的原因是,江桥成校只有十个编制(其中一人未取得中学教师资格证,因此专职教师仅九名),按照平均分配的思路,无法对九个以上的网格进行管理:“镇里面分了十几个网格,那么我没有这么多人,如果我学校里面也有十几个人,我就跟着镇里面的网格去做了,一个老师对应一个网格。”(20220819-WXY-WG)

为了科学划分网格,镇“学促办”对镇内 56 个村(居)学习点开展了全面调研:一是书面调研,以问卷的形式,了解村(居)学习点的需求;二是走访调研,校长亲临学习点,访谈学习点上的办学干部和村(居)民,了解学习点的地理位置、硬件条件、办学干部的基本情况、教师队伍的基本情况和村(居)民的学习需求。“所以第一个我是调研,调研完之后我把村(居)58 个学习点——当时是 56 个学习点——我全部把它走了一遍。”(20220819-WXY-WG)考虑到村(居)学习点的具体情况和管理效率,镇“学促办”所采用的网格划分原则是“属地原则、地理布局、方便管理、无缝隙全覆盖”。不过镇“学促办”的相关制度文件并未对此做出解释,笔者根据吴校长的访谈以及对地图、文献的查证,将这四个原则解释如下。

“属地原则”主要用于江桥镇内的封浜和老江桥两个区域,其思路是沿用历史上为百姓所熟知的属地划分。历史上,封浜和老江桥经历了如下变更:1992 年 10 月,经国务院批准,撤销嘉定县设立嘉定区,以原嘉定县的行政区域为嘉定区的行政区域;2000 年初,嘉定区辖 2 个街道、16 个镇,其中江桥镇、封浜镇均为嘉定区下辖的镇级行政区;到了 2001 年,嘉定区撤销原江桥镇、封浜镇,设立新的江桥镇并延续至今①。

"地理布局"比较贴近当地百姓心目中的"地块"概念,主要是针对封浜和老江桥以外的新开发区域,多以开发时的地块名称来命名。这些地块名称后来转化为大面积、标志性的小区的名称,有利于百姓辨认和识记——"看见名字就能知道是哪块地方"(20220819-WXY-WG)。根据地理布局原则划分的两个网格是金鹤网格和嘉城网格,其中金鹤网格中的金鹤新城和嘉城网格中的嘉城小区,都是大型居民区的集合体。

"方便管理"考虑的是区域的连续性以及网格大小、学习点分布的相对均等性,包括每个网格的学习点数量要大致相等、网格中既要有村学习点也要有居学习点、每个网格都要有相对优秀的学习点、网格内部没有大的区域间隔。基于管理上的便利,道路也成了重要的划分依据,比如封浜网格和江桥网格都在曹安公路的沿线,金鹤网格在曹安公路以南,嘉城网格在曹安公路以北。"我就划了封浜片区一个网格、江桥片区一个网格——这是曹安路一条沿线的。然后在金沙这一个沿线,在曹安路的南面我就划了一个金鹤网格。嘉城是在曹安路的北面这个地方,然后这个是叫嘉城网格。"(20220819-WXY-WG)

"无缝隙全覆盖"主要是指社区教育网格图中的各个网格是连续的,能覆盖完整的江桥镇地图,没有任何缝隙和遗漏。这实际上是要覆盖镇内的所有村(居)学习点以及中小学校和幼儿园,但对于后者来说,吴校长当年认为开展社区教育活动并不是中小学校和幼儿园的主要任务,为了不频繁干扰学校的日常教学,中小学校和幼儿园单独组建为学校网格,只参与专门活动,不参与网格的日常活动。

根据以上原则,镇"学促办"将当时镇内的56个村(居)学习点和学校划分为五个一级网格,分别是嘉城网格、金鹤网格、江桥网格、封浜网格和学校网格(见图7-1),其中前四个网格已经覆盖了江桥镇全域,包括所有的村(居)学习

① 上海市嘉定区人民政府.那些年嘉定被"合并"的镇,你还记得他们吗?[EB/OL].(2015-09-09)[2023-08-06].http://www.jiading.gov.cn/mspd/shgj/jdww/content_69653.

点，平均每个网格分管14个学习点。学校网格不采用属地原则和地理布局，由镇内20所中小学校和幼儿园直接组成。一级网格之下的村(居)学习点和每一所中小学校和幼儿园被称为二级网格，尽管镇"学促办"习惯用"划为二级网格"这一说法，但二级网格是不需要划分的，只是村(居)学习点、每一所中小学校和幼儿园在社区教育网格体系中的新称谓罢了。根据一级网格、二级网格的整体运营成效和网格负责人的反馈，二级网格的归属实行年度动态调整制，几乎每年都会有个别的二级网格被调整到其他一级网格中。

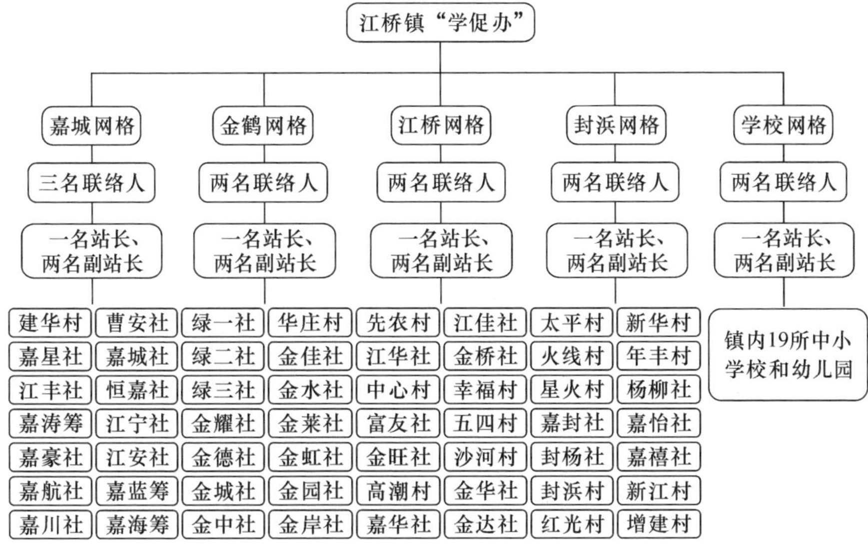

图7-1　江桥镇社区教育网格组织架构(2015年)

镇"学促办"规定，四个社区教育一级网格各设置一个网格站，在该网格下辖的村(居)学习点中选拔站长一名、副站长两名，对接两到三名作为联络人的镇成人学校教师；村(居)学习点上的办学干部即为各二级网格的负责人。站长和副站长的任命会考虑村学习点和居学习点的搭配，站长和副站长中至少包含一名"村"学习点上的负责人和一名"居"学习点上的负责人。

江桥镇2015年的社区教育网格组织架构如图7-1所示，在"双减"政策出台之前，除了将村(居)学习点从56个增至60个，按年度对村(居)学习点的归属进行微调，该镇的社区教育网格组织架构基本保持不变。"双减"政策出台之后，江桥成校和笔者合作开展家校社协同育人的研究和实验，遂将20所中小学校和幼儿园按照属地拆分至各个一级网格，制定了《江桥镇2022年社区教育网格化管理网格组团服务安排表》（见表7-1），以附件的形式附于《江桥镇2022年社区教育网格化管理组团式服务工作安排的实施方案》之后。为保护田野，本书删除了表中的具体电话和地址，涉及的人名均改为“姓氏＋称谓”的形式。

表7-1　江桥镇2022年社区教育网格化管理网格组团服务安排

<table>
<tr><th rowspan="2">序号</th><th rowspan="2">名称</th><th rowspan="2">站长</th><th rowspan="2">副站长</th><th rowspan="2">联络人</th><th rowspan="2">村(居)学习点</th><th rowspan="2">办学干部</th><th colspan="2">联系电话</th><th rowspan="2">学习点地址</th></tr>
<tr><th>办公</th><th>手机</th></tr>
<tr><td>1</td><td rowspan="11">金鹤网格</td><td rowspan="11">滕老师
（金佳社区）</td><td rowspan="11">季老师
朱老师</td><td rowspan="11">朱老师</td><td>绿一社区</td><td>李老师</td><td colspan="3" rowspan="11">略</td></tr>
<tr><td>2</td><td>绿二社区</td><td>汤老师</td></tr>
<tr><td>3</td><td>绿三社区</td><td>金老师</td></tr>
<tr><td>4</td><td>金耀社区</td><td>朱老师</td></tr>
<tr><td>5</td><td>金德社区</td><td>李老师</td></tr>
<tr><td>6</td><td>金城社区</td><td>冯老师</td></tr>
<tr><td>7</td><td>金中社区</td><td>季老师</td></tr>
<tr><td>8</td><td>封浜高中</td><td>许老师</td></tr>
<tr><td>9</td><td>金鹤小学</td><td>周老师</td></tr>
<tr><td>10</td><td>鹤芳幼儿园</td><td>待　定</td></tr>
<tr><td>11</td><td>鹤栖路幼儿园</td><td>章老师</td></tr>
<tr><td>12</td><td rowspan="9">金鹤网格</td><td rowspan="9">滕老师
（金佳社区）</td><td rowspan="9">季老师
朱老师</td><td rowspan="9">顾老师
李老师</td><td>华庄村</td><td>朱老师</td><td colspan="3" rowspan="9">略</td></tr>
<tr><td>13</td><td>金佳社区</td><td>滕老师</td></tr>
<tr><td>14</td><td>金水社区</td><td>陈老师</td></tr>
<tr><td>15</td><td>金莱社区</td><td>卫老师</td></tr>
<tr><td>16</td><td>金虹社区</td><td>张老师</td></tr>
<tr><td>17</td><td>金园社区</td><td>章老师</td></tr>
<tr><td>18</td><td>金岸社区</td><td>倪老师</td></tr>
<tr><td>19</td><td>金鹤学校</td><td>王老师</td></tr>
<tr><td>20</td><td>鹤旋路幼儿园</td><td>温老师</td></tr>
</table>

续表

序号	名称	站长	副站长	联络人	村(居)学习点	办学干部	联系电话		学习点地址
							办公	手机	
21	嘉城网格	张老师（江宁社区）	徐老师 曹老师	顾老师	建华村	陈老师	略		
22					嘉星社区	毛老师			
23					江丰社区	曹老师			
24					嘉涛社区	张老师			
25					嘉豪社区	吴老师			
26					嘉航社区	姚老师			
27					嘉川社区	张老师			
28					华江小学	宫老师			
29					卢湾一中心实验小学	朱老师			
30					华江幼儿园	沈老师			
31					海波幼儿园	王老师			
32				李老师（借）	曹安社区	徐老师			
33					嘉城社区	王老师			
34					恒嘉社区	张老师			
35					江宁社区	张老师			
36					江安社区	强老师			
37					嘉蓝社区	李老师			
38					嘉海社区	毛老师			
39					嘉峪社区	吴老师			
40					华江中学	孙老师			
41					江桥小学	凌老师			
42					嘉城幼儿园	吴老师			
43					黄家花园幼儿园	朱老师			

续表

序号	名称	站长	副站长	联络人	村(居)学习点	办学干部	联系电话		学习点地址
							办公	手机	
44	江桥网格	吴老师（高潮村）	姚老师 汪老师	黄老师	先农村	归老师	略		
45					江华社区	汪老师			
46					中心村	姚老师			
47					富友社区	张老师			
48					金旺社区	姚老师			
49					高潮村	吴老师			
50					嘉华社区	唐老师			
51					江桥实验中学	吉老师			
52				陈老师	江佳社区	陆老师			
53					金桥社区	赵老师			
54					幸福村	刘老师			
55					五四村	贺老师			
56					沙河村	刘老师			
57					金华社区	邹老师			
58					金达社区	汪老师			
59					嘉远社区	张老师			
60					江桥幼儿园	赵老师			
61					金鹤幼儿园	王老师			
62	封浜网格	陶老师（嘉封社区）	朱老师 王老师	吴老师	太平村	万老师	略		
63					火线村	王老师			
64					星火村	翟老师			
65					嘉封社区	陶老师			
66					封杨社区	黄老师			
67					封浜村	蔡老师			
68					红光村	滕老师			
69					增建村	姚老师			
70					封浜小学	郁老师			
71					星华幼儿园	李老师			

续表

<table>
<tr><th rowspan="2">序号</th><th rowspan="2">名称</th><th rowspan="2">站长</th><th rowspan="2">副站长</th><th rowspan="2">联络人</th><th rowspan="2">村(居)学习点</th><th rowspan="2">办学干部</th><th colspan="2">联系电话</th><th rowspan="2">学习点地址</th></tr>
<tr><th>办公</th><th>手机</th></tr>
<tr><td>72</td><td rowspan="9">封浜网格</td><td rowspan="9">陶老师(嘉封社区)</td><td rowspan="9">朱老师
王老师</td><td rowspan="9">贺老师</td><td>新华村</td><td>季老师</td><td colspan="3" rowspan="9">略</td></tr>
<tr><td>73</td><td>年丰村</td><td>李老师</td></tr>
<tr><td>74</td><td>杨柳社区</td><td>陈老师</td></tr>
<tr><td>75</td><td>嘉怡社区</td><td>查老师</td></tr>
<tr><td>76</td><td>嘉禧社区</td><td>朱老师</td></tr>
<tr><td>77</td><td>新江村</td><td>李老师</td></tr>
<tr><td>78</td><td>嘉龙筹建</td><td>李老师</td></tr>
<tr><td>79</td><td>嘉巷筹建</td><td>待　定</td></tr>
<tr><td>80</td><td>嘉二实验学校</td><td>查老师</td></tr>
</table>

镇“学促办”规定，网格联络人有六项工作职责①：一是每月 5 日前上报一次责任网格内村(居)学习点的学习活动总结材料(由网格站站长上报的学习活动素材整理而成)；二是每季度至少完成一次责任网格内全部村(居)学习点的走访，完整填写《江桥镇社区教育工作联系情况表》；三是每年至少四次前往责任网格内的村(居)学习点开展“梅源讲坛”②宣教活动，收集、上报宣教活动的相关材料；四是每季度召集网格站站长、副站长召开一次二级网格工作例会，每季度参加一次一级网格工作例会；五是鼓励、监督责任网格内的办学干部参加理论培训；六是巡查、指导责任网格内的各类社区教育活动。

网格站站长和副站长有七项工作职责③：一是每季度组织责任网格内的全体办学干部召开一次二级网格工作例会，每半年组织责任网格内的推进员、志愿者代表和居民代表召开一次群众座谈会；二是组织责任网格内办学干部的培训和“传帮带”工作，帮助全体办学干部提升信息撰写、团队管理、活动宣传等能力，重点帮助实力较弱或正在筹建中的村(居)学习点提升日常事务管

① 原规定是五项工作职责，笔者向江桥镇“学促办”咨询、商定后，重新撰写了这部分内容，这些修改将体现在后续发布的《江桥镇社区教育网格化管理组团式服务工作的实施方案》中。

② 本章第四部分将对“梅源讲坛”展开介绍。

③ 原规定中是四项工作职责，笔者向江桥镇“学促办”咨询、商定后，重新撰写了这部分内容，这些修改将体现在后续发布的《江桥镇社区教育网格化管理组团式服务工作的实施方案》中。

理能力；三是组织责任网格内的村（居）学习点开展内容丰富、形式多样、富有特色的社区日常学习活动；四是组织、策划江桥终身学习论坛等主题学习活动；五是策划并组织责任网格内优秀学习型团队的展示活动；六是及时记录并向联络人上报网格内开展的学习活动信息；七是收集、梳理并向联络人上报网格内的社情民意。

网格站站长和副站长由联络人在二级网格办学干部中提名推荐，通过座谈会征询本人意见，由镇“学促办”聘任并颁发聘书，采用动态调整的工作机制，一年聘任一次。江桥镇现有的社区教育网格工作制度中没有体现站长和副站长的权责区分，2023 年 7 月，笔者向吴校长询问了站长和副站长的职责区别，吴校长答道：“在实施中，站长为主角，是网格活动的策划者、牵头者、协调者。”（20230729-WXY-WG）由此可见，副站长在网格中主要负责协助站长完成相关工作，起到辅助作用。

三、江桥镇社区教育网格的管理功能

（一）联络功能

前文已经讨论过，江桥镇设置社区教育网格的直接目的是解决管理幅度过大的问题，也就是成人学校两名分管社区教育的专职教师直接面对 56 个村（居）学习点的问题，而在社区教育管理中，管理幅度的问题实际主要是上传下达和下传上达的问题，也就是联络问题。网格设立之前，两名分管社区教育的专职教师和 56 个村（居）学习点直接联络，各项通知都是直接下发到学习点，如有不详，学习点上的办学干部会直接电话联系这两名教师，导致教师的电话接待量很大，而且许多问题是重复解释，管理效率低。网格设立之后，江桥成校的社区教育不再完全由原先的两名分管教师直接管理，而是以两到三人一组的方式担任网格联络人，除校长之外的八名专职教师都有一个对应的一级网格，分管一级网格站上的一名站长和两名副站长，站长和副站长再分管各自二级网格上的十几个（设立时是 14 个）学习点。自此，成人学校改变联络方式，以镇“学促办”的身份，先通过联络人将通知下发到网格站，再由网格站下发到学习点。办学干部如有不详，可先咨询网格站，再由网格站咨询联络人，联络人根据各一级网格的具体情况予以答复，网格站再根据学习点的具体情况向办学干部进行解释，减少了无意义沟通。

联络功能的另一个改进体现为有意义沟通的增加，也就是将原先用来重复解释各项通知的时间用于讨论如何提升社区教育管理质量和村(居)民的学习质量。为此，镇“学促办”颁布“三会”制度，规定了镇“学促办”和一级网格之间、一级网格之间、一级网格和二级网格之间、二级网格之间、二级网格和村(居)民之间最低限度的沟通频率和沟通方式：一是一级网格工作例会(每季度召开一次)，由镇“学促办”牵头，召集网格负责人、网格联络人、网格站站长和副站长参加，通报各网格服务联系工作情况，研究解决相关重大问题，决策部署镇社区教育网格化管理重大事项和社区教育推进工作。二是二级网格工作例会(每季度召开一次)，由网格联络人、网格站站长和副站长牵头，召集网格成员参加，研究本网格内重点工作，部署具体的社区教育活动。三是群众座谈会(每半年召开一次)，由各网格站站长、副站长牵头，邀请推进员、志愿者代表、居民代表参加，听取群众需求和建议，推动完善社区教育网格管理(“三会”可统筹网格内具体活动召开)。

“三会”分为工作例会和座谈会两种，前者的作用是汇报和改进工作，后者的作用是了解并传达村(居)民的学习需求、满意度和建议。每季度一次的一级网格工作例会(简称一级例会)有助于镇“学促办”及时了解一级网格内相关事项的落实情况，与一级网格商定有可能借助网格解决的社区教育重大问题(比如硬件设施落后的问题)，针对这些问题和未来的发展方向做出决策，制订具体的推进方案。每季度一次的二级网格工作例会(简称二级例会)的主要功能体现为对网格内的工作进行梳理和排序，确定重点工作并重点部署。每半年一次的群众座谈会(简称座谈会)在书面制度规定上没有体现镇“学促办”管理者的参与(也就是没有联络人的参与)，完全由一级网格同二级网格自行组织，网格有充分的组织权，村(居)民有充分的参与权和建议权。

单从“三会”制度的相关文本看，二级网格在社区教育问题上的协商权和决策建议权明显小于一级网格。通过一级例会，镇“学促办”将社区教育问题协商权下放至一级网格，赋予一级网格社区教育决策建议权，而二级例会的主要作用是落实一级例会的相关决策。根据笔者对例会的实地观察，二级网格的自治权主要体现在落实工作的方式上，比如某项学习活动的组织形式、学习场所的装修方案等。座谈会中，村(居)民提出的需求和建议会在网格内部“消化”，为了避免错过村(居)民的有效建议，成人学校的校长或网格联络人也会选择性地参加例会。

(二)培育功能

网格设立之前，联络效率低下的另一个重要原因是村(居)学习点上的办学干部队伍不稳定。“办学干部”只是一个社区教育“条线”上的身份和称谓，意味着被安排这一身份的人要兼管社区教育工作，并非专职的社区教育工作者：“他们不仅做社区教育，他们还要做其他的，有做宣传的，有做妇联的，有做综治的，有做计划生育的，各个‘条线’都有，经常在变。”(20220819-WXY-WG)正如工作场所模仿学习理论所论述的那样，在设置工作场所课程时，要安排经验的种类和顺序，要安排学习者(新手)先从事难度低、容错率高的工作，后从事难度大、失败代价大的工作。江桥镇各村(居)委总是安排新入职的社会工作者从办学干部做起，大概就是无意间遵循了这样的原理，将社区教育认定为难度低、容错率高的工作。以办学干部为起点做出成绩后，这些社会工作者很快就会被调任，去从事难度更大、风险更大，甚至职级更高的工作，其后的新进人员又接二连三地步入社区教育这块试验田，开启新的征程。这就导致江桥镇的社区教育工作出现了一个比较严重的问题——办学干部队伍不稳定。除非村(居)委不再招聘新人，否则多数办学干部会以一年一换甚至数月一换的频率更迭下去：“最长的一年，还有几个月的，个别长的好几年[太平村的办学干部]，村里面(干好几年的)比较多一点，社区[居委]没有这种现象。如果他们村里面这些干部都是年轻的，不会再有人进来了，那么他就这么做下去。所以我们在这方面是没有自主权、自由权的，这取决于镇里面的临时变动。”(20220819-WXY-WG)

办学干部队伍的另一个问题是缺少成人教育学的学科背景，也不了解社区教育的实际工作，普遍需要专人指导。不过吴校长也很快发现了这支队伍的优势，就是学历高、学力强、年纪轻、有活力、求进步，认为只要给他们学习相关理论和实践的机会，他们就能迅速给出工作实绩。然则成人学校遇到的客观困难是，社区教育专职教师人手不足，难以逐一培养这些新进办学干部："我们老师要去指导也很困难，我感觉没有那么多的精力，因为我们上面的'条线'有很多，光老年教育，我们就要对接很多的'条线'。"(20220819-WXY-WG)于是，吴校长将培育办学干部的功能植入网格，组织专家在一级网格内开展理论培训课程，同时赋予网格站站长和副站长"传帮带"的职责，要求网格站站长和副站长提升责任网格内办学干部的各项实践能力，包括撰写社区教育消息的能力、策划和组织村(居)民学习活动的能力、对社区教育活动进行宣传的能力以及管理学习团队的能力；如果责任网格内有正在筹建的学习点，还需要重点提升这些学习点的办学干部的日常事务处理能力。

由此，江桥成校以镇"学促办"的身份，在一级网格层面行使培训组织权，为办学干部提供参与社区教育理论学习的机会，同时将社区教育实践带教的任务分配至一级网格，帮助办学干部学习社区教育的管理实践。例如，2017—2020 年，江桥成校合作共建 4 家市民终身学习体验基地，分别是建在梧桐汇美术馆的手工陶艺体验基地"梧桐艺韵"、建在封浜中学内的"非遗"技艺体验基地"生活遗艺"、建在上海太太乐食品有限公司的味精科普体验基地"太太乐鲜味之旅"和建在八分园的"搪瓷文化"。除了参观学习，基地内一般会设置至少一项体验式学习活动，比如让村(居)民制作陶制品、中药香囊等，体验时间一般在 1.5—2 小时。这些体验基地多设在企事业单位，为了尽量减少对其日常工作秩序的干扰，成人学校和共建单位协商，以发放体验券的形式控制体验者的数量，将体验券发放至网格站，再由网格站组织下发(体验券的下发可算作前文讲到的网格联络功能的一个体现)。

体验基地建成开放后，成人学校大致按照以下顺序安排体验活动：第一批次安排网格站站长和副站长先行学习，由成人学校负责管理，体验基地的讲解员进行教学；站长和副站长学成后，分批次安排学习点上的办学干部进行体验，由网格站进行管理，基地讲解员、网格站站长和副站长共同教学；最后，根据报名情况，分批次安排各学习点上的村（居）民前往体验，由学习点进行管理，讲解员和办学干部共同教学。“镇级层面，我们有很多体验基地对吧？那么我们就发放体验券。谁组织？网格站站长落实。比如这一次我们请我们网格的办学干部到体验基地去体验，好，边体验边落实下去。接下去的第二次体验活动由哪一个学习点的办学干部组织，你们的社区里面的居民过来，企业把权力给他了，让他们通过带——然后放手让他们做。”（20220919-WXY-WG）一般情况下，体验基地仅安排一名讲解员，参加体验的村（居）民却有十几人，经常会出现学习者看不清动作、听不清讲解的情况，而网格层层递进的带教安排，提升了村（居）民的体验式学习质量，也让学习点上的办学干部以完成真实的教学任务、模仿讲解员教学行为的方式，得到了提升教学能力的机会。

（三）评选功能

基于前文对培育功能的描述，读者立即会产生一个疑问，就是网格站站长和副站长如何进行“传帮带”？根据前文对江桥镇2015年人口数量和网格划分的分析，平均每个村（居）学习点上的办学干部要服务约5800名村（居）民，每个村（居）学习点之间都有一定的地理间隔，大致能猜到，站长和副站长几乎不太可能有时间对责任网格内的十几名办学干部进行一对一或一对多的带教，这些办学干部也不可能放下自己的工作或者不顾对方的工作秩序，长期驻扎在站长或副站长所在的学习点上以“参与式观察”的形式进行学习。那么网格内的“传帮带”究竟是以什么样的途径和方式实现的呢？网格的评选功能就是其中的一个答案。也就是说，各类评选既是江桥镇社区教育网格的一种功能，也是实现网格内办学干部“做中学”的一种途径：“检查的过程当中提升了他们的能力，那么也就体现了一个叫‘做中学’，对吧？”（20220819-WXY-WG）

江桥镇社区教育“条线”上的评选（江桥成校称其为“评比”“评审”）有很多，其中比较典型的是学习型团队的评选。在江桥，学习型团队被称为“学习团队”，它最初是这样一种组织形式：有共同爱好的百姓，少则几个人，多则十几人，组成一个兴趣小组，以自组织的形式开展学习活动，类似于临沂市桃庄村的锣鼓队和秧歌广场舞队。同好小组依托村(居)学习点的规章制度、设施设备和师资力量建制之后,就可以被称为学习团队。江桥镇学习型团队的学习内容多为各类技艺,如烹饪、插花、沪剧、舞蹈、布艺、纸艺等。学习型团队的"团长"由团队成员选出,多数由团队创始人、技艺领先者和热心服务者担任。

根据《江桥镇2018年创建学习型团队评选活动实施方案》(以下简称《评选实施方案》),学习型团队的评选有两个级别,分别是"合格学习型团队"和"优秀学习型团队",其评选活动分别参照《江桥镇村(居)学习点合格学习型团队评估考核指标》和《江桥镇村(居)学习点创建优秀学习型团队评估指标》执行。

参照考核指标,一个学习型团队若要达到"合格"标准,基本条件是有团队名称和负责人,有对创建时间的记录,有创建备案时的申报表。团队运营后,应当设立学员名册,学员人数不少于15人,有对学员基本情况的记录,有年度和季度工作计划,每月至少活动两次且有团队学习活动记录。团队管理方面,应当有工作总结和管理手册,管理手册须填写完整。合格学习型团队还须有经费投入和经费收支记录,如有自编教材、获奖、媒体报道或经验介绍,则算作有特色和亮点。

若要达到"优秀"标准,需要团队成立一年以上,有团队章程和发展规划,学习活动的出勤率保持在80%及以上,有新颖多样的学习活动方式,有学习活动的书面记录。团队管理方面,优秀学习型团队的负责人须由内部选举产生,须制定团队自主活动时的管理制度,须有教师有计划地辅导,须组织团队成果的展示,须积极参与社区组织的活动。同时,优秀学习型团队的经费须逐年增加。特色加分方面,优秀学习型团队要有镇级以上的表彰或展示、区级以上的媒体报道。表7-2以列表对比的形式更清晰地呈现两种学习型团队在二级指标评定上的区别。

表 7-2 江桥镇合格学习型团队和优秀学习型团队二级指标对比

二级指标	合格学习型团队	优秀学习型团队
1.有团队名称	√	√
2.有团队负责人(团长)	√	√
3.团长由内部选举产生	×	√
4.有团队章程和发展规划	×	√
5.团队成立时间	×	1 年及以上
6.团队成员人数	参与成员 15 人及以上	固定成员 15 人及以上
7.团队成员基本情况记录	√	√
8.每月至少 2 次学习活动	√	√
9.学习活动出勤率	×	80%及以上
10.学习活动记录	有记录	建档记录
11.学习活动新颖多样	×	√
12.学习活动成果展示	×	√
13.团队工作总结	√	√
14.团队管理手册	√	√
15.团队内部管理制度	×	√
16.教师有计划地辅导	×	√
17.积极参与社区活动	×	√
18.经费投入	有投入,有收支记录	逐年增加,有收支记录
19.特色亮点	自编教材 媒体报道 经验介绍	镇级以上表彰或 区级以上媒体报道

对这两个级别的学习型团队的评审,除了评估指标中二级指标的差异,还有评估方法[①]的差异。合格学习型团队以查阅材料为主,只有“活动情况”一级指标下的“每月至少活动 2 次,有记载”的二级指标有“观摩团队学习”的评估方法。而优秀学习型团队评估指标中的“团队学习”这项一级指标之下的全

① 卓越.政府绩效评估指标设计的类型和方法[J].中国行政管理,2007(2):25-28.

部二级指标(共4项)都有“查看学习活动场所”的评估方法;“团队管理”这个一级指标之下的全部二级指标(共5项),都有“实地抽查”的评估方法。

笔者发现,《评选实施方案》“评审与奖励”一项规定镇“学促办”组织人员“对申报的优秀学习型团队进行实地查看与调研”,其中对于“学促办”组织什么人员并未作进一步规定,但吴校长说,网格设立之前,所有以评选为目的的学习点实地考察与调研都由镇“学促办”直接进行,网格设立以后,镇“学促办”便将初选的权力下放到一级网格,在“学促办”的指导下分网格组织评审:“比如学习型团队的评审,以前都是我们学校自己老师下去评审,网格化管理组团式服务之后不是了,我就放到网格初评,网格里面初评,然后再到镇级进行评审。”(20220819-WXY-WG)至此,我们对网格的评选功能有了初步了解,知晓了镇“学促办”将学习型团队的初级评审权下放至一级网格,接下来的疑问是,这项看似简单的网格评审功能,究竟是如何同网格中办学干部的学习发生联系的?

通过对吴校长的访谈以及观察网格中的实际活动,笔者发现,江桥镇以评选为目的的实地检查具有鲜明的仪式性,评选不仅是追求结果,更多是追求过程性的活动,这些过程性的活动本身就是群体学习活动,能体现拓展性学习理论对于少数主体不断“卷入”多数主体形成一个庞大的主体群从而生成新的文化历史创造的解释。

以一级网格为单位的“评选仪式”是这样实现的:首先,评选方案的发布仪式。镇“学促办”举行正式的会议发布当年的制度,会上对网格站站长和副站长进行培训,解释合格、优秀两个级别的学习型团队的评选指标含义、分值、评估方法和评定方法,要求学习点于每年的4月底提交《江桥镇创建学习型团队申报表》,同时要求网格站进行初选推荐。其次,评选方案的传达仪式。网格站站长和副站长组织责任网格内的办学干部进行培训,讲解镇“学促办”在一级网格培训中已经说明过的内容。再次,二级网格的走访仪式。5月,网格站站长和副站长协商制订走访方案,统筹安排对责任网格内十几个二级网格的走访时间,向二级网格提出材料准备的要求和活动展示的要求。网格站站长和副站长前往学习点检查学习型团队的台账,包括团队名称、团队成员、团队活动记录等。之后是实地走访，包括访谈办学干部和学习型团队的团长及成员，掌握团队的活动安排之后，不定期检查是否真正开展活动，再根据活动开展的实际情况向成人学校选送两到三支团队。最后，评选结果的发布仪式。6 月，网格站站长和副站长在责任网格内公示初选结果，亦可根据实际需要决定是否以一级网格为单位举行初选结果的发布仪式。初选结果由网格站提交至镇“学促办”后，由镇“学促办”进行终选。8 月，镇“学促办”公布评选结果，在“江桥镇全民终身学习季总结会”上表彰，并在次年上半年的社区教育专项经费中列支奖金。

除了学习型团队的评选，网格还承担其他奖项和荣誉称号的初选工作，包括示范学习点和优秀学习点、学习型村(居)委、学习型家庭、学习型事业单位、学习型企业、学习型楼组和先进个人。镇“学促办”每年印发《江桥镇学习型社会建设与终身教育工作先进集体先进个人名单》，于 4 月在成人学校举办表彰大会，与会者包括市“学促办”领导、区教育局领导、镇领导、成人学校全体教师、全体村(居)学习点办学干部、企事业单位代表、村(居)民代表、媒体和校外专家等百余人，热烈、隆重的氛围的确具有激励作用，能让获奖者倍感光荣，激发大家比、学、赶、超的愿望。

吴校长认为，镇“学促办”将一系列的制度培训权力、初选权力下放至网格，有利于提升网格站站长和副站长的活动策划能力：“网格承担了初评的一个工作职责，由谁来负责？由我们的联络老师[网格联络人]跟网格站站长负责，那么整个策划什么时候做，在什么地方，都由网格站站长和副站长商量，然后来决定。他们的能力也提升了。对不对?”(20220819-WXY-WG)根据吴校长的表述，网格站站长和副站长的能力提升来自“完成工作任务”本身，而不是他人为了让他们完成工作任务而进行的专门教学，比如派专人教他们活动该如何策划、文本该如何梳理等。关于这一点，比利特的模仿学习理论曾提出过类似的例证，“个人通过参与日常活动和特定社会实践或社区的互动，即使是工作场所、家庭或社区，也会产生学习”[①]。根据比利特在21世纪初的三项工作场所学习调查，新手员工仅仅是“置身工作场所”，便能在真实的工作情境中学会很多，其学习效果优于在学校所提供的模拟情境中的反复训练。比利特提出的工作场所教学法建议中，“接触真实的活动和任务”“提供参与真实的工作活动和任务的权限”，都是非常重要的设计原理，吴校长的说法和网格站站长、副站长工作实绩的提升，也验证了比利特的理论。

(四)串联功能

本书在网格的联络功能和培育功能中讲到，吴校长创建网格时要解决的是管理幅度过大造成的沟通效率低下问题以及办学干部队伍不稳定造成的学习点管理不顺畅的问题。网格创立时，江桥成校还面临第三个问题，就是村(居)学习点不相往来，“闭门造车”的问题。与之相对应，网格必定会被赋予串联功能，也就是以网格的形式打造村(居)学习点的交流平台，借助平台的集成效用，发起学习点之间的走动，让相对优秀的学习点带动相对落后的学习点。

串联功能的实例，首先体现在老年标准化学习点的建设过程中。2013年，上海市开始了市政实事项目“街镇老年标准化建设”，《2013年上海市终身教育工作要点》(沪教委终〔2013〕1号)提出要“实施‘70所街镇老年学校能力提升’市政府实事项目”[②]。同年，《市政府办公厅关于印发2013年市政府要完成的与人民生活密切相关的实事的通知》(沪府办发〔2013〕11号)提出，2013年市政府要完成的与人民生活密切相关的实事中包括“扶持70所老年学校开展标准化建设”[③]。为了给老年人创造一个“标识清晰、功能明确、环境舒适”“场地标准化、配置合理化、设施人性化”的环境，2015年，在嘉定区“老

---

① Billett S. Mimesis: Learning through everyday activities and interactions at work[J]. Human Resource Development Review, 2014(4): 1-21.

② 上海开放大学党务公开网. 2013年上海市终身教育工作要点[EB/OL]. (2013-01-17)[2023-08-06]. https://dwgk.shou.org.cn/2013/0329/c19a915/page.htm.

③ 上海市人民政府网. 市政府办公厅关于印发2013年市政府要完成的与人民生活密切相关的实事的通知[EB/OL]. (2013-03-12)[2023-08-06]. https://www.shanghai.gov.cn/nw30985/20200820/0001-30985_34908.html.

年标准化学习点建设"项目之下，江桥镇成人学校向网格站下发《江桥镇村居委老年人学习点标准化建设实施方案》，以网格站为单位组织标准化学习点的申报工作，选择合适的学习点进行建设并组织参观交流。老年标准化学习点是建设在村（居）学习点上的一项工程，换句话说，一个村（居）学习点成为老年标准化学习点，就意味着把村（居）学习点本身按照老年标准化学习点的要求进行打造，而不是在村（居）学习点之外再单独建设一个老年标准化学习点。老年标准化学习点的建设，相当于对村（居）学习点进行"升级"，尤其是硬件上的升级。

经费方面，上海市嘉定区人民政府向每个申请获批的学习点投入10万元，用于硬件设施的改造，包括教室装修、设备耗材等。在这一方面，由于人口密集，江桥镇有一定的经费优势。按照每人每年8元的标准，江桥每年的社区教育经费有两百多万元，成人学校每年组织三到四个学习点申报标准化建设，在10万元经费的基础上，再配套10万元，使得每个建设点上的经费达到20万元。比起仅用10万元进行建设的街镇，江桥镇的初始资金是比较多的。笔者去镇内已经建成的标准化学习点上走访时，居委书记说成人学校"在社区教育支持这一块蛮多的，他们花费蛮多的，我觉得他们是大户了，有钱大户"(20210319-CASQ-BZH)。

在网格内部村（居）学习点的实力提升方面，吴校长的思路一直是让相对优秀的学习点去影响、带动相对落后的学习点，鉴于此，我们关心的是，什么样的学习点是优秀的学习点，优秀的标准是什么？表面上看，优秀的标准是获得称谓、奖项、表彰、报道等，但这些荣誉最初又是从何而来？一般而言，村委、居委组织村（居）民开展学习活动（党员学习活动除外）是一项无功无过的工作，在很多地方，这项工作只要能做到办上几场活动、拍上几组照片，就可以交差，笔者在上海师范大学的学生群体中询问他们居住的村（居）委是否有学习活动，答案基本是否定的，就连笔者所居住的小区，也从未见过关于村（居）民学习活动的宣传。基本可以推断，主动用心做好村（居）民学习工作的办学干部可谓不多，除非办学干部本人对举办此类活动有特别的偏好。江桥镇的许多学习点上，村（居）民自主组织的学习活动是很热闹的，但办学干部并不过多关注这些，许多办学干部会热心为村(居)民做好服务，但几乎不会有人想要将此类工作制度化，甚至不会特意记录、宣传。在这样的普遍做法中，又是如何产生“优秀”的村(居)学习点的？

单从江桥镇这几年建设老年标准化学习点的情况来看，所谓“优秀”的学习点，起初似乎是吴校长一手带起来的：“他们[学习点]的品牌，我帮他们树，然后帮他们布置整个环境，把学习团队的理念是什么、团队的成员是什么、团队什么时间开放的，都把它在墙面上向居民公示，老百姓一看就知道，然后整个氛围也很好。比如江安社区，我给他们起了一个品牌，叫作‘沁园’，他们有一个‘沁园书法社’，然后在这一个团队下面慢慢地延伸到其他团队，有很多的团队都出来了，我就给它取了一个，叫‘沁园荟’，然后我对它也进行了一个老年标准化的打造，现在他们那边的老百姓都很感谢。像这种的很多，比如我们金鹤的金兰社区，我把它打造成有茶室的、舞蹈的，其他各个街镇的包括外区县的很多来参观学习，都说我们这些点上面做得很实在[……]一般般的教室，改造完之后完全不一样了——这个地方是一个茶社，我弄得很有茶社的韵味，它可以开课，然后茶社又兼多功能，绘画、手工也可以在一起；这个地方它有一个烹饪大师的，我就把它做一个烹饪教室，然后做点心。”(20220819-WXY-WG)

2018年初，笔者和吴校长一起到访过好几个村(居)学习点，见过她指导办学干部对学习点进行标准化布置，也走访过学习点上的西点厨房、茶室、布艺活动室等。吴校长还告诉笔者这些学习点中哪些实力强、哪些实力稍弱，当初又是如何安排建设的。学习点上的办学干部也很乐意听她的安排，很积极地向她介绍最近举办的学习活动，比如有哪些学习团队要送出去比赛、表演，最近又有什么新策划等。吴校长在任的时候，村(居)学习点的建设似乎和她所坚持的个人标准有很大的关系，这又回到了前面对“标准拓展”的讨论：农民的学习在很多情况下无法突破其所在村庄、连片村庄或者乡镇的标准，甚至无法突破某个兴趣小组领队的个人标准，关于标准，大家说不出个所以然，而桃庄村的广场舞队去临沂市文化宫向专业舞蹈老师学习动作和编排、新锣鼓队的领队跟着临沂市“鼓王”的师兄学习《山景》，都是突破村庄标准或个人标准，让标准得到“拓展”的表现。根据吴校长的人生经历和关于网格化的访谈内容，读者也大致能判断吴校长个人标准的来源——人生经历、个人审美、个人对工作质量的要求及好胜心，当然还有更重要的，就是她的个人眼界。

笔者曾经问过她一个问题，网格站内实力较弱的学习点可以向优秀的学习点学习，那么优秀的学习点又该如何提升呢？吴校长的答案是向上海市看齐，比如江桥镇对学习型团队的评选标准分为“合格”和“优秀”，上海市则是建设星级团队，《上海市老年教育发展“十三五”规划》（沪教委终〔2016〕16 号）提出了打造“星级老年学习团队”的发展目标[①]，五星为最高，一星为最低，各街镇表现较好的学习点都要参加评选。2025 年发布的老年学习团队申报通知中提道：“市级老年大学和各区老年教育小组办通过在线平台，审核上报的星级团队评定申请，对申请内容进行初审，一至三星级学习团队完成初审即完成星级评定。由各孵化区负责单位对通过初审的四星级团队进行复审评定，由市老年学习团队指导中心对通过初审的五星级团队组织现场评定。”[②]

再如让优秀学习点上的学习型团队去参加嘉定区和上海市的比赛，以上海市的标准提升自己。笔者又问她，在全国范围甚至是世界范围，好的村（居）学习点应该是什么样的，她想了一会儿，说以前出去看的时候，她能感到处于领先地位的学习点都有这样几个特征：硬件漂亮、学习氛围浓厚、“一把手”很支持、擅长积累和展示。她也这样要求江桥镇的学习点：“你一走到这家，（发现）人家不错的，（比如）这家做饭做得很好，你就改[跟着人家学]。我就跟他们（办学干部）说，你们一定要做到，人家一来，（就发现）这个点是值得看的，有看的地方。你给别人介绍的时候，能介绍得头头是道——我们这个点的特长是什么？我们的品牌是什么？我们有多少人参加？我们至少有几个（学习点）能够做到。”（20220819-WXY-WG）

可见吴校长推行到一级网格和学习点的“优秀”标准并不是比较随意的个

---

① 上海市人民政府网.市教委等关于印发《上海市老年教育发展“十三五”规划》的通知[EB/OL].(2016-11-09)[2023-08-06].https://www.shanghai.gov.cn/shsswzxgh/20200820/0001-22403_50169.html.

② 上海市老年学习团队指导中心.2025 年老年学习团队申报通知[EB/OL].(2025-05-06)[2025-06-01].https://lnxxtd.shlll.net/Home/NewsDetail? schid=106.

人标准，而是将嘉定区、上海市和其他地市的标准转化为个人标准后，再以亲自前往学习点指导的形式，按照自己对"优秀"标准的认识，把这些标准告知学习点，要求学习点参照执行。笔者同其他街镇的成人学校校长合作时发现，许多校长的工作方式和吴校长不同，他们会将学习点上的办学干部当作自己的合作对象而非指导对象，摆出的是提合作、找机会、谈资源的姿态，而不是提要求、给机会、送资源的姿态，这一方面体现了校长个人风格的差异，另一方面也体现了成人学校资金实力的差距。

网格建成之后，站内率先完成标准化建设的学习点会成为网格的会议地点和活动展示地点，村（居）学习点为了参加会议和活动展示，自然会和这些经过标准化建设的学习点走动，也会在这些点上看到其他学习点举办的特色学习活动。随着网格内的标准化学习点陆续建成，网格站可以让二级网格轮流充当会议点和展示点，自然而然便实现了串联，改变了学习点之间不相往来的局面："他会去看这个地方[学习点]，（看到）他们的学习氛围很好，他们的团队宗旨也很好，名称也很好听，他也会想一想我们要做什么。"（WXY-20220819-WG）笔者一行人在江桥镇内各村（居）学习点进行访谈时，的确有许多办学干部提到了其他学习点，比如曹安社区的人提到了开心社区的"开心'布'落"，金旺社区的办学干部说他们老年标准化学习点的教室装修是"抄袭"了其他学习点的设计，而同一天下午去另一个新建社区调研的时候，又发现该社区对金旺社区的"复制粘贴"。

行文至此不难发现，江桥镇在进行老年标准化学习点的建设时，最初的"优秀"学习点是依据吴校长融入了嘉定区、上海市和其他地市"优秀"标准的个人标准建成的，第一批学习点可以说是吴校长亲自打造的，网格内有了样板之后，就出现了村（居）学习点对标准和文化的复制，这的确体现了优秀学习点的带动作用，但也可能意味着江桥镇标准化学习点的建设水平难以突破第一批学习点的样板水平。关于这种复制现象，笔者在嘉定区倒是见到了不少例子。就拿学习点对标准化教室或学习型团队的命名来说，江桥镇的学习型团队的命名习惯是先在村（居）的名称中取一字或一词，后在学习活动的名称中取一字或一词，再加上若干修饰字词，比如曹安社区的"安之韵合唱团"、绿一社区的“绿叶合唱团”等，和山东省临沂市桃庄村直接起名为桃庄锣鼓队、桃庄广场舞队的方式差异很大。马陆镇 2022 年开始创建乡村振兴战略下的“宅舍文化”的社区教育品牌项目，村民的学习场所多命名为“××堂”，而这种命名方式在江桥镇就比较少见。

（五）展示功能

展示功能主要表现为村（居）学习点上的村（居）民可以在网格中集中展示学习成果。网格站和学习点也可以根据自身能力，承办嘉定区市民学习节的开幕式、闭幕式等活动，让村（居）民在各级各类学习节上展示学习成果。以江桥镇的老牌社区教育品牌活动“江桥终身学习论坛”为例，2007—2015 年，所有论坛活动均由成人学校一手操办，论坛的宣讲者要么来自校长的人脉，要么来自村（居）办学干部的人脉，举办的地点也比较单一，相当于成人学校、办学干部和少量的村（居）民“自己玩”，影响力不大。网格化之后，成人学校逐渐将承办论坛的机会转交给网格站，由网格站站长、副站长独立组织本网格的办学干部进行策划，再由办学干部动员辖区内的百姓参与活动，举办的地点也转移到各个网格，增加了各个网格中的村（居）民参与论坛的机会。村（居）民在论坛中选择自己感兴趣的主题，就社会热点、生活难题、生命价值等发表自己的看法，还可以同其他学习者进行论辩。

例如，2016 年第十二届江桥终身学习论坛以分网格的形式开展，论坛围绕“乐学修身，喜迎十九大”这一主题，由封浜、江桥、金鹤、嘉城四个网格承担分论坛。封浜网格和江桥网格自拟的主题是“学习，让社区更和谐”；金鹤网格和嘉城网格自拟的主题是“学习，让生活更美好”。网格站通过对学习点的宣传和指导，吸引村（居）民以知识短讲、知识竞赛、演讲、论辩等形式，分享终身学习所带来的观念转变和生活变化，探讨终身学习对自我认同、社区和谐、社会发展、民族振兴的意义。比起由成人学校直接组织的学习成果展示，以网格为单位的成果展示活动在主题上更加具体，也更加贴近网格辖区的实际情况。同时，办学干部原本就是村（居）民身边的社会工作者，和他们的距离更近，作为学习者，村（居）民可以随时提出自己的想法，享有更多的自主展示权。

四、江桥镇社区教育的组团式服务

江桥镇社区教育的组团式服务，是指根据镇社区教育网格的划分为村(居)民组建服务团队并向网格配送服务的一种服务模式。该模式以“为民，惠民，便民”为宗旨，以“网罗民声，了解民情，化解民忧”为手段，以“得人心，暖人心，稳人心”为目标，最大限度地整合社区资源，开展终身学习，为创建学习型社区打下扎实的基础。通过资源整合，服务团队能为村(居)民提供多元化、人性化、即时化、精细化的服务，有利于就地化解矛盾，提升服务效率。

江桥镇社区教育的组团式服务分为两种形式，也就是两支服务团队，一支是与网格配套的管理团队，另一支是“梅源百姓宣讲团”。与网格化配套的管理团队即由联络员(九名)、网格站站长(每个网格一名)、副站长(每个网格两名)和村(居)办学干部(网格设立时是56名)组成的团队，设立时的总人数为65人(网格站站长、副站长是从办学干部中选拔的，实际人数没有增加)。联络员是成人学校的专职教师，也就是社区教育专职教师，起到业务上的联络和指导作用；网格站站长是网格的第一责任人，是网格业务的管理者和网格学习活动的组织者；副站长是网格的第二责任人，协助网格站站长管理网格并组织学习活动；村(居)办学干部是村(居)学习点上的学习活动组织者和管理者。关于这支队伍的具体职责和运作方式，前文已经有所交代，故不再赘述。

送教团队“梅源百姓宣讲团”早于网格化成立，江桥镇设立社区教育网格之后，“梅源百姓宣讲团”被整合进网格组团管理模式，成为社区教育网格的配套服务团队。“梅源百姓宣讲团”最早是为江桥镇的另一社区教育知名品牌“梅源讲坛”服务的。“梅源讲坛”创立于2013年，因明代进士、著名学者王圻辞官回到江桥开辟“梅花源”著书立说的佳话而得名，意在传承和弘扬“活到老、学到老”的梅源精神，是具有江桥镇文化烙印的社区教育特色文化品牌。“梅源讲坛”以传播“梅源”之韵，倡导终身学习理念为宗旨，以文化助推市民正能量为目标，创新了“1＋6＋3＋N”和“基层点单，学校配送”的宣教模式，创建了“梅源百姓宣讲团”。[①]

“1+6+3+N”是指一个主题、六个专题、三个原则、N个课题。以2016年为例，一个主题是“弘扬‘梅源’精神，传播和谐文化”；六个专题包括时政形势、家风家训、文化江桥、生活中的科学、养生与保健和关爱未成年人；三个原则是“贴近实际、贴近生活、贴近市民”；N个课题是指当年开设的48个子课题。[②]“基层点单，学校配送”是指成人学校先给出年度课程总清单，村(居)民在清单上挑选课程，再由成人学校组织宣讲团成员将课程配送至学习点或网格的送教服务形式。

“基层点单，学校配送”的具体操作流程如下：第一，以成人学校掌握的师资资源和办学干部推荐的师资资源为基础，初步建立师资库，即“梅源百姓宣讲团”；第二，根据师资库的师资所长，初步确定学习内容，形成六项比较稳定的学习主题；第三，每一年度，根据要求确定一个年度学习主题，再根据学习需求调研结果，增补一到两个当年的新主题；第四，每一年度，根据年度学习主题、固定学习主题和增补学习主题制定课程表，将课程表下发至网格站，由网格站送至村(居)学习点请村(居)民“点单”；第五，根据网格站提交的“点单”情况修订年度课程表，根据课程表确定该年度的宣讲团成员；第六，根据各个村(居)学习点的课程表，由宣讲团送教上门，在村(居)学习点或网格站完成授课。该模式采用“送货上门”的做法，对接了村(居)民的需求，减少了时间成本，拉近了村(居)民和各级社区教育管理者的距离。

江桥镇组团送教的模式同浙江舟山“网格化管理、组团式服务”中村干部组织专人成团定期上门了解民意、助民解难的模式思路相近，也是目前乡村网格化管理所采用的主要模式。该模式类似于物流领域“送货上门”的做法，能大大提升网格化管理的效率，但应用于农村成人教育网格学习团队的学习活动组织时也有一些操作上的限制，因而需要一些有针对性的考虑。

---

① 上海市教育评估院.转型　提升　超越：上海市街镇社区学校内涵建设创新百例[M].上海：华东师范大学出版社，2019：13-14.

② 上海市教育评估院.转型　提升　超越：上海市街镇社区学校内涵建设创新百例[M].上海：华东师范大学出版社，2019：14.

五、“江桥模式”的核心特征

“江桥模式”有五项核心特征，分别是自上而下、集零为整、单元对等、权力下放、激励先行。

（一）自上而下

“江桥模式”是一种乡镇级别的社区教育网格组团管理模式。从社区教育网格化的决定到网格的划分以及一系列的配套制度、方案、实施细则等，都由江桥成人学校主导，按照“成人学校→（一级网格）网格站→（二级网格）学习点”的顺序下发制度、组织培训等，自上而下推行网格化管理。组团式服务方面，也是由成人学校组建“梅源百姓宣讲团”并提供年度课程菜单，再将菜单送至（一级网格）网格站，再由网格站送至（二级网格）学习点，村（居）民完成点单之后，二级网格上报一级网格，一级网格上报成人学校，最后由成人学校组织宣讲团前往一级网格或二级网格送教。

“江桥模式”中所谓的“上”，是指镇一级的成人（社区）教育管理单位，也就是成人学校；所谓的“下”，是指村（居）学习点。前文已经介绍过，江桥成校要接受上海市嘉定区教育局和江桥镇人民政府的双重领导，还要接受嘉定区成人教育学院的业务指导，但从江桥镇社区教育网格组团管理模式的创建和实施来看，成人学校有权制定相关制度，也有权管理制度的落实和人员的考核，基本实现了该模式的独立运营，是“江桥模式”的“总控制站”。“江桥模式”在治理上的“纵向到底”是通过村（居）学习点实现的，其主抓业务是学习点上的学习型团队创建工作。村（居）民参加学习型团队，以个人为单位在学习点上学习，或者通过学习点接触本镇的各类学习资源，以此来获取成人学校、网格和学习点所能提供的全部服务。“江桥模式”的配套制度中有关于学习团队的约束和奖励，看起来网格组团管理模式可以“下”到学习团队，但实际上这些约束和奖励是给学习点的。比如，优秀、合格学习团队的资金奖励下发到学习点，由学习点的负责人（村支书或居委书记）、办学干部和学习团队的领队共同协商资金分配方案(添置设备、专家指导等),再将方案上交至江桥成校备案。

笔者在嘉定区马陆镇调研时,发现当地自创了“C+C 区域化党建联盟”(“C+C”意为“村+村”,同时意为 communication 和 cooperation,即交流与合作)。2017 年 4 月,区域化党建联盟单位——北管村、包桥村、陈村村及樊家村——签订了区域化党建项目协议书,正式启动 C+C 区域化党建项目。四个村通过区域化党建,解决网格化交界区域“脏乱差”难题,分享“五违四必”拆违经验,推进自然村常态、长效化管理,以联盟成立为契机,始终将重心放在凝聚服务群众上,以基层党建带动基层社会治理创新。① 2019 年,该联盟又增加了彭赵村、李家村两家单位②。嘉定新城(马陆镇)“C+C 区域化党建联盟”自成立以来,始终以扎紧文化纽带为抓手,助推党建工作融入村级治理方方面面,以曲艺党课、电影党课等党员群众喜闻乐见的形式,不断凝聚党心民心,共育家国情怀。③

“C+C 区域化党建联盟”的创建是为了加强联盟单位之间的沟通和交流,解决网格交界处的治理难题。它虽然不是专门针对社区教育的网格组团管理模式,但同“江桥模式”一样是为了解决治理中的实际问题,文化学习活动也是解决问题的重要手段之一。不同的是,“C+C 区域化党建联盟”是由村庄主动发起,村与村主动结成联盟并形成协议,不需要由镇级单位组织联盟中的村庄开展活动。相比之下,“江桥模式”自上而下的特征就更为鲜明,成人学校是处于上位的镇级单位,村(居)学习点是处于下位的被指导单位,网格站是二者之间增设的管理单位,村(居)学习点和网格站的社区教育活动都要受到成人学校的管理。比起村庄自组织的联盟,“江桥模式”自上而下的管理方式可能更加严格、高效,但网格站和学习点对成人学校的依赖也会比较强,其自

---

① 上海市嘉定区马陆镇.马陆 C+C 区域化党建项目启动 四家单位结成首批联盟[EB/OL].(2017-04-07)[2023-08-03]. http://malu.jiading.cn/xwzx/zhxw/content_395272.

② 上海市嘉定区马陆镇.C+C 区域化党建联盟主题党日 暨北管村党建主题公园开园仪式拉开帷幕[EB/OL].(2021-06-29)[2023-08-03]. http://malu.jiading.cn/xwzx/zhxw/content_732594.

③ 上海市嘉定区马陆镇.嘉定新城(马陆镇)开展“雅和谐乡风韵时代之声”C+C 区域化党建联盟戏曲沙龙活动[EB/OL].(2021-01-13)[2023-08-03]. http://dangjian.jiading.cn/gzdt/xxkb/content_700753.

治方面的能动性可能会受到限制。

(二)集零为整

网格化应用于城市综治时,采用的是一种“化整为零”的思路,通过对较大的管理单元进行切分,以更小、更灵活的单元来实现更优质的治理。这种切分首先表现为功能上的切分,比如将市、区、乡镇、街道等按照城市治理的职能划分为安全网格、环境卫生网格等,实现片区功能的专门管理。这种切分还表现为空间区域上的切分,比如新冠疫情期间,许多高等院校将“全体住校学生”这一较大的单元按照宿舍楼或者宿舍楼的某些楼层切分为网格,达到灵活自治的目的。

“江桥模式”的思路则相反,是一种“化零为整”的思路。表面上,江桥成校似乎是将整个镇的社区教育划分为四个社区网格和一个学校网格,好像是把“镇”这个大的管理单元划分为“网格”这个小的管理单元,其实不然。从划分社区教育网格之前的实际工作来看,作为整个镇的社区教育管理单位,江桥成校面对的是镇内 56 个村(居)学习点,这原本是比网格更小的单位。网格的划分的确是将“镇”这个更大的管理单元切分成四个网格(不包括学校网格这一特殊网格),也在每一个网格设置了网格站,但网格站是村(居)学习点的上一级治理单元(而非下一级治理单元),这种表面上的切分体现的是将各村(居)学习点予以合并的实质。与其说江桥镇社区教育的四个一级网格是由江桥镇社区教育的整个辖区切分而来,不如说是先根据属地等规则进行表面上的切分,本质上却是合并切分单元内的学习点,通过将两名成校教师直接面对 56 个学习点改制为八名成校教师两到三人一组,直接面对四个一级网格,以增设层级的形式实现了管理幅度的缩小。

(三)单元对等

将 56 个村(居)学习点归并为四个一级网格后,每一个一级网格除了名称上有差异,在制度和功能上是完全相同的,一级网格之下的所谓二级网格——村(居)学习点——除了名称不同,从成人学校的角度看,其制度和基本功能也是基本相同的。也就是说，一级网格上的网格站和二级网格上的学习点在制度预设上都是无差别的网格站和无差别的学习点，每个站点都是对等的管理单元，可以对其进行无差别的统一管理。江桥成校在划分网格时尽量在不打破地域连续性的基础上，将实力占优的学习点和其他学习点平均分配在一级网格里，也是竭力实现这种无差别管理的证明。

单元对等的管理思路有利于权责分配，比如江桥成校的教师在两到三人一组分管一级网格时，可以假设每个网格站及学习点的基本状况和管理难度是均等的，如果不考虑教师的人际圈和家庭住址，理想状态下几乎可以任意指派。单元对等也有利于提高组团送教的效率，“梅源百姓宣讲团”是镇级宣讲团队，村(居)民可以“点单”选择自己想学的课程，但对于每一个学习点来说，送教的总菜单和送教的制度、方式是一致的，基本只有送教地点(学习场所)和送教者(教师)是有差异的。

单元对等的设计思路下，江桥成校的每一位教师都像一名“全科医生”，负责网格中有关社区教育的全部事项。划分网格之前则是“专科医生”的思路，成人学校负责老年教育的教师要对口56个学习点的老年教育，负责社区教育的教师要对口56个学习点的社区教育，而社区中有时间参与学习活动的大多是老年人，社区教育和老年教育不分彼此，这样的权责分工会造成低效和混乱。

与传统的职责划分相比，单元对等的网格化权责划分的确能够提高效率，分工也更加清晰，但仍然有值得思考的问题。尤其是根据前文对我国其他地区农民学习活动的描述和剖析，单元对等的划分方式如何能支持不同站点农民学习活动的内生机制、强化农民学习的内在动力，以及如何在制度上体现不同学习点的特色、保护不同学习点上的个性化的乡村文化，仍然值得进一步精细设计。当然，江桥镇内各学习点在本土文化上缺少比较优势，不像嘉定区的其他街镇那样有特色，比如马陆镇的葡萄、徐行镇的黄草编等，因为缺少这样的传统优势，单元对等的设计思路反而比较符合江桥当地的情况。

(四)权力下放

表面看来,江桥镇社区教育网格的权力下放似乎很简单,就是成人学校将管理社区教育的权力下放到各个网格站和学习点。但需要思考的问题是,这样的权力下放是如何实现的?或者说最基本的是,获得管理社区教育的权力究竟意味着什么?从办学干部队伍不稳定、新人入职先做办学干部的现状来看,在村委、居委的各项工作中,村(居)民的学习工作似乎是排在末位的,在我国的整个教育体系中,成人教育似乎也排在各级各类教育的末位,同中小学校和幼儿园相比,成人学校也比较边缘化,这可能是因为在当下这个社会发展阶段,成人教育失败的代价看上去是最小的。

吴校长在设立网格时也很清楚,由一个边缘化的学校赋予一项边缘化的权力,同时要设立一系列前途未卜的制度来保障这项权力的实施,实在是一件想不通又难度大的事。但是成人教育领域的研究者和实践者十分清楚社区教育所能带来的社会价值。回想第五章中农民对于"学会"的定义,"学会"不等于记住知识或掌握规则,"学会"等于学精,等于直接转换为一定价值的成果,换言之,学习包含着对一种高手境界的追求。追求这一境界的过程会卷入很多人,这些人有可能实现内心的追求,同时,这些人也有可能找到共同认可的文化价值和相处方式,包括对所在村庄、社区的认同。因而吴校长所谓社区教育要服务社会,服务的首先就是社区的善治,而所谓管理社区教育的权力,实质上是一种通往善治的权力。只是这种权力多半不是直接奏效的,而是依次通过聚集、交流、亲密、认可的路径渐进式地实现。刚刚从事社区教育工作的人,甚至是长期从事这一工作的人,都未必能充分认识到社区中的教育和学习活动的可贵之处,而江桥成校为了迅速推行网格化,采用了以成果倒推宣传的方式。

如果没有网格站,成人学校的权力会直接下放到 56 个村(居)学习点,这样会导致权力分散,管理上也会比较混乱。设置网格站之后,成人学校和村(居)学习点之间多了一个权力层级,基于这个新的权力层级,被任命为网格站站长和副站长的村(居)办学干部似乎"升级"了,有了高于其他村(居)学习点的社区教育管理实权。同时，站长和副站长的身份也象征着对其既往工作的表彰，是一种荣誉。第一批拥有这些实权和荣誉的村(居)办学干部，有些已经获得以学习促进社区善治的成果，有些则初步获得善治成果的过渡性表现形式(赛果、表彰等)，网格设立之初，江桥成校用物质激励和精神激励并存、充分利用物质激励的方式，鼓励这些办学干部以网格站站长的新身份维系并推动善治的成果和形式，再通过善治的成果来反证网格化管理组团式服务的制度优势。

(五)激励先行

江桥镇以"考核制度＋奖金"的形式保障实施社区教育网格组团管理模式，在该模式实施之前就准备好了考核制度和奖金，可谓"激励先行"。一方面，为了鼓励村(居)学习点以学习团队为单位组织村(居)民参加学习活动，江桥成校将20多万元的专项经费直接用于学习团队的建设。吴校长说："(我们奖励的)幅度很大，所以村(居)学习点的书记、村(居)里面的领导都很支持——因为我实打实进行学习表彰，然后直接经费下去。"(WXY-20220819-WG)另一方面，将办学干部在社区教育(网格化)方面的工作绩效纳入江桥镇的"600分"考核制度，同时配套制定了《2015年江桥镇社区教育工作者考核实施意见》(自2016年1月1日执行)，根据办学干部的社区教育业绩来结算部分工作报酬，有效提高了办学干部的积极性。"600分"考核制度是指《江桥镇2016年社区干部业绩考核和报酬结算办法》(自2016年1月1日执行)，因其规定"按照综治维稳治安、公共安全、住宅管理、社区环境、社区民主自治、人口管理六大块进行百分制考核"得名"600分"考核，社区教育在"社区民主自治"中占两分。吴校长说："或许我们只有两分，但是不管怎样，它会有一个指标是参加社区教育的情况，他们叫作'推进学习型社会建设工作'，或者叫作'创建学习型社会建设工作'。"(WXY-20220819-WG)

《2015年江桥镇社区教育工作者考核实施意见》由江桥成校制定，将社区教育网格化同教育培训("梅源讲坛"宣教活动和远程教育收视工作)、数字化学习点建设、学习团队建设等网格中的具体工作结合起来，保障网格化的实施。为了将社区教育的工作绩效纳入镇“600分”考核，吴校长专门向江桥镇政府打了申请，陈其要害，得到了镇领导的认同和重视。申请通过之后，吴校长在《2015年江桥镇社区教育工作者考核实施意见》中，将全镇的村（居）办学干部和教育系统社区教育工作者（主要是江桥成校的社区教育专职教师）所应达成的绩效指标赋予100分，其中90分是常规分，10分是特色和亮点分。江桥成校每季度向江桥镇提交村（居）考核结果，再由镇社区办以季度为单位结算考核奖金。假设某个学习点在江桥成校的考核中获得80分，社区教育在600分考核中占两分，季度考核奖金就按照0.16（0.8×2＝0.16）的系数发放。

吴校长认为，社区教育网格化对村（居）办学干部和社区教育专职教师来说是新事物，尽管制度制定者比较清楚网格化的好处，但具体的执行者一时还看不到该制度所描绘的美好图景，要让办学干部和专职教师为网格化初期的大量工作付出义务劳动，既不合理也不公平，而以年终奖金的多寡来推行网格化这一新制度，是一种比较高效的做法。同时，江桥成校还以表彰大会等形式提供精神奖励，向考核成果较优者颁发证书。

六、“江桥模式”的推广优势与障碍

（一）“江桥模式”的推广优势

“江桥模式”的推广优势在于思路清晰、制度完备、经验比较充足。从网格化管理模式的来源、网格划分的依据、网格站和站长的设置，到网格站和村（居）学习点的职责，再到办学干部和社区教育专职教师的奖惩，其思路是一脉相承且清晰可辨的，配套制度是完整且有书面文件的。2015年底至今，网格组团管理模式在江桥镇社区教育管理上的实践应用没有间断，已经积累了一定的经验。尤其是配套的制度文本，虽有不够完善的地方，但在社区教育领域，单靠成人学校的力量便制定出如此多的书面制度，已经是卓尔不群。

2017年至今，笔者在上海市嘉定区的多所成人学校调研，许多学校有着优秀的实践，但关于这些实践的跟踪和记录总是跟不上，更不必说配套的管理制度。多数成人学校的做法是，提出一些比较先进的实践想法，先在若干村（居）学习点进行试点，用试点的成果申报课题和实验项目，随后集中力量产出实践成果，最后用这些成果申请结题或结项。这些学校的先进想法及其实践记录一般会以类似经验总结的形式保留在结题（结项）报告、年终工作总结或者各类评优材料中，可能直到最后都不会给予制度配套。如果其他单位想从这些成人学校借鉴先进经验，获得的书面材料只能是混杂大量其他工作内容的年终工作总结、课题或项目的总结报告以及混杂大量其他工作内容的各类评优材料。对于借鉴单位来说，既没有配套的书面制度，又要在各类材料中“大海捞针”，参考起来不太方便。与之相比，江桥成校的做法是“书面制度先行”，只要借鉴单位的辖区与江桥镇情况相似，就可以直接借鉴“江桥模式”，仅需对不合宜的内容进行微调。可以说，“江桥模式”是一套比较完整的、便于借鉴的社区教育网格组团管理模式。

（二）“江桥模式”的推广障碍

笔者也曾经询问吴校长“江桥模式”的可复制、可推广性如何，吴校长认为，“江桥模式”完全可以在嘉定区的其他街镇直接推广，上海市的其他地区应该也可以推广，至于是否可以在全国推广，吴校长没有给出答案。然而直到本书出版，“江桥模式”不但没有在全国推广，就连上海市的其他区甚至嘉定区本区都没有任何一个乡镇或街道借鉴“江桥模式”，笔者认为主要原因如下。

一是社区教育品牌的互斥性。一般认为，江桥镇属于嘉定区，按说嘉定区各街镇之间的差异应该会比较小，嘉定区的其他街镇复制江桥镇的社区教育管理模式应当不难。但事实上，上海市要求各个街镇创建社区教育品牌，倡导每一个街镇的品牌要有别于其他街镇，要有属于自己的特色和亮点。[①] 这一倡议鼓励了各街镇成人（社区）学校的创新——“江桥模式”也是这一倡议的有益成果——但该倡议也对优秀经验的推广造成了一定的影响。对其他街镇的

---

① 上海教育.上海市教育委员会关于印发《2022 年上海市教育委员会终身教育工作要点》的通知[EB/OL].（2022-03-31）[2023-08-07]. http://edu.sh.gov.cn/xxgk2_zdgz_jygzydynb_01/20220401/d0c8ec791dd64b988ccb57ce1ced5a42.html.

成人(社区)学校来说，江桥镇的“网格化管理、组团式服务”是一个比较有名的社区教育管理品牌，这个品牌是属于江桥的，相当于江桥的“专利”，如果复制了这一品牌的做法，就是在社区教育管理模式上“抄袭”江桥，就是无视了和江桥的竞争关系，就是缺少自己的特色和亮点。换言之，尽管江桥成校本身并没有这种想法，但在上海市范围，该校在客观上“占有”了社区教育的网格组团管理模式，不但吴校长本人没太考虑过复制、推广的问题，其他成人(社区)学校的校长也没想过要借鉴“江桥模式”，尤其是在嘉定区范围内，借鉴兄弟单位的实践成果就更显得没有创意。

二是宣传不足。鉴于社区教育品牌的互斥性，越是远离江桥镇的乡镇和街道(尤其是其他大型城市城郊的街镇)，越是有可能借鉴“江桥模式”，但“江桥模式”仅在上海市闻名，向其他地区的宣传还不够，或者其他地区有单位听说过“江桥模式”，但不了解其具体的思路、制度和实施方式，还需要进一步深入了解。尽管“江桥模式”的思路清晰有配套制度，但在笔者进行梳理和分析之前，这些内容也分散在各种各样的文本之中，整理起来耗时费力。另有一些内容“存储”在吴校长的记忆中，除了吴校长，无人知晓，也需要系统地挖掘、梳理和分析。也许本书的出版能对这一点做出些许弥补，但要真正学习“江桥模式”，还需要前往江桥成人学校进行交流，参与座谈会并获得全套制度文本和研究报告。

三是区域社区教育实情的差异。“江桥模式”的创建和落实，与已经离任的吴校长有很大关系，其个人偏好(比如学习团队的命名方式)、个人能力和工作方式(比如制定书面制度)、人际关系(比如和镇领导相熟)都在较大程度上对“江桥模式”产生了影响。此外，江桥镇成人学校有十个编制，算是一所“大成校”，由于辖区人口密集，社区教育的“人头费”总额也比较高(200 多万元)，有比较充足的人手来担任网格站的联络员，也有比较充足的经费来激励村(居)办学干部按照成人学校的制度行事。一些规模较小的成人学校(实践中，成人学校的规模与街镇规模不一定成正比)，尽管也有必要实行社区教育的网格化，但仅有一到三名专职教师，工作不堪负荷便只得作罢。嘉定区之外，社区教育实情的差异就更大了，比如上海市有的区已经撤销了成人学校的建制

（如普陀区），在我国的其他省、自治区和直辖市，有可能找不到与成人（社区）学校职责相对应的乡镇级别的业务分管单位，或者业务分管单位实际并不承担此类业务（笔者调研的多数乡镇都是如此），这就导致经验复制的主体不明，也就是不知道该由谁来复制江桥镇的经验，也就谈不上该如何进行复制和推广。

四是“民治”经验不足。江桥镇的“成人学校→网格站→村（居）学习点”的三级负责制，在制度上可以实现成人学校对村（居）学习点的直接管理，但在学习点之下，对学习团队和学习者的管理便只能依靠制度的辐射作用而非制度的管制作用。此时，以成人学校为“总控制站”的“官治”似乎很难“到底”，纵向权力的“手”已经很难再向基层伸展。一方面，成人学校、网格站和学习点希望在举办活动的时候得到村（居）民的响应，因而会设法鼓励他们，另一方面，如果村（居）民反响热烈，他们又无法一一满足其需求。此时“民治”的重要作用就得到了凸显。

正是因为区域社区教育实情的差异较大，有些地方根本就不存在实质上履行“官治”职能的单位和组织，因而农村成人社区教育的治理会自然而然地从“民治”开始。而在江桥镇，学习团队的组建一般会采用新建或收编的形式，新建的团队直接由“官治”而生，收编的团队过去有民间学习活动，也有组织这些活动时的“民治”，但江桥成校没有力量对此展开研究，继而无法为那些需要从“民治”开始进行农村成人社区教育治理的地区提供参考。

第八章　村庄学习网格的划分

上一章讲到，“江桥模式”划分了镇级网格，但没有探讨村庄内部的网格划分问题。而农民“拓展”的学习机制表明，许多村庄已经形成了由各类学习群体和学习团队组成的天然学习网络，即本书前言所说的网络组团学习模式。若要将二者结合起来，应当先探讨村庄内部的网格划分问题，区分出专门的学习网格和代理行使学习网格职能的综合类网格，提出多样化的分类依据和建议。

一、村庄学习网格的类型和划分依据

笔者在田野调查和文献收集过程中发现，一个行政村如果设立了学习点、文化站等机构（实际上是村委会多挂了一块这样的牌子，人员并未增加），则相当于已经产生了将散落于村庄各处的成人学习活动收拢在一起进行统一管理的意愿和实体，至于其作用发挥得如何，各村之间仍有较大差异。在其他绝大多数没有设立此类机构的村庄，成人学习活动中的党员学习会由村委会负责，得到比较有效的管理；如果涉及村中典型的农业作物、工业产品和文旅服务，村委也会组织一部分技能学习活动；如果设立了传习所等专门机构，那些有“非遗”名号的闲暇学习活动也会得到应有的照顾。然而在党员学习、典型技能学习和“非遗”技艺传承的夹缝中，农民在市场和乡土文化中生发出的学习需求和学习活动，则经常无人问津，成为乡村教育治理的真空地带。

无论是在和市场接触的过程中产生学习某些农业生产技术的需求（如插秧机的使用等），还是在沉浸于乡土文化的过程中产生学习某些闲暇技艺的需求(如演奏《山景》等),无论村委会是否理会这种需求,农民们都会想办法寻找相关的资源。一旦有了机缘,他们就会聚在一起,将这些技艺以非正式的形式传播开去,甚至自行组成相对正式的学习团队,这在桃庄村农民学习锣鼓的故事中有比较详细的描述。

农民们群聚时,讨论的不只是眼下学习的技艺,还有村中的大小事,此间便会有大量的民情民意。可以说,农民自组织的学习活动加大了他们的聚集频次,也加大了民情民意的交流频次,这样的聚集不仅影响学习活动本身的治理,而且还会影响整个村庄的治理。尤其是在"非熟人社会"的城市社区中,社区学习活动的场所几乎可以说是民情民意的最佳收集地。基于这一点,从治理的角度看,以合适的治理单元在村庄中开展农民学习的自治是很有必要的。

在我国的许多行政村中,网格已经是村委会之下现成的治理单元,分为综治网格和专项网格两种(也有的乡镇将其称为基础网格、专属网格[①])。综治网格是综合治理网格的简称,它的集成度比较高,一般的做法是先把村庄划分为若干地块,再用综治网格去管理地块上的全部事宜,所有通知都可以通过网格来下达,所有任务都可以通过网格来完成。专项网格一般是按照业务来切分,比如设立专门的安全生产网格、环境治理网格等。

基于这两种比较通用的网格类型,村庄中的学习网格也可以有两种类型:一种是在综治网格中实现对农村成人学习和教育活动的管理,在综治网格中制定关于学习活动管理的相关规定,并指定专门的责任人员;另一种是在综治网格之外设立专门的学习网格,专门负责管理村中各项学习活动(尤其是成人学习活动),制定相关的规定并配备专门的队伍。笔者把第一种网格称为"代司学习治理职能的综合治理网格",简称"代理网格";把第二种称为"学习专项网格",简称"学习网格"。

在二分类基础上,按照村中的空间区隔、关键人物、产业聚集和人际网络,又可以将代理网格分为地形网格、街道网格、区域网格、党政网格、乡贤网格、

① 郭倩,信息化网格化打通乡村管理"梗阻"[N/OL].经济参考报,2019-07-23[2021-07-01].http://www.jjckb.cn/2019-07/23/c_138249161.htm.

产业网格、亲缘网格和邻里网格等八种网格类型。按照学习内容、聚集的场所和身份认同，又可以将学习专项网格分为内容网格、热度网格和身份网格等三种网格类型(见表 8-1)。

表 8-1　村庄学习网格的基本类型及划分依据

网格类型	总划分依据	具体划分依据
地形网格	空间区隔	山川、河流、沟壑等自然区隔
街道网格		街道、桥梁、建筑等人为区隔
区域网格		片区、自然村、村民小组、生产队等
党政网格	关键人物	党群小组和党群干部的数量、方位等
乡贤网格		乡贤的数量、身份、专长、方位等
产业网格	产业聚集	产业、行业、种类、品牌的聚集
亲缘网格	人际网络	姓氏(宗族、家族，包括姻亲)
邻里网格		住户的距离、方位、数量、关系等
内容网格	学习内容	学习内容的种类
热度网格	聚集场所	聚集场所的种类、作用、方位等
身份网格	身份认同	职业、学历、宗教信仰等

二、代理网格的类型划分

(一)按照空间区隔划分：地形网格、街道网格、区域网格

空间区隔是最常见的网格划分依据，主要功能是梳理和标记属地内的空间，并且对这些空间进行切分或合并，主要有地形网格、街道网格、区域网格三种。地形网格是指以自然的空间区隔为依据而划分的网格，比如山头南北、河流两岸、沟壑两侧的地块一般会被划入不同的网格。街道网格是指以人工制造的空间区隔为依据划分的网格，比如街道两边、拱桥两侧、建筑群内外一般会被划入不同网格。以桃庄村的街道网格为例，从村东至村西，每一条或每两

条南北方向的街道会划分出一个综治网格，配备网格责任人（网格长）、党员和村民代表，负责辖区内的安全、环卫、“两违双控”（违法建设治理）等自治事项。

地形网格和街道网格依照“物理区隔”进行空间切分，依据有三。一是相互走动的效率：如果让网格中的人常年频繁地翻山、渡河、跨沟往来，就会很不方便。二是物理区隔带来的隔离感，比如一位村民说：“从我家走着走着有一座桥，我觉得桥那边的就不算邻居了。”（20190923-WG-BXR）三是隔离感造成的社会联结断裂，比如一位村民说：“房后有一条沟，沟那边的人就不咋走动。”（20180807-WG-SZM）

区域网格适用于建制较大的行政村，通常地域广阔、人口众多，一般由多个自然村、村民小组或生产大队归并而成，中小规模村庄按照生产小队划分网格也属于这种类型，几乎等同于在原先的自治单元上直接挂牌。区域网格的划分依据不像地形和街道那样可以直接用肉眼看到，但也是有章可循的，它的历史印记和行政惯习比较鲜明，比如一位村支书说：“我这个村比较大，是过去六个村划成的，一个姓陈的一个村，我们现在基本上画的是五个片。”（20191127-WG-DSR）还有一位村主任说：“我一开始弄不明白，开网格员会，你说找谁？实际是一个事，咱那时候划第一生产队、第二生产队，也就是一个意思。”（20200104-WG-DQJ）

“哪里有区隔”和“哪里曾经有区隔”是村干部依据空间区隔划分网格的核心参照点，区隔区域的范围和人口是次要参照点。地形、街道、区域要素在行政村内共存时，村干部一般会采用“地形＋区域”或“街道＋区域”的组合依据，“地形＋街道”或“地形＋街道＋区域”的组合依据比较少见，可见地形和街道常被当作互替依据来使用。

（二）按照关键人物划分：党政网格、乡贤网格

关键人物（包括重要组织）是比较常见的划分依据，常与空间区隔同时使用，主要功能是梳理村中的关键人物，设立以关键人物为引领的治理单元。也就是说，在划分网格的时候，要考虑哪些片区住着有影响力的人，再大致判断一下这个人能辐射周围多少户人家，最后将这个人和他方便管辖的住家所在

的区域划分成一个网格；主要分为党政网格和乡贤网格两种。党政网格是以党支部、党小组、村委会成员（以下简称村干部）、党员、村民代表的数量、身份、所在地、住所方位等为依据划分的网格。例如，安徽省庐江县矾山镇“建立支部片区、党小组片区、党员责任区三级网格管理模式，每个支部网格配备五名‘红管家’”[①]。桃庄村则是让“两委”成员“认领”自家住所周围的街道：“具体划分吧，上面只要要求了这个事，就比如分样东西[像分东西一样]，村委五个人，十道街，那就一人两道街。”（20210623-WG-DQJ）

乡贤网格是指依据乡贤的数量、专长、住所方位等划分的网格，比如上海市嘉定区外冈镇、徐行镇成人学校以“老娘舅”为灵感创建的“老大人工作室”“客堂会”等类似网格节点的学习治理单元。乡村振兴战略下，乡贤作为“非正式权威及国家权力与乡村社会的中介”[②]，应打破传统乡贤为长者、富人、村内人等的限制，从道德权威转向专长权威，选用“具有较高的村庄治理意愿和治理能力”[③]的新乡贤，积极发挥新乡贤作用。

乡贤网格可采用两种划分方式：一是以乡贤住所为中心圈定附近家户，适用于乡贤住所辐射范围相对均匀的村庄；二是以乡贤专长为中心圈定“乡贤姓名＋自治内容”网格，适用于多个乡贤具有突出专长的村庄。有学者认为，村委会干部也属于新乡贤的范畴，但党政网格更侧重职位本身的权责，乡贤网格更侧重治理专长和治理意愿，应将其干部身份划入党政网格，将其乡贤身份兼入乡贤网格。

（三）按照产业聚集划分：产业网格

产业聚集类网格相较前两种少见，主要是以产业、行业、品种、品牌的聚集为依据划分的网格，比如浙江省仙居县湫山乡将同一产业划分为一个网格，由

---

① 孔健.矾山镇：构建红色党建“小网格”，破解乡村治理“大难题”[EB/OL].（2021-01-06）[2021-07-02]. http://www.lj.gov.cn/zwdt/xzdt/119930521.html.

② 付翠莲.乡村振兴视域下新乡贤推进乡村软治理的路径研究[J].求实，2019(4)：76-83，111-112.

③ 龚丽兰，郑永君.培育“新乡贤”：乡村振兴内生主体基础的构建机制[J].中国农村观察，2019(6)：59-76.

服务团队提供技术辅导等全方位服务[①]。河北省阳原县曲长城村以农业产业为中心，围绕产业发展构建起四层三级网格体系，“促进种、养、加、游、电全产业链发展”[②]。而在笔者调研的桃庄村，村干部在上级要求划分安全网格时顺便认领了聚集在村东、村南的21家乡镇企业：“就是咱庄21个厂子，就是一个网格、两个网格，‘两委’成员谁分管就是。”(20200104-WG-DQJ)该村的建材、食品、环保等企业都被混合划入同一个网格，主要划分依据仍为空间区隔和关键人物，与新闻报道中典型的产业网格有一定差距。

(四)按照人际网络划分：亲缘网格、邻里网格

人际网络类网格的主要功能是梳理村庄中的人际联结，以人际关系网来划分治理单元。笔者调研的村庄中仅有1个行政村采用此种划分类型。亲缘网格是指依据姓氏(宗族、家族，包括姻亲)划分的网格，适用于多姓杂居且拥有两个及以上主姓群落的行政村。划分亲缘网格应考虑村中姓氏数量、姓氏聚居现状、宗族关系和宗族势力，主要分为以下三种情况。一是村庄主姓数量较少，聚居特征明显，宗族团结，无宗族不良势力，可按照姓氏(或宗族)数量直接划分亲缘网格；二是村庄有一定数量主姓——如桃庄村有14个姓氏，桃(化姓)、卢、王、刘、丁五姓人数超过30户，盖姓只有一户——聚居特征不明显但居住距离较近，宗族团结，无宗族恶势力，可根据户数、人数分出大姓和小姓，按照“大姓独设，小姓合设”的原则划分亲缘网格；三是以下情况均不适合划分亲缘网格：村庄无主姓或主姓家户无聚居且距离过远，亲缘关系网过于复杂不易梳理，宗族不团结，有宗族不良势力。

邻里网格是以邻里距离及走动频率为依据划分的网格，适合建筑物以条线式、棋盘式布局的村庄。邻里网格的划分可采用一户人家只能划归一个网格的做法，从村庄边角处开始，对较宽的街道进行垂直或水平切分：如街道只

---

① 朱汉多，娄宇飞，李建成.产业网格化管理助推农民增收[EB/OL].(210-04-05)[201-07-02]. http://hynews.zjol.com.cn/hynews/system/2010/04/05/011990116.shtml.

② 严春晓.为贫困乡村产业发展培植动能[N/OL].农民日报，2019-11-20[2021-07-02]. http://szb.farmer.com.cn/2019/20191120/20191120_003/20191120_003_5.htm.

有一侧有住户，则三到四户人家为一个网格；如街道两侧各有一排住户，则六户人家为一个网格，两侧各三家；如街道两侧各有两排住户，则以八户或 12 户人家为一个网格，两侧各四家或六家。邻里网格划分的户数选择应根据村庄实际情况进行调整，包括对其他划分依据的综合考虑。

三、学习专项网格的类型划分

（一）按照学习内容划分：内容网格

学习内容类网格的功能是梳理村民的学习内容，设立各类针对学习内容的治理单元，实现学习内容的创造和传承。内容网格是本书根据田野调查的结果提出的一种应然的学习网格类型，在笔者调研的村庄中并未发现有人设立这样的网格，但有功能相近的其他学习治理单元，如党员学习小组。

内容网格是指以学习内容的种类为依据划分的网格，一般包括九大类：一是传习类，主要学习村中世代相传的传统文化，如桃庄村的“六”棋、锣鼓、秧歌、“姜老背”等；二是思政类，主要学习党和国家的理论、路线、方针、政策，研讨村情民意等；三是职业类，主要学习职业技术技能；四是安全类，主要学习生产生活中的安全知识和技能；五是基本素养类，如字词、算数、信息技术等；六是健康类，如医疗、保健、育儿等；七是休闲类，主要学习艺体和生活技能；八是宗教类，指村中合法宗教聚集地的教义学习；九是其他类，包括以上未提到的其他内容。

根据以上大类，可按需设立传习网格、思政网格（党员学习网格）、职业技能学习网格、安全学习网格、基本素养学习网格（扫盲网格）、医疗保健网格、休闲学习网格和综合学习网格，宗教学习建议纳入综治网格，重治不重学，不再单设专项网格。网格之下可设立下级网格或学习团队，二者的区别是：下级网格作为治理单元应保持稳定，对应相对持续的学习内容，比如村庄世代传习的内容、国家规定的内容；学习团队应适当保持灵活，可根据时事和村民学习需求变化进行调整，比如创建疫苗接种知识学习团队、编织学习团队、广场舞学习团队等,完成使命或需求转移即可解散。

根据笔者的田野调查,九大类学习内容中,传习类内容多依靠“趣缘”聚集村民,治理效果不稳定,然则“乡土文化建设是乡村振兴的灵魂”[①],最有必要设立相应的学习专项网格。传习网格对传承乡村传统文化的首要意义在于推动传统文化的价值归位。通过桃庄村“六”棋调研可知,“无记载、受歧视、被忽视”是村庄传统文化难以存续的重要原因。“六”棋与“安徽省第二批省级非物质文化遗产”[②]六洲棋似为同源,可追溯至藏棋[③]、鹿棋[④]、六博棋[⑤]等古代棋艺。桃庄村及邻近村庄在长期文化历史实践中创造了“六”棋的棋具、棋规和棋谱,但这些仅保留在村民对弈的过程中,结束即隐匿,外人很难发现和整理。桃庄村的“六”棋文化遗产没有书面记载,甚至没有口头传承,老一辈村民热爱“六”棋,但看不上它的乡土出身,“象棋是国际上的,‘六’是农村的”(20200101-LQ-WTZ),觉得它“一点都不好,就是消磨时间”(20191231-LQ-DNN),不了解它的发展史,“这个没有记载,这是一种乐趣”(20200102-LQ-WFXWCM),预计它后继无人,“反正下去60、50来岁的,没有会下这个的”(20191230-LQ-WTYWTL)。村委会和上级政府为特定乡村传统文化专设传习网格是文化价值认可的标志,意味着对该项传统文化的重视和保护,而经过精细化设计的“活的”网格,有利于实现传统文化在网格中的动态固化和传承。

(二)按照聚集场所划分:热度网格

聚集场所类网格的功能是梳理村民的学习场所,设立各类围绕学习场所的治理单元,提高学习场所的使用效益。热度网格是指依据村内热门聚集地划分的网格,也是本书提出的应然网格,在田野调查中未发现实际的案例。热度网格必须同时具备三个要素,一是学习场所,二是村民聚集,三是发生活动,

---

① 朱启臻.乡土文化建设是乡村振兴的灵魂[N/OL].光明日报,2021-02-25[2023-08-08].https://topics.gmw.cn/2021-02/25/content_34646327.htm.

② 吕俊莉.六洲棋初探[J].体育文化导刊,2014(8):53-56.

③ 马小明,周晓丽.关于藏棋研究的几点思考[J].青海民族研究,2016(4):183-186.

④ 丛密林.鹿棋考[J].体育文化导刊,2011(8):111-114.

⑤ 张斌.古老的游艺塞棋考略[J].社会科学论坛,2015(4):105-110.

即“热度网格＝场所＋聚集＋活动”。本书第六章已经划分了农民学习场所的类型，而具体到一个村庄，农民的学习场所一般有三个来源：一是村委会筹建的专门场所，如桃庄村为广场舞团队筹建的健身广场；二是村委会挂牌的多功能场所，如桃庄村的“农家书屋”，其挂牌多达八块；三是村民自主聚集地，如桥边、树下、超市、家户前的空地等。其中，专门场所和多功能场所是在场所建成的基础上实现聚集，村民自主聚集地则是在自然聚集的基础上生成学习场所。专门场所和多功能场所无法实现天然聚集的情况时有发生，主要原因是村委会院内场所带来的身份隔离感和村干部锁闭场所的行为。

热度网格的设立能起到梳理、盘活村庄学习场所的作用，有助于对学习场所的精细化治理，对尚不满足“自然聚集”条件的学习场所，应采取“去隔离”措施，降低场所准入门槛，促使村民自然聚集。热度网格可采用两种划分方式：一是按照场所的性质划分，比如交通热度网格、宅舍热度网格、商业热度网格等；二是与内容网格搭配划分，比如“家禽饲养热度网格”“锣鼓热度网格”等。

（三）按照身份认同划分：身份网格

身份网格是指以建立在村民身份认同基础上的自然聚集为依据而划分的网格，常见身份包括村干部、党员、农民、乡镇企业家、工人、农民工、（学历和年级相近的）学生、教徒等。理论上讲，身份网格可按照村中不同身份村民的聚集情况来划分，一种发生聚集的身份可划为一个网格，但身份网格容易强化身份意识，固化村民身份，易造成隔阂与矛盾。身份网格的学习内容往往与内容网格重合，只是划分依据不同，建议用内容网格代替身份网格。

四、村庄学习网格的问题和建议

笔者在田野调查中未见有行政村单设学习专项网格，各村皆由综治网格代司学习治理职能，此类网格在搭建过程中普遍存在“浅了解，少需求，有划分，缺设计”的问题。

(一)村庄学习网格建设中的问题

第一,对政令的解读和传达比较模糊,对网格化政策的了解较浅,对村内进行网格化治理的需求较少。在笔者调研的村庄中,村干部是网格的搭建者,他们对网格的理解更侧重切分、承包和检查,至于为何切分、如何切分,尤其是在已经有村民小组、生产队等治理单元的情况下为何仍要设立网格,许多“两委”成员还不了解,以至笔者在调研时反复被问及“网格到底是干什么的”。政令理解不透的情况不仅限于村委会,以某镇“网格化管理办公室(网格化服务管理中心)”为例,尽管室内挂满了《×镇综治中心网格化服务体系示意图》《网格化管理工作制度》《基础网格员工作职责》等宣传展板,但负责人仍说不清政策——“这个网格到底是个什么东西呀”(20200106-WG-ZZZF),可见政令传达至乡镇已经不甚明了,村干部对网格界定不明也不足为奇。

村干部不清楚什么是网格,不知道为什么划分网格,造成了上级政令与行政村内生自治需求的脱节,应对上级检查成为设立网格的主要目的。“比如我,(镇上)检查安全生产这块的,打电话问:‘DQJ你是桃庄村委吧,干什么的,你是什么职务,安全网格这块你包的哪个片区?’我就说了,‘我包了YZ有限公司,还有个GX塑料厂’,就是这个作用。”(20200104-WG-DQJ)尽管许多村干部把网格的主要任务理解为实施各类检查,但没人能说出检查为什么要在网格内进行,网格的设立与网格的实际功能出现脱节。

第二,设计思路不清,有划分,缺设计。设计思路不清在网格划分结果上表现为多种网格并存且划分依据不明,缺乏种类、功能上的梳理,比如上级政府要求行政村设立综治网格、安全网格和环卫网格,村干部就分别将村庄切分三次,三次的结果均不同,但说不出造成差异的依据,实际划分依据需通过笔者的调查结果来推断。事实上,综治网格可当作集成专项网格功能的代理网格使用,特别重要的安全生产等自治事项均可单设专项网格,与代理网格分治,但村干部未理顺各类网格之间的逻辑,导致上级政令下达时出现“直觉式”划分的情况。

思路不清的结果还表现为缺乏体系设计,不论将村庄切分多少次都是横向的区域切分，网格之间少有层级区别，网格划分依据与网格对应的自治事项缺少有说服力的关联。村干部在划分网格时，比较偏好地形、街道等外显性较高的网格类型，能体现村庄内在联系的网格类型则十分少见。或许是因为外显性较高的划分依据本身就能在一定程度上标记网格分区，致使许多行政村的网格设计没有书面记载，村干部划分网格时就在本村地图上直接比画，各自记住口头“承包”的区域即可：“不规范，不是形成这个书面的地理位置什么的，都是口头说说。”(20210623-WG-DQJ)

(二)村庄学习网格的体系设计建议

根据前文提出的11种村庄学习网格类型及其功能特性，结合网格搭建过程中存在的典型问题，本书提出三点设计建议。

首先，试行“村干部＋村民＋X”设计模式，实现网格设计主体多元化。应改变村干部作为单一主体的网格设计方式，试行以村干部为主导、村民为主体、其他力量为辅助，自上而下与自下而上相结合，内生与外扶相结合的“村干部＋村民＋X”设计模式，X指外部专家或其他对网格设计有帮助的人，可以是来自村外的基层干部、科研人员、能工巧匠等。

“村干部＋村民＋X”模式中，村干部的主要职责是：理顺并传达政令，向上级政府和外部专家咨询政令内容及意义，向村民准确传达；调研走访，了解已经开展自治的学习活动，询问村民的自治需求；向村民征询网格划分依据、设计思路和网格责任人；组织村民组建网格，监督网格运营，维护、更新网格系统。村民的主要职责是：准确理解政令，主动咨询不明确的问题；向村干部上报学习需求、一技之长、自治意愿、自治评价等；参与网格划分，建言献策，网格责任人选举和被选举等；参与网格的组建、监管、维护和更新。X的主要职责是在网格设计和运营过程中为村干部和村民提供咨询，包括政策咨询、理论咨询、方法咨询等。

其次，试行“异类同配”设计模式，实现网格横向分工精准对接。网格横向分工是指同一网格层级中不同网格类型之间的分工。“异类同配”设计模式是指为了特定学习目的和功能，搭配使用不同的网格类型，从而实现异类网格组合效用加成的设计模式。“异类同配”设计模式针对的是单一网格类型“吃遍天”、多种网格类型重叠加总的弊病，要求设计者选择两种及以上能深度契合的网格，变加总为加乘，令搭配后的效果优于任一网格类型或多个网格类型的简单组合。

学习专项网格类型与代理网格类型可混合实施“异类同配”，具体哪些网格应该搭配，各村应有个性化的答案。以桃庄村为例，比较适合“异类同配”的是热度网格和内容网格中的传习网格，“异类同配”成果表现为“镌刻了文化历史产出的村民学习景观”。桃庄村的“六”棋和锣鼓都属于传习内容，根据拓展性学习理论对学习的界定，村民在长期文化历史实践中创造的、作为活动系统工具的棋具、棋规、棋谱、鼓槌、鼓面、鼓谱，以及不断丰富的鲁东南“六”棋和锣鼓文化，体现了“集体智慧的进化”①，都是典型的村民群体学习成果。作为一种内容网格，传习网格的主要作用是触发网格内生学习机制，借助学习活动的反复发生，创造、传承此类成果。与之相对，热度网格的主要作用是展示发生在学习场所上的天然学习活动以及学习场所治理。

未采用“异类同配”设计模式时，传习网格的学习成果是无形的、未经外化的，热度网格的学习场所是缺少学习内容附着或学习内容简单附着、错位附着的，二者都具有学习活动“常发生，少保留”的缺点。以桃庄村可作为“‘六’棋热度网格”的学习场所为例，村民已经有了学习景观改造的意识，如村民家门口的水泥地面被“六”棋棋友刻上了棋盘；村北板桥的断壁残垣上有志愿者手书“欢迎光临、孙子兵法、人生三大幸运、人生三苦、温馨提示”等内容，其中“温馨提示”为：“寒冬季节屋内生火取暖，切忌不要把门窗关得严丝合缝，一定要通风排气，以防室内缺氧，危及生命，对此，万不可掉以轻心，粗心大意。”(20201229-TP-CBDQ)“六”棋棋盘只能反映“六”棋传统文化之一隅，属于简单附着，“温馨提示”内容与桥上发生的学习活动及村庄传统文化无关(且内容有误)，属于错位附着。

以“六”棋学习网格“异类同配”为例，更优质的学习景观设计应当：一是紧

① 于文浩.共创性学习：一种集体智慧的进化[J].远程教育杂志，2012(2)：28-35.

扣本村优秀传统文化，景观内容契合学习内容，让学习活动成为学习景观的一部分，让学习景观成为对应学习活动的“背景板”。“六”棋学习活动场所应建设“六”棋学习景观。二是将内容网格的学习产出附着在热度网格上。通过“六”棋传习网格记录“六”棋演变史，随时留存网格学习产出（体现桃庄村农耕文化的棋谱等），将产出以“‘六’棋文化墙”等形式附着在“六”棋热度网格上。三是保护热度网格的天然聚集性，开辟或保留活动聚集空间，保持学习景观活性。“六”棋景观周围必须留有村民对弈的场所，场所应具有高开放性，利于村民自然聚集。

“异类同配”设计模式不宜强行规定网格类型之间的固定搭配，根据目前掌握的一手资料，内容网格和热度网格的搭配比较理想。理论上，任意两种及以上网格类型均可搭配使用，比如“老大人工作室”实质上就是内容网格和乡贤网格的搭配，但具体哪些搭配可以产生加乘效应，必须深入具体村庄开展调研，找到有当地特色的、能尽可能发挥搭配功效的“异类同配”方式。目前而言，“异类同配”模式最好先选定某一内容网格，其他网格围绕内容学习网格进行搭配。

最后，试行“拆组嵌套”设计模式，实现网格纵向分工灵活多变。网格纵向分工是指同一网格体系内相同或不同网格类型之间的层级划分。“拆组嵌套”设计模式是指根据本村实际治理需要和各类网格的规模及功能，对网格进行拆分、组合与嵌套，进而实现多层级灵活治理的设计模式。“拆组嵌套”设计模式针对的是“只给级数不给思路”、网格体系分级依据不明或过于单一的弊病，要求改变“以级数主导分级”的思路，先梳理村中的网格类型，确定类型之间的互补或加成作用，再在梳理类型关系的基础上划分网格层级，做到网格体系分级精细化。

“拆组嵌套”模式中，拆分是把同一类型的大网格拆分成小网格（或附属团队），将小网格设为大网格的下级网格；组合是将两个及以上的网格组合成一个更大的网格；嵌套是把一类网格套进另一类网格或二者互相嵌套，后者即“异类同配”的结果。每一种网格类型都可以被当作一个“模块”，如拼图一般灵活组合，避免层级划分导致的网格自治体系僵化。

理清本村网格类型及其互补、加乘关系是一项重要工作，是避免网格无效重叠划分的重要手段，可遵循“一是空间、二是产业、三是人际网络、四是学习内容、五是聚集场所、六是关键人物”的推荐顺序。以桃庄为例（见图 8-1），可改变目前以街道为依据，单一、重复、口头划分空间区隔类网格的做法，梳理村中空间关系，将涉及河流的区域分出地形网格，设立街道一级网格，把地形网格嵌套进街道一级网格；梳理村中产业，设立产业一级网格，下设工业网格等二级网格，也可在空间区隔上把工业网格嵌套进街道一级网格；梳理村中人际网络，设立亲缘或邻里一级网格，二者可互相嵌套，形成亲缘—邻里网格；梳理村中学习内容，设立内容一级网格，下设传习网格、党员学习网格等二级网格，传习网格之下还可设立“六”棋网格、健康知识学习团队等三级网格或团队；梳理村中聚集场所，设立热度一级网格，下设健身热度网格等二级网格，与传习网格嵌套，设立“六”棋热度网格等三级网格；梳理村中关键人物，任命责任人。

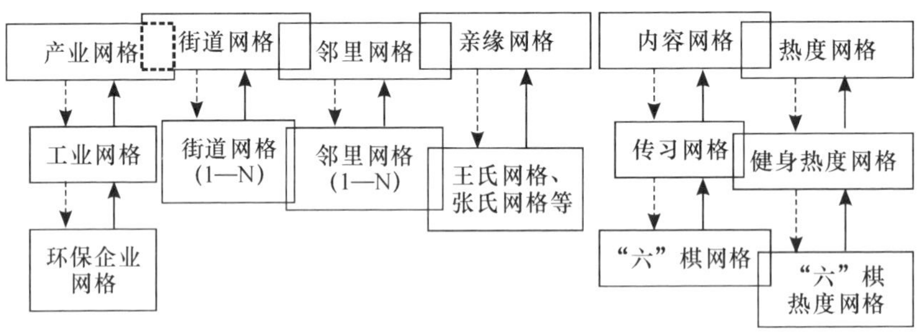

图 8-1 桃庄村网格体系设计示意（部分）

资料来源：马颂歌，王雨，徐雄伟. 村民学习网格类型划分与体系设计——基于我国东、中部三省一市的田野调查[J]. 终身教育研究，2021(6)：27-35，66.

本章透过教育研究者的视角，基于田野调查提出了 11 种村庄学习网格和网格体系设计建议，其中一些想法可能同样适用于农村普通综合治理网格及其他专项网格的建设。相较我国村庄总数，本书之调研九牛一毛，但对于解决行政村网格划分及体系设计中存在的问题，包括解答“网格治理为什么失效”，应该有一定典型性。

第九章　网格组团学习模式的运营

一、网格组团学习模式的运营体系

如本书前言所论:网格组团学习模式(也可以称为“网格组团教育模式”或“网格组团治理模式”)是由乡镇社区教育管理层面上的“网格组团管理模式”和农民学习发生机制层面上的“网络组团学习模式”融合而来,是一种以网格为基本管理单元,以网格中的服务团队为中介,以网格中的学习团队为落脚点,以多方社会主体和多种社会资源催生团队学习动力的农村成人教育治理模式。网格组团学习模式目的是提升农村成人教育的治理水平,促进农村成人教育自治,助力乡村振兴。

基于田野调查和理论研究(即本书第一章至第八章的内容),笔者构建了网格组团学习模式的运营体系模型(见图 9-1)。理想情况下,网格组团学习模式运营体系的构成应当包含乡镇和村庄两条线路。一条是由总控制站、网格站、村(居)学习点和学习团队组成的四级串联线路:在有关部门的管理和指导下,由乡镇成人学校、社区学校、社区学习中心等建制单位担任总控制站,总控制站下设镇级网格站,再由镇级网格站管理、联络行政村或者社区中已经挂牌的村(居)学习点,在学习点上组建学习团队,鼓励村(居)民通过参与学习团队的形式来参加学习活动,同时通过学习团队与学习点、网格站及总控制站保持联络,实现总控制站、网格站、学习点和学习团队的四级共治。

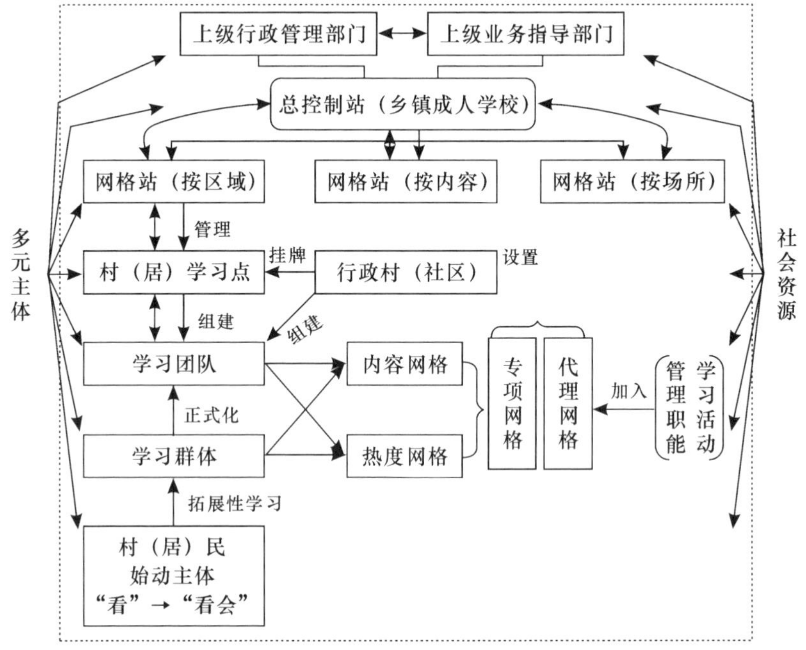

图 9-1　网格组团学习模式的运营体系模型

另一条是由行政村(或社区)、村庄(或社区)网格和学习团队组成的村庄(或社区)自治线路:由行政村或社区自主设置代理网格(即第八章所界定的代司学习管理职能的综合治理网格)和专项网格(即第八章所界定的学习专项网格),其中专项网格可分为内容网格和热度网格两种。行政村或社区中的网格同样以学习团队为抓手来落实村庄学习活动的管理,通过学习团队在内容网格、热度网格中的活动和联络,实现村委会(或居委会)、村庄(或社区)网格和学习团队的三级自治。

网格组团学习模式的运营体系中,学习团队的形成有三种方式:一是已经挂牌的村(居)学习点的村庄或社区在总控制站的指导下直接组建学习团队;二是行政村或社区直接组建学习团队;三是将村民或居民自发形成的学习群体正式化,收编为学习团队。在我国的广大农村地区,第三种方式是通过“看会”“拓展”等学习机制形成的,具有较强的内在动力——最先“看会”(包括“听会”“摸索”等)的农民有可能成为拓展性学习过程的“始动主体”(第一个发动群体学习过程的人），始动主体逐渐卷入其他学习者并创造出新工具，形成新的规则和劳动分工，组成一个有一定规模的学习群体并成为正式学习团队的“预备队”。

理想状况下，第一条线路和第二条线路可以同时运营，也就是由镇级总控制站主导的镇级网格组团学习模式和由村委会、居委会主导的村庄（社区）网格组团学习模式同时运营，二者互不干涉，但村委会、居委会可以要求上级乡镇、区县对该模式的运营进行指导。条件不允许的情况下，可以根据本乡镇或村庄的情况在两条线路中选择一条进行试运营。本书第七章提炼出的“江桥模式”即为第一条线路的独立运营，而在上海市嘉定区的马陆镇、徐行镇、南翔镇等地，已经出现了村庄自主运营的小微网格。例如，“徐行镇构建了‘1＋3＋15＋109’的四级网格工作体系，把人、地、事、物、组织等要素全部纳入全镇一张总网格、三个片区网格、15 个村居网格、109 个小微网格，并以网格为单位，推动基层社会多元主体协同治理”[①]，“其中，片区网格重在协调和督导，村居（单元）网格重在联动和处置，小微网格重在发现和化解”[②]。一旦融入学习管理的功能，这些小微网格也可以看作第二条线路的雏形。在本书中，管理是手段，治理是结果或成效，无论是第一条线路还是第二条线路，都应当有社会上多元主体和多种资源的参与和投入，这些主体和资源多半来自成人（社区）教育的实践体系之外，包括区县及以上政府部门、各级各类业务指导部门、各级各类院校、专家团队、专业场馆等，且制度建设、档案建设、场地建设、文化建设、课程建设、信息技术建设等仍需要政策、智力、人力和资金的大力支持。

二、网格组团学习模式的运营思路

对运营体系进行总体规划之后，就要考虑网格组团学习模式具体应当如

---

① 上海市嘉定区人民政府．我为群众办实事丨增能、赋能，小网格汇集大能量[EB/OL]．(2022-11-12)[2023-08-09]．http://xuhang.jiading.cn/xwdt/jcdt/content_813507.

② 上海市嘉定区人民政府．嘉定划细做实小微网格“细治入微”服务人心[EB/OL]．(2023-03-10)[2023-08-09]．http://www.jiading.gov.cn/xinwen/jddt1/szxw/content_828580.

何投入运营的问题，其总体思路是：定位“中心点”和运营区域→划分网格→组建或规制学习团队→配套制度或修订规则→宣传与培训→运营、记录与评价→反馈与调整。

(一)定位“中心点”和运营区域

“中心点”是指整体或部分运营网格组团学习模式的单位、组织或个人。其中，单位和组织主要负责网格的整体运营，相当于总控制站。在设立成人学校、社区学校、社区教育中心等单位的乡镇，一般由这些单位承担总控制站的职责；在没有设立此类单位的乡镇，一般由相应级别的教育、文体、农业部门来承担总控制站的职责。行政村或社区自主运营的网格组团学习模式中，总控制站一般由村委会或居委会担任。个人一般负责部分网格区域或团队的运营，相当于网格组团学习模式的“分控制站”。“分控制站”可以选择有职位、有能力、有资源或有威望的人担任，比如村委会或居委会的干部、“非遗”传承人、农业产销能手、闲暇学习活动领队、家族族长、热门学习场所的户主(专指宅舍家院类学习场所)、受人尊重的新乡贤等。

运营区域是指网格组团学习模式的运营范围，包括地域范围和人际范围。地域范围包括乡镇、村庄、社区或其中的某些区域，如果地理范围不明确，则需要重点考虑人际范围，比如互联网上的范围。实际运营中，往往优先考虑地理范围，比如确定在某镇、某村、某社区运营网格组团学习模式。而在人际上，即便是借助互联网，最初的参与者一般也不会超出划定的区域范围，只是随着网格运营成效的凸显，有可能出现“边界突破”的现象，先是邻近区域的学习者加入，随后逐渐向外拓展，也可能会因为互联网的作用而出现较远地理距离的学习者希望加入网格的情况。

“中心点”和运营区域的定位没有严格的先后关系，实际情况中可能是同时确定的。这里所谓“定位”，是从上级管理者或研究者的视角出发的，比如区政府希望推行镇一级的网格组团学习模式，区相关负责人就需要先“定位”推行这种模式的镇，以及其中的责任单位、责任组织和责任人。如果有研究者想要建议某个城市试点这种模式，也需要先“定位”该城市中试点的乡镇、村庄或社区。本书在江桥镇的案例中提到，江桥镇的社区教育网格组团管理模式是由镇成人学校自主推行的(不是在上级单位的安排下推行的)，江桥成校是一个自然诞生的总控制站。决定网格化之后，江桥成校做的第一件事就是定位运营区域——决定全镇运营还是片区运营，最终定位为全镇运营。在总控制站非自然诞生的情况下，运营区域的定位一般会早于“中心点”的定位，需要先划定推行网格组团学习模式的区域，再在区域内选定总控制站，最后由总控制站负责其他事项的运营。

(二)划分网格

第八章提到，网格的划分是网格组团学习模式的重要运营前提。网格组团学习模式要在网格中运营，网格的大小、方位和形态在很大程度上决定了后续运营方式的差异。第八章还提出了两种专门的学习网格——内容网格和热度网格，这两种网格的共同特征是区域边界不明显，是以“学习内容”或“热门场所”为中心的、区域边界比较模糊的网格。第八章还提到了亲缘网格、乡贤网格等新的网格划分方式，这可能会让读者认为按照区域划分网格的做法似乎不太新颖。然而由江桥镇的案例可知，按照区域划分的网格有较大的便利性和效率上的优势，因而这种方式仍然是应用最广泛的网格划分方式。网格组团学习模式既能够在学习网格中单独运营，也可以在其他类型的网格中运营。

划分网格时，应当做到划分与挖掘相结合。一方面，可以参照江桥镇自上而下划分的思路，由总控制站在调研的基础上统一划分网格。另一方面，需要充分调研已经存在的“天然网络”(比如农民为了学习农技、锣鼓和广场舞而自然组成的学习网络)或者网格的雏形(比如马陆镇的“C＋C 区域党建联盟”)，将已有的天然网络和网格的雏形以试点、归并、重组和直接转化等形式纳入新建的网格体系。在划分专门的学习网格时，更应当注意区域内已经形成的学习团队、学习小组和各类群聚现象，在群聚现象中挖掘学习活动和未来的学习小组、学习团队，将具有潜力的学习群体提前纳入网格规划，同时预留一些网格划分的空间。

网格的划分有三条主要思路，分别是切分的思路、组合的思路和联动的思路。“切分”分为横向切分和纵向切分，横向切分主要是把管理区域切小，纵向切分主要是把管理链条切短。组合的思路则相反，是像江桥成人学校那样，把较小的区域组合为一个大的网格，增设一个名为“网格”的管理层级。联动的思路是对前两种思路的补充，实际操作中，在考虑如何切分或组合的同时就要考虑如何联动。联动又分为横向联动、纵向联动和交叉联动，为的是让相同区域的网格和网格之间、网格和其他管理层级之间以及不同区域的网格和其他管理层级之间实现顺畅的交流和共治。

（三）组建或规制学习团队

划分网格之后，需要在网格和学习团队之间建立关联。这里所说的学习团队，应当是实质意义上的学习团队而不是名义上的学习团队，更接近“学习共同体”的概念。但“学习共同体”是一个学术术语而不是一个制度名词，在实际运营网格组团学习模式时，为了操作方便，可以用社区教育中更通行的“学习团队”代替“学习共同体”。根据学习共同体的定义和条件，学习团队中的成员应当有共同的旨趣。

学习团队的形成方式分为组建和规制两种。组建是“无中生有”的团队形成方式，比如“江桥模式”中的网格管理者团队。这种团队是在相关制度之下，由总控制站（江桥成人学校）自上而下组建而成，而不是民间自发形成的。专门组建的团队具有一定的“专用”性质，是专门为网格及其内部学习活动的运转而服务的，团队负责人和成员虽然兼任其他工作，但当他们以网格中的管理者团队成员的身份工作时，他们的服务几乎只算作网格的工作成果。

规制是将已有的学习群体或者学习团队雏形改造为具有网格学习团队身份和标识的学习团队。参照“江桥模式”，可以通过赋予名称、宗旨、成员名册、活动场所等形式，将非正式的学习群体或学习团队正式化，将其正式纳入网格统一管理。参照这一做法，桃庄村的锣鼓队和广场舞队都能够以规制的形式直接纳入网格体系。

根据“江桥模式”，组建或规制的团队还可以分为两种，一种是管理团队，在网格中行使管理职责，一种是送教团队，在网格中行使送教职责，比如“梅源百姓宣讲团”。这两种团队形成了“网格管理＋网格送教”的组合拳，可以供我们参考。除了管理和送教，还应当考虑如何让“看会”和“拓展”的机制继续在网格中发挥作用，因此应当允许一些团队游离在“规制”之外，以相对自由的“学习游击队”的形式存在。当这些“学习游击队”按照自然的拓展性学习规律“拓展”为相对正式的团队的雏形后，再对其进行规制。

（四）配套制度或修改规则

配套制度和修订规则的目的都是形成一套网格组团学习模式的制度，但二者在途径上有明显的不同。配套制度是指新制定一套专门用于管理网格组团学习模式的制度，再将新制度配套到即将运营的学习模式中。配套制度比较适合自上而下发起的网格组团学习模式。由于在自上而下模式中，网格是“空降”而来的，在制度上必定是缺乏的，因而必须重新制定。但必须注意的是，尽管网格是这一区域的新鲜事物，但网格所要管理的工作可能早已有之。以江桥镇为例，江桥成校一直负责村居学习点的管理，这是有相关管理制度的，网格组建之后，相当于将一揽子相关的工作制度经过修改组合成为新的制度体系，只有关于网格本身的制度是从零开始制定的，这一定程度上接近第二种方式——修改规则，但还是有区别。

所谓修改规则，更多是在学习团队的运作层面。由桃庄村的例子可知，许多学习团队的雏形，在其诞生到成熟的过程中，逐渐出现分工，形成了自身的规则（规则的形成是拓展性学习进程中的重要一环）。此类规则对这些群体有很高的适用性，因此在制定新制度时有很大的参考价值，可以直接改编为新制度。但这些规则比较“原始”，有一定的随意性，一定程度上也会让学习群体的发展陷入瓶颈。此时就需要引入外部标准，将内部规则修订为外部制度，在考虑原规则的适用性和新规则的适应性的基础上，实现原始规则的制度化。

（五）宣传与培训

形成制度之后，总控制站应当对本区域的网格组团学习模式进行宣传，并适当对参与者进行培训，毕竟重新设计村庄表面的格局要比改变它的生产方式和社会组织形式更容易[①]。如果要真正改变它的生产方式和社会组织形式，至少要让村民适当了解村庄表面格局变动背后的实践含义，将制度变革和社会生产关联起来。在乡镇和村庄中，各类制度制定之后都有一些宣传，但笔者在田野中也发现了一些制度宣传不够“接地气”的情况，比如在宣传栏中用大段的、绵密的、比较学术的书面表达来向农民展示制度的内容和意义，张贴之后便少有人问津。而采用宣讲的方式进行制度宣传时，尽管化解了表达上的难懂和生硬，但有时候宣讲的范围又比较小，常常局限在村“两委”、队长、组长等层面，自上而下层层传达，没有落实到每一位村民。“如果政治宣传与政治实践存在矛盾，无法与人们的经济生活建立联系，那么，它便无法唤起人们的自觉认同”[②]，应当“以理解和学习的视角，进入乡村社会及其与外界的相关互动过程中；注重传授双方的平等角色和地位，力图在双方互动的前提下实现共同发展”[③]。具体来说，面对农民，应当以简单易懂的方式进行宣传，将抽象的术语转化为和农民的日常生活相对接的表达方式，建立制度宣传、政治实践和生产生活实践之间的联系。

如果说政策宣传工作要落实到每一位村民，培训工作则更多针对网格组团学习模式中的各类职能人员，比如网格长（包括网格站的站长）、网格员、宣讲团团长、学习团队队长、宣讲员和一部分具备管理潜力的学习者。培训的内容应当更多地聚焦专业层面，包括如何实现学习活动管理和基层组织的联动、如何进行队伍管理、如何进行沟通交流、如何组织学习活动、如何撰写学习案例、如何保留学习档案、如何“传帮带”，以及对具体技艺的学习等。考虑到农民习惯以“看会”的学习方式来学习，此类培训最好以工作坊等注重实践的方式开展，采用“短讲＋练习”等形式，避免久坐听讲和纸上谈兵。

---

① 斯科特．国家的视角：那些试图改善人类状况的项目是如何失败的[M]．王晓毅，译．北京：社会科学文献出版社，2019：354.

② 杨红运．南京国民政府时期的政治宣传与乡村整合——以抗战前江苏省保甲宣传为例[J]．东北师大学报（哲学社会科学版），2017(1)：77-84.

③ 李红艳．乡村传播学概念解析——兼论乡村传播学与发展传播学之异同[J]．新闻界，2008(6)：42-44.

(六)运营、记录与评价

网格组团学习模式正式运营之前,可以考虑选定一到两个网格进行试运营,根据运营中发现的问题,对网格的划分、制度、团队、宣传培训等方面进行调整。试运营结束后到整体运营前,需要考虑网格体系各个部分的运营顺序,包括三种主要的选择:一是借助学习团队发动网格,二是借助网格发动学习团队,三是同时发动网格和学习团队。江桥镇成人学校采用的是从成人学校到网格站再到学习点的运营发动方式,实际上,学习点的运营主要体现为学习团队的运营。为了更简洁、明确地表达观点,本书不再专门将学习点作为一个发动的起点来讨论。

此处仍以本书频繁提及的桃庄村为例:桃庄村属于荆林镇,假设荆林镇要设立学习专项网格,则可以命名为"荆林镇学习网格",设立镇级网格长及联络员;下辖的各个行政村的学习专项网格——比如桃庄村的学习专项网格——可以命名为"桃庄村学习网格",设立村一级网格长及联络员,其下可以继续划分村庄学习网格,设立村二级网格长及联络员,也可以由桃庄村学习网格直接管理各类学习团队。如果是继续划分村庄学习网格,可划分为党政学习网格、农业技术学习网格、闲暇学习网格等(这些都是根据学习的内容划分的,实质上是内容网格),之下是锣鼓队、广场舞队等学习团队;也可以划分为休闲广场网格、大嵌桥网格等(这些都是根据学习发生的聚集场所划分的,实质上是热度网格)。如果是由桃庄村学习网格直接管理各类学习团队,则"桃庄村学习网格"之下可以直接是"桃庄村锣鼓队""桃庄村广场舞队"等。

就桃庄村的情况来看,在学习专项网格的设立和运营之前,村庄内的部分学习团队已经处于运营状态,比如党员学习小组、锣鼓队和广场舞队,而学习专项网格作为新设的管理层级或架构,此时在功能上仍然是虚设,需要学习团队"以实带虚",将网格的实际功能带动起来。例如,可以将锣鼓队、广场舞队的实际负责人正式任命为"桃庄村锣鼓队队长""桃庄村广场舞队队长",要求他们向网格长反馈学习需求、提交学习团队活动记录、反馈其他民情民意等,由于他们在实际运营中产生了实际的学习活动,实际的学习活动又产生了真实的需求、记录和民意，当真实的需求、记录和民意反馈至网格时，网格便产生了真正的功能。由此可以判定，桃庄村比较适合第一种思路——借助学习团队发动网格，即借助学习团队发动网格的思路更适用于已经有一部分相对成形的学习团队的乡镇或村庄。

借助网格发动学习团队则是一种自上而下的思路，比较适合在自治方面有一定的模式或经验，但在学习团队的运营方面不是很成熟的乡镇或村庄。这种思路是先由网格向学习团队（包括学习点）发布任务，甚至由网格组建新的学习团队，确定学习团队的名称、学习内容和领队人选，为学习团队规划场地、配送课程等。成人学校等总控制站为网格配备的制度、人员、管理团队、送教团队等，会成为推动整个网格组团学习模式运营的决定性力量。当这些要素与学习团队紧密结合时，网格组团学习模式的运作会更加顺畅，一旦这些要素游离于学习团队之外或者和学习团队的结合不紧密，网格组团学习模式的运营就会受阻。

同时发动网格和学习团队的情况适用于学习团队和治理模式都比较成熟的乡镇及村庄。这种情况下，网格和学习团队能够互相助力，及时实现农村成人学习和成人教育治理方面的上下通达和多方联动。循着这种思路，网格组团学习模式的运营可以通过联席会议的形式开始，由总控制站、网格、学习团队等组成联席会，首轮以研讨会、发布会等形式直接发动网格组团学习模式的运营。此时网格中的学习团队有自主的学习活动，网格也具备需求回馈、组团送教和运营管理的能力，理想状态下，网格能够发挥资源集成功能，将社会各界的资源集中在网格这一平台上，再通过组团送教的方式实现资源的再分配。以第三种思路运营网格组团学习模式，需要拟运营的区域具备较好的先决条件。前两种思路下，网格组团学习模式运营到一定的阶段才能发挥资源集成作用，而第三种思路相当于直接进入该模式运营的成熟阶段。

（七）反馈与调整

运营过程中，学习团队、网格和总控制站都应当进行日常反馈，有三种基本思路：一是由总控制站、网格规定反馈的周期，先由学习团队将需求和问题反馈给网格，再由网格反馈至总控制站，最后由总控制站调整。二是不规定反馈的周期，由学习团队和网格按照实际需要向总控制站反馈，与此同时，总控制站不定期赴网格和学习团队走访调研，根据反馈和调研的结果调整。三是既规定反馈周期又实行不定期反馈，理想状态下，这种思路的实施效果最好，因为它的预制模式最为周全，但它的管理成本也比较高，多数情况下需要配备专门的团队。

（八）运营体系的构建思路模型

如图 9-2 所示，按照线性顺序，网格组团学习模式运营思路模型的起点是定位“中心点”和运营区域，也就是要确定由哪家单位或个人来承担该模式的整体或部分运营职责。第二步是划分网格，通过切分、组合及联动的方式来确定网格的大小、方位和形态。第三步是建立网格和学习团队的联系，在网格中建设学习团队。网格中学习团队的建设方式分为组建和规制两种，即组建新的学习团队或者收编原有的学习团队、学习群体，规制为网格中正式的学习团队。第四步是为网格组团学习模式建设新的制度体系，包含两种方式：一是直接配套新制度；二是修改以往的相关规则，将旧规则转化为新制度。第五步是在形成制度之后，对网格组团学习模式进行宣传，以贴近村（居）民的宣传形式，帮助学习者和服务团队了解政策和制度；同时，对各类服务人员进行培训，提升其专业技能。第六步是依序试运营或正式运营网格，并对网格中的学习活动进行记录，对网格服务团队的表现进行评价。第七步是运营过程中的反馈和调整，中心点、网格站、村委会（居委会）、村庄（社区）网格责任人和村（居）民均应当随时反馈，并由责任单位、组织和责任人调整。

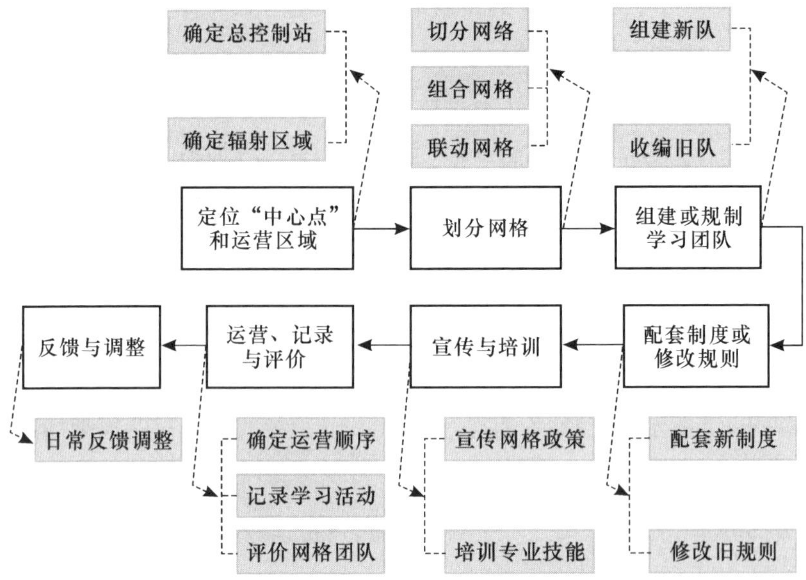

图 9-2　网格组团学习模式的运营思路模型

三、网格组团学习模式的学习团队组建

网格组团学习模式中，学习团队的建设是底层运营基础，脱离学习团队及其学习活动的网格是“死的网格”。而在乡镇成人教育的实践中，学习团队的组建模式比较单一，同质性团队较多，不利于后续网格组团学习模式的建设。针对这一问题，本书提出学习团队的三种组建模式，分别是以服务区域为中心的学习团队组建模式、以学习内容为中心的学习团队组建模式、以学习者经验和特质为中心的学习团队组建模式。建议总控制站和网格综合使用这三种模式，拓展学习团队的组建思路，提升组建成效。

(一)以服务区域为中心的学习团队组建模式

在以服务区域为中心的学习团队组建模式中，重点考虑的是网格运营区域的实际需要，比如围绕产业振兴、人才振兴、文化振兴、生态振兴、组织振兴等乡村振兴的五个方面，根据本地的优势、劣势、机遇和风险，选择其中的一个或几个方面重点突破。笔者在田野调查中发现，嘉定区马陆镇成人学校开展的宅舍文化课程体系建设，就是围绕乡村文化振兴来组建学习团队的。该镇“乡村振兴战略下马陆镇宅舍文化课程体系建设的实验”入选2022年度上海市社区教育实验重点项目名单。

马陆镇即嘉定新城马陆镇，是嘉定区中部的产业重镇，“下辖11个行政村、7个片区、1个马东园区”①，辖区内72.44%②的面积都是产业社区和郊野片区。据该校校长说，马陆成校瞄准乡村文化振兴的原因是：随着农业技术的进步、城市经济的发展和文化教育的普及，村中大部分年轻人在市区或新城的核心区域购置房产，一些老人也因为隔代教养、改善居住条件等原因搬迁至城区。与此同时，产业园有大量的用工需求，工人们倾向于以低廉的价格租住周边村民的空置房屋，逐渐形成少数的原住村民和多数的园区工人在一个行政村内混合居住的格局。园区工人的作息时间与原住村民不一致，由于劳作疲惫，休息时间也很少外出，与原住村民交往甚少，也很少参与村委组织的活动。长此以往，许多行政村的熟人社会被拆解，像是有了“村中城”，住户不相往来，见面也不打招呼，没了以往的热络，相互帮扶也变少了。该校校长还说，他在路上偶遇村民，感到他们比以往冷漠，和美乡风逐日凋敝，宅舍中的家风传统也逐渐丢失。

面对这样的实际情况，马陆成校从百姓家宅、村庄建筑的文化改造入手，开展调研走访，挖掘本土的文化传统和文化技艺，找到传统和技艺的传承者，以传承者为核心，带动村民规制、新建学习团队。针对学习团队的核心文化技艺和学习需求，找到对应领域的专业教师，由教师设计专业的课程并送教上门，逐渐总结出“和、治、康、美、能”等五大类宅舍文化，初步形成以乡村文化振兴为目的的宅舍课程体系。

例如，笔者同该校校长一同前往马陆镇樊家村调研时发现，该村有沪剧唱

---

① 上海市嘉定区马陆镇. 今日面貌[EB/OL]. [2024-07-15]. http://malu.jiading.cn/zjjdxcmlz/jrmm.

② 上海市嘉定区马陆镇辖区总面积62.52平方千米，其中新城核心区面积17.23平方千米，其余为新城东区产业社区和郊野片区。

作、软笔书法、民间剪纸等文化传统。村中有一位刚刚去世的老先生，其生前选取生活中能体现时代发展和技术进步的物件创作出了沪剧《六样机》，我们发现村中年纪大一些的村民都会演唱，还经常聚集在一起活动。向村委了解这些人的学习需求后，成人学校专门找到一位专业的戏剧教师签署了合作协议，初步组建了“樊家村戏曲沙龙”学习团队并开展定期活动。在专业教师的编排和教学下，该团队排演的沪剧、诗歌朗诵等节目融入了不少传统文化和红色元素，大大提升了村民的交往热情、学习兴趣和专业水平。

尽管马陆成校并未建设专门的社区教育网格，但该校的“组团”模式为本书提供了启示。之所以将其归类为以服务区域为中心的学习团队组建模式，是因为该校先是发现了辖区内的村庄“和”文化凋敝的问题，后续的学习团队建设均围绕解决这一问题而展开。尽管村民后来组成的学习团队所学习的内容各不相同，涵盖了村风民俗、家风家训、法制科普、科学生活、健康养生、艺术生活等方面，但相关学习内容和学习团队的建设都是为了振兴马陆镇的乡村文化，而不是这些内容本身。比如“樊家村戏曲沙龙”学习团队最初是以《六样机》这一具体的乡土文化遗产为起点，但后续并不只是专注保护这项遗产，而是将学习内容扩展到许多文艺表演形式。也就是说，马陆镇是先确定了振兴乡村文化这一风向标，再围绕这一风向标组建学习团队，在逐步摸索的过程中，对乡村文化的振兴形成了一些理念上的、类目上的顶层设计，这同下文即将阐释的以某项学习内容的习得和传承为核心的学习团队组建模式在意图和逻辑起点上有根本的不同。

(二)以学习内容为中心的学习团队组建模式

以学习内容为中心的学习团队建设更注重内容本身的习得和传承，比如上海市嘉定区徐行镇的黄草编、马陆镇的葡萄、外冈镇的大米，都是当地典型的文化技艺或标志性农产品，这些技艺或产品有些仍在带动地方经济的发展，有些已经成为一种文化符号，其本身的保存价值已经超过了它对地方经济的带动价值。也就是说，在以学习内容为中心的学习团队组建模式中，总控制站和网格更看重学习内容本身的价值。对这些内容的学习有可能会立即带动地方经济及其他方面的发展,也有可能在短期内无法见效,但由于内容本身得到了政府、学界或百姓的认可,总控制站和网格仍然要围绕这些内容建立专门的学习团队。

本书在论述农民闲暇学习时详细讲述了桃庄村锣鼓队和广场舞队的缘起与发展,看到了农民为了学习某项特定的技艺付出种种努力。起初,农民只是出于兴趣爱好参与学习这些技艺,看重的是学习活动的客体(也就是锣鼓、广场舞本身)带给他们的幸福和康健,与增产增收关系不大。随着学习活动的发展以及非正式的学习群体向正式的学习团队转化,读者在桃庄村锣鼓队的故事中看到了由农民的文化学习活动衍生的乡村锣鼓经济,但这种经济只是农民的自立自为,并非源于村"两委"或地方政府的总体设计。锣鼓学习活动所衍生出的鼓具研发活动和城北锣鼓经济只是"锣鼓"这一学习内容的副产品,真正吸引农民的、真正具有文化传承意义的还是锣鼓本身。

当某个乡镇或者村庄有公认的、具有习得或传承价值的技艺时,比较适合采用以学习内容为中心的学习团队组建模式。这种模式更关注村民的学习需求,在政治导向正确、资源比较充足的前提下,一般以满足村民的学习需求为优先,以村民的学习热情为基础来开展学习活动。相较于以服务区域为中心的学习团队组建模式,二者更多是逻辑起点上的差异,并不意味着以学习内容为中心的学习团队组建模式不为区域的总体发展服务。一般来说,以内容为中心的学习团队建设应当从走访调研开始,发掘当地值得传承或百姓喜爱的技艺,找到相关的传承人,以传承人为核心建立学习团队。在这样的团队中,村民们往往跟随传承人学习,传承人的水平会决定整个团队的水平,因此为了促进整个团队的进步,传承人本身也应当不断提升自身的技艺水平和教学水平。

(三)以学习者经验和特质为中心的学习团队组建模式

和少年儿童的学习不同,成人的学习以经验(experience)为核心。"成人学习者和未成年学习者的根本区别在于成人学习者拥有宝贵的经验。他们有见识、有体验、有作为。他们拥有个人生活史,比如经历过亲人的出生和死亡,建立过婚姻关系或其他长期关系，也可能生养过第二代甚或第三代；他们拥有个人工作史，比如做过许多种类的工作，甚至经历过责任的重压；他们还拥有社会生活史，同他们的指导者（instructor）一样，掌握着同一历史时期的一手知识。这些经验价值非凡，并且在成人学习的过程中发挥关键作用。”[①]早在20世纪早期，成人教育学界就认可了经验在成人学习中的关键作用，无论是从个体成人学习者独立学习的角度，还是从指导者帮助成人学习的角度，基于经验的反思（reflection）和意义生成（meaning making）都是促进成人发展的重要方面。

日常生活中，我们经常把经验简单地理解为解决问题的办法或者规律，比如“根据我的经验，遇到这样的事情应当这样处理”等，但在成人教育的语境中，经验不仅指向面对问题时的经验总结，还指向成人学习者全部人生经历的总和，更指向由全部的人生经历所生成的意义视角和意义图式（这是麦基罗质变学习理论中的术语，在比利特的模仿学习理论中，表达类似意思的术语是“个体认识论”）。成人就像中学生做数学题时套用公式一般，将自身的意义图式代入具体的情境，采用不同的方式应对相同场景中发生的事，从而积累不同的人生境遇。由于成人的意义视角和意义图式是稳固的，他们的价值取向难以改变，他们的处世方式也始终处于一种动态的均衡中，因而总是会反复陷入独有的困境而难以自拔。成人教育者更多要扮演指导者的角色，挖掘并利用成人学习者的经验，帮助成人学习者认识并走出困境，或者让成人学习者有能力分辨当前的境遇是不是一种困境，以及是否打算走出这一困境。基于此，对于个体成人的成长和发展来说，知识和技能的传递是次要的，学会认识自己、认识他人、识别困境、做出选择才是主要的。

以上理念为本书提供了网格组团学习模式中组建学习团队的第三种思路——以学习者经验和特质为中心的学习团队组建模式。在笔者详细开展田野调查的村庄和乡镇中，并未遇到以成人学习者的经验和特质为核心组建学

---

① Taylor K，Marienau C，Fiddler M. Developing Adult Learners：Strategies for Teachers and Trainers[M]. San Francisco：Jossey-Bass，2000：7.

习团队的典型案例，但据江桥镇成人学校的校长说，有的街镇创立了以“故事会”为主要形式的学习品牌，采用的主要形式就是让成人学习者分享自己的人生故事，与听众产生交流和共鸣，受到了学习者的欢迎和专家的肯定。此类课程与本书所说的以学习者经验和特质来建立学习团队比较接近，说明成人教育的一线实践者早已发现、认可了经验的宝贵之处，也能够在一定程度上挖掘并利用成人的经验。

组建学习团队比课程更进一步，在成人学习者之间建立长久的联系，除了简单的故事讲述，还可以借助凯利方格（repertory grids）、人生经历作文（experiential essays）、循环提问（circular questioning）[①]等数十种工具来挖掘、分析、讲述、撰写、总结团队成员的人生经历，如果能在过程中配备有成人学习理论功底的指导者进行指导，则能产生十分有益的学习成果。同时，团队中如能有成人教育领域的研究者来跟踪团队的活动过程，则能生成极具学术价值的研究成果，可谓一举多得。

围绕成人学习者的经验来组建学习团队，可以从网格内不同学习者的特质入手，先根据特质对学习者进行分类，再考虑特质和经验的联动机制。这里的特质主要指的是学习者的人口统计特质和社会认同特质，如果全部纳入考虑，可能多达数十种。通过田野调查和文献分析，笔者发现了两种比较普遍，也比较具有辨识性和实然区分意义的特质，即性别特质和年龄特质。这里仍然以读者已经比较熟悉的桃庄村做简单的说明：桃庄村目前的“六”棋学习群体基本上由老年男性组成，会下“六”棋的老年女性棋手皆为生产队时期的“历史遗留”，这些棋手也从不参加老年男性的聚集性对弈活动；锣鼓这一活动自诞生以来就没有女性参与，女性主要负责秧歌伴舞及少数乐器的伴奏，反之，广场舞队中也少有男性；老年人在从事闲暇学习活动时，村中的青壮年在劳作，双方作息不一致，很少在白天参加同样的活动；男性在从事闲暇学习活动时，女性在家中劳作或照顾孩子；女性在从事闲暇学习活动时，男性多半也在

① Taylor K, Marienau C, Fiddler M. Developing Adult Learners: Strategies for Teachers and Trainers[M]. San Francisco, CA: Jossey-Bass, 2000: 49, 71, 165.

家中休闲或者处理一些临时事务；村中的青壮年对传统乡土棋类不感兴趣，对扑克牌、麻将和电子游戏的兴趣更大。

在桃庄村的例子中，不难看到以性别和年龄为坐标轴的区隔，这种区隔提示我们去寻找其背后的原因和意义，但针对网格组团学习模式的学习团队组建，我们更应当注重选出那些比较需要通过挖掘人生经验来面对人生困境的特质性群体。我们的田野调查浮现出的更多是老年、青壮年（男性）和女性的人生故事和学习故事，这三个群体在各个村庄中的特质区分也比较明显，因而我们以这三个群体为例，绘制了图 9-3 左下角的“倒三角 T 字模型”。

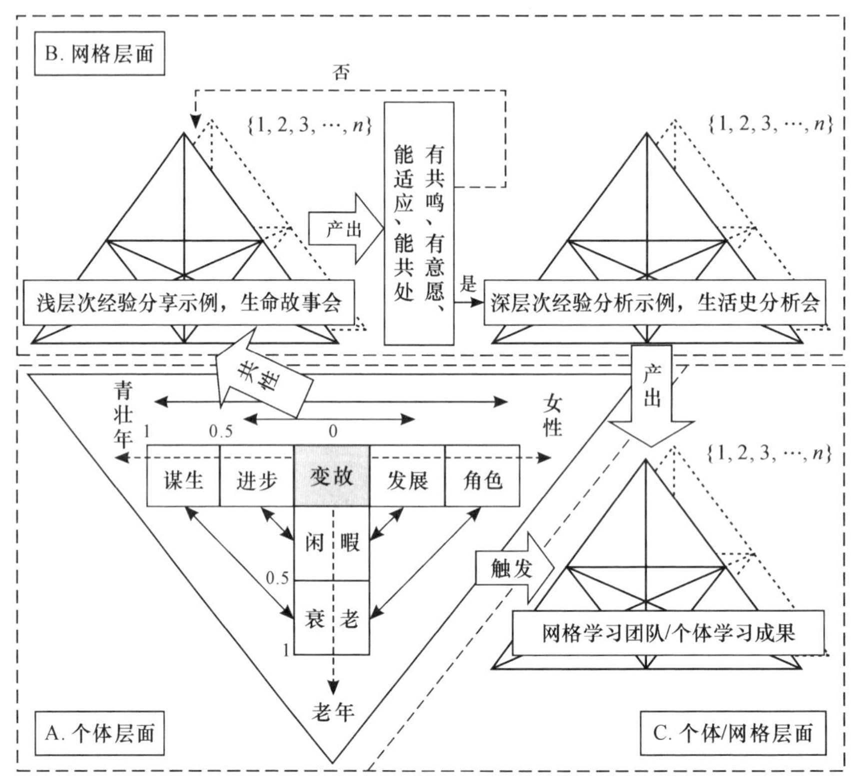

图 9-3　以学习者经验和特质为中心的学习团队组建模型

倒三角 T 字模型的思路是：首先，选取三个最典型的目标群体（比如老年、青壮年和女性），根据网格所在辖区的实际情况，将每一个群体人生经历中最显著的特质填入 T 字模型的方格，特质越接近 1，越能代表该群体的特性，越接近 0，则越能代表不同群体的共性。例如，桃庄村“女性”一栏接近 1 的特质可能是“带孩子”，汉阴县麒麟村“女性”一栏接近 1 的特质可能是“留守”；两个村庄“女性”“青壮年”“老年”都接近 0 的特质可能是“打零工”；0 到 1 之间还有各个群体的其他特质，建议各选三个进行填写。模型中的谋生、进步、角色、发展、衰老、闲暇和变故是类别提示词，来自笔者的理论积累和文献分析。其作用是，在思考当地网格中的女性学习者的特质时，可以从角色和发展两个角度来考虑，筛选出合适的特质，比如上文例子中的“带孩子”是角色类的特质，“留守”则是发展类的特质。

填写完学习者的特质后，网格可以有两种思路来发动学习团队的组建：一是邀请特质相近的人参加以经验为核心的学习活动，二是邀请特质不同或相反的人参加以经验为核心的学习活动。循着前一种思路，学习活动的参加者都是在某一个或某几个（一般至多三个）特质上有共性的人，比如都是留守妇女、都是患慢性病的老人，或者都是既留守又失业的妇女、都是既患慢性病又没有兴趣爱好的老人等。循着后一种思路，学习活动的参加者既包括在某一个或某几个特质上有共性的人，又包括没有共性的人，比如让若干留守妇女、若干患慢性病的老人和若干异地做工的青壮年在同一个学习活动场次中学习。前一种组建思路中，学习者在某些特质上存在共性，在人生道路上可能遇到类似的问题与挑战，因而也能更顺利地引发理解和共鸣，有利于降低网格组织学习活动的时间成本。后一种组建思路中，学习者拥有不同的特质，能给学习团队带来多角度的故事、观点和思维方式，也能促进学习者对与自身相异或相反的需求及挑战产生共鸣，实现网格内异质性成员的立场碰撞和求同存异。

如图 9-3 左上角的三角模型所示，完成学习活动参与者的初步筛选后，应当先组织浅层次的以经验为中心的学习活动，比如以讲述人生经历为主的“生命故事会”（学习活动的组织者可以取其他有特色的名字），在若干次学习活动之后，再根据学习者的交流情况，组织已经初步产生共鸣的、拥有强烈参与意愿的、能适应此种学习方式的、能与他人和睦相处的学习者参与更深层次的学习活动，比如图 9-3 右上角的三角模型所表示的“生活史分析会”（或者圣吉所介绍的深度会谈[①]等形式），若干次之后，再将参与活动比较稳定的学习者组建为学习团队。

同时，网格应当继续开展以经验为核心的学习活动，不断扩大原有团队的规模，或者根据学习者的具体情况，将大团队切分为小团队。通过一段时期的学习，如果有学习者走出了当前阶段的困境，希望从学习者的身份转化为兼职教师和志愿者或者脱离团队，也可以进行团队成员的更新和轮换。开展若干次“生命故事会”或“生活史分析会”后，理想状态下，学习者群体的拓展性学习过程也会沿着拓展性学习环状模型的五个步骤（需求状态、双重束缚、客体/动机建构、应用泛化、固化反思[②]）不断演进（在图 9-3 中表现为虚线三角），创造出以群体为单位的进步性实践，可能表现为第一阶段中（浅层次经验分享阶段）非正式组织者的出现、非正式规则的提出、非正式成果的总结，以及第二阶段（深层次经验分析阶段）中组织者、规则和成果从非正式向正式的转化。这一过程也会产出个体学习者的质变学习和革新能动性（transformative agency）[③]，其中质变学习的成果表现为学习者的意义视角变得更具包容力、辨识力、渗透力和融合力[④]，革新能动性表现为质疑现状、分析历史和现实原因、创造解决问题的工具、将外部工具转化为内部办法等能力。

四、网格组团学习模式中的学习活动组织形式

完成网格中学习团队的组建之后，要充分考虑学习团队的运转问题，其重心在于学习活动的组织。本书建议采用以下四种模式来组建网格学习团队中的学习活动：组团送教式、自主组织式、场所聚集式和体验共鸣式。

---

① 圣吉. 第五项修炼——学习型组织的艺术与实务[M]. 2 版. 郭进隆，译. 上海：上海三联书店，1998：11.

② Engeström Y. Learning by Expanding: An Activity-theoretical Approach to Developmental Research[M]. 2nd ed. Cambridge: Cambridge University Press, 2015: 252.

③ Sannino A. The emergence of transformative agency and double stimulation: Activity-based studies in the Vygotskian tradition[J]. Learning, Culture and Social Interaction, 2015(4): 1-3.

④ 马颂歌. 中国语境下的生存、批判、创造——质变学习的生态整合流派[J]. 现代远程教育研究，2018(3)：19-29.

(一)组团送教式

组团送教式的学习活动组织模式以“江桥模式”为典型。根据本书第七章的描述，江桥镇的做法是：第一，以江桥成校掌握的师资资源和村(居)学习点办学干部推荐的师资资源为基础，初步建立师资库，也就是网格的送教团队——“梅源百姓宣讲团”；第二，根据师资库的师资所擅长的内容，初步确定镇内每一年都能够顺利推进的若干学习内容，形成六项比较稳定的学习主题；第三，每一年度，根据要求确定一个年度学习主题，再根据村(居)民学习需求调研结果，每年增补一到两个当年的新学习主题；第四，每一年度，根据当年的年度学习主题、固定学习主题和增补学习主题制定课程表，将课程表下发至网格站，由网格站送至村(居)学习点请村(居)民“点单”；第五，根据网格站提交的“点单”情况修订年度课程表，根据课程表确定该年度的宣讲团成员；第六，根据各个村(居)学习点的课程表，由宣讲团送教上门，在村(居)学习点或网格站完成授课。江桥镇组团送教的模式同浙江舟山“网格化管理、组团式服务”中村干部组织专人成团定期上门了解民意、助民解难的模式思路相近，也是目前乡村网格化管理采用的主要模式。该模式类似于物流领域“送货上门”的做法，降低了时间成本，拉近了学习者和管理者的距离，能大大提升网格化管理的效率，但应用于农村成人教育网格学习团队的学习活动组织时，存在一些操作上的限制，因而需要一些有针对性的考虑。

首先，围绕“送教”二字，“送”需要有一个发起单位——在“江桥模式”中是镇成人学校。每一个乡镇都有地方政府，但不是每一个乡镇都有成人学校，或者说，大多数乡镇都没有专门建制的成人学校，其中，条件优越一些的乡镇会将成人教育的职能集成到其他单位，而条件一般的乡镇则可能主要依靠民间力量。循着本书建议的按照乡镇、村庄两级建立学习网格的思路，在乡镇级别暂时找不到类似成人学校的总控制站的情况下，只能先建立村庄级别的学习网格。许多村庄村民宅舍之间的距离比较近，村民们都是自行集中，不太需要大规模的上门送教，因而比起乡镇中由于路途遥远而产生的送教上门需求，针对村庄的组团送教(这里指的是自己村给自己村送教)未免有些刻意。如果是一个村庄的学习网格给另一个村庄组团送教，则有较强的实用性，可以采用组团送教的模式，但这样的组团和送教都缺少上级业务统筹部门的总体规划和调配，没有村以上级别的教学团队和送教规划。如果村庄之间未能制定相应的规约，实际的组团送教可能会比较随意。由此可见，以乡镇为单位来组织组团送教是更为合理、可行的做法，在自治基础较好的连片村庄，也可以考虑以连片村庄为单位的组团送教。

其次，既然是送教，网格中的学习团队便是课程的接受者，主要以相对正式的课程的形式来开展学习活动，包括讲座、体验活动、游学等，也有正规的师资参与其中。比起本书第三章、第四章描述的“看会”模式和非正式的群体拓展性学习模式，送教模式能较好地解决农民学习群体的“标准限制”问题，实现标准的拓展（也就是突破自己村庄里的带头人的水平），拓宽学习团队的眼界，提升学习团队的专业水准。另外，还应当根据学习内容的专业性、难度和复杂程度来决定是否送教。以桃庄村为例，村中广场舞队长的舞蹈水平远不及市文化局专业教师的水平，因此文化局专业教师向桃庄村的送教能大大提升该村广场舞团队的水准，送教是十分必要的。一些农业技术、“非遗”技艺和其他具有系统性、专业性的学习内容，在专业人员的帮助下会取得更好的学习效果，应当采用送教的模式，而一些比较基础的、常识性的学习内容，则可以考虑找身边的“达人”来学习，尽量控制因送教产生的成本。

最后，组团送教中的“组团”比较倚重学习团队外部的资源，因而更加考验总控制站和网格的组团能力。通过第三章、第四章和第五章的叙事和分析可以看出，农民自发组成的学习群体是与村中人际网络相关的天然学习网络，天然学习网络中有承担近似于教师职责的学习活动发起者和学习内容传授者，但没有“师资”这一概念。农民的寻师行为、拜师行为，以及自愿成为师者的行为，一般都是围绕某一具体的学习内容展开，而那些在他们的人际网络中的、已经习得了这些内容并取得了他们所认可的成效的人便是他们拜师的对象。向这些对象求教时，农民基本上可以通过熟人社会的人际关系来找到心仪的授业者，而他们针对某项学习内容组成的学习群体，也基本上可以依靠群体成员的人际关系来找到拜师的对象。然而一旦采用组团送教的模式，便有了“师资”的概念，这个概念是相对于总控制站和网格来说的，在实际操作中对应的是“一支稳定的、有资质的教师队伍”，要组成这样一支队伍，就需要总控制站和网格不断提升师资队伍建设和管理能力。

（二）自主组织式

与组团送教式相反，自主组织式的学习活动组织模式比较倚重网格学习团队的内部资源，包括领队的组织能力、团队内部师资的专业水平、团队成员的活动参与意愿和频率等。自主组织的学习活动往往由领队和成员商定开展学习活动的时间、地点、内容、形式、教具、后勤等事宜，以相对灵活的方式开展学习活动。此种方式之下，网格对学习团队的支持应当体现在：帮助团队树立正确的政治立场，防控团队自主活动中出现的不当言论和不当行为；当团队提出要求时，给予师资、场地、教具、后勤等方面的保障；以学习团队自主生成的规则为基础（这些规则往往是在拓展性学习循环推进的过程中生成的），帮助团队制订和修改规章制度；向学习团队提出建立备忘录的要求，以录音、视频、日记等方式及时记录具体的学习事件和感受并妥善保存。

这种模式下，涉及非物质文化遗产学习团队等比较重要的学习团队，村“两委”和镇文化主管部门对网格的支持应当体现为：建立“村庄学习档案”或“乡村智库”[①]，以丰富的形式保存农民的原始学习记录；根据学习记录编制名册，统计辖区内重要的学习成果和文化遗产，重点描述其历史渊源、内容特色（比如《山景》的八个故事）、工具（比如“六”棋棋谱）、创始人和带头人的故事等。国家对村庄、乡镇的支持应当体现在：参考澳大利亚等国的经验，建设国家级的农民非正式学习智库，形成“乡村智库—国家智库”二级智库体系，借助专家团队的力量完成记录工作。

（三）场所聚集式

场所聚集式的学习活动组织模式是一种以学习场所的地理位置、功能和

---

① 赵秀玲．中国乡村善治中的智库建设[J]．求是学刊，2019(2)：1-15．

热度来带动学习活动的组织模式，主要包括天然式聚集和基地式聚集两种。天然式聚集以学习者自选的天然场所为核心来组织学习活动，基地式聚集以成人学校、村(居)学习点、学习场馆等场所为核心来组织学习活动。基层成人社区教育活动中，场所聚集式是比较常见的方式，比如选取若干场地专门举办市民学习节，通过作品展示和活动展示来促成更多学习者的加入。对于此类按期举办(比如一年一次、一季一次)的活动来说，基地式聚集或许是比较理想的选择，因为此类活动的规模较大，需要集中宣传和管理。然而，考虑到场地的大小和集中程度，基地式聚集一般会选址在学校校园、各类场馆、企事业单位专用场地等，多数场所不在百姓的生活圈内。学习者需要专门前往甚至专门入场才能到达活动区域，客观上降低了学习活动的影响力和参与率。

天然场所是学习者自选的、多半处于自然环境下的场所，其优势主要是由场所、人员、活动的外显性和低门槛而引发的学习者的天然聚集。比起基地式聚集对大规模、低频次的学习活动的适应性，天然式聚集对小规模、日常学习活动的适应性更强，同时也能作为大型活动的辅助。天然式聚集应当重点关注场所的天然聚集优势，以天然的宣传渠道提升活动的曝光率和吸引力。为此，网格管理团队需要不断发现并开发网格内的天然学习场所，举办日常活动时在特定天然场所集中布局，举办大型活动时在多个天然场所散点式布局，争取让每一位学习者都“路过，看过，传过，来过，学过”。学习者的积极性和主动性得到提升之后，网格还可以将场地布置权和活动组织权等交予学习者和学习团队，进一步提高网格的自治程度。

(四)体验共鸣式

体验共鸣式的学习活动组织模式是以学习者的人生经历为主要素材，以学习者之间的经验共鸣来推动学习活动的组织模式。该模式主要服务于前文中以学习者经验和特质为中心组建的学习团队。关于此类团队如何筛选、组织学习者，前文已经做了比较详细的说明。在我国的社区教育一线实践中(包括农村和城市)，对成人学习者人生经验的挖掘一般仅停留在分享人生故事的层面，对“经验”这一学习资源的利用很不充分。根据麦基罗的质变学习理论，学习者的意义图式和意义视角藏在他们的人生故事中，需要通过另外的手段找出这些图式和视角，促进学习者的自省和改变；根据库伯的体验式学习环，对人生故事的陈述一般只能反映体验式学习的前两个环节——具体的体验和（一部分）反思性观察，基本不会有抽象概念化和主动的实验；根据弗莱雷的解放学习理论，应当以学习者被压迫的经历为素材，通过向学习者展开逐渐深入的提问等方式，帮助学习者实现意识上的解放。因此，在体验共鸣式的学习活动组织模式中，围绕"学习者人生经验挖掘"的学习活动设计是重中之重。

由于我国的成人教育实践中未见理想的课例，笔者主要基于国外文献中的成人学习活动设计方案来撰写本部分内容。国际上，体验共鸣式的成人学习活动设计方案多达上百种，其中一些方案已经在笔者的教学中有所尝试，但目前还未在城乡社区中试点。体验共鸣式学习活动的设计应包含活动意图设计、活动过程设计、活动技巧设计和活动评价设计。体验共鸣式学习活动的设计意图主要关注的是如何促进成人学习者的成长和发展，共计五大类：如何通过对话来认识自己和他人、如何同自己建立对话关系、如何成为一个不断学习的人、如何培养能动性和自主性、如何同他人建立联系（36 个具体意图见表 9-1）。实际操作中，网格可以先选择某一类或者某几类意图，再选择大类下的具体意图。以笔者实施过的"凯利方格"活动为例，其活动意图见表 9-2。

表 9-1　体验共鸣式学习活动的设计意图

1. 如何通过对话来认识自己和他人
(1)尝试理解他人的观点并给予公开的回应。
(2)揭示并质疑信念、想法、行动和立场背后的假设。
(3)重构看似矛盾的观点或价值观，接受它们之间的差异，并得出新的含义。
(4)用自己的经验批判专家的意见，用专家的意见批判自己的经验。
(5)在独立与联系、独立与相互依存的认知方式之间切换。
(6)关注整体及其组成部分。
(7)把真理与情境和关系联系起来，而不是与静态的事实联系起来。
(8)尽可能地追求客观真理。
(9)通过观察和参与来感知、构建自己的现实生活。
(10)挖掘并利用隐性知识。

续表

2. 如何同自己建立对话关系 (1)消除对走出“舒适圈”的恐惧。 (2)当一个人的想法和信念受到挑战时,如何应对失衡状态。 (3)通过某种分析框架探索人生经历。 (4)批判性地质疑个人追求的有效性或价值。 (5)在各种背景(如社会背景、家庭背景、全球背景)下探索自己的人生故事并赋予其意义。 3. 如何成为一个不断学习的人 (1)反思自己和他人的经验,并将其作为行事参考。 (2)尝试进入新的学习领域并敢于冒险。 (3)找到自己作为学习者的优势与不足并且表达出来。 (4)为了预防和解决一些问题,能预测自己的学习需求。 (5)在好奇心的驱使下提问和追问。 (6)接受学习过程中可能出现的自相矛盾。 (7)设定学习目标,做一个以目标为导向的、爱学习的人。 (8)寻求他人的真实反馈。 (9)为实现有效学习而调用自身的多种能力。 4. 如何培养能动性和自主性 (1)构建价值观体系,为自己的行为提供依据。 (2)对过去和将来的选择负责。 (3)为信念和承诺而冒险。 (4)承认自己的不足,发挥自己的潜力。 (5)在保持自我的同时改正不足。 (6)区分自己想要的东西和外力(社会、文化或其他)强加的东西。 (7)为自己的经历和知识命名并讲述。 5.如何同他人建立联系 (1)在个人与他人的联系和个人的个性之间划定界限。 (2)体验自己是更大事物的一部分。 (3)面对差异时的情感维度。 (4)为集体事业献计献策。 (5)认识到集体意识和思维会使集体各部分的总和发生改变。

资料来源:Taylor K, Marienau C, Fiddler M. Developing Adult Learners: Strategies for Teachers and Trainers[M]. San Francisco:Jossey-Bass,2000:32-33.

表 9-2　活动意图设计示例——“凯利方格”的活动意图

1. 如何通过对话来认识自己和他人 (1)揭示并质疑信念、想法、行动和立场背后的假设。 (2)重构看似矛盾的观点或价值观,接受它们之间的差异,并得出新的含义。 2. 如何同自己建立对话关系 (1)当一个人的想法和信念受到挑战时,如何应对失衡状态。 3. 如何成为一个不断学习的人 (1)反思自己和他人的经验,并将其作为行事参考。 4. 如何培养能动性和自主性 (1)构建价值观体系,为自己的行为提供依据。

活动过程的设计一般包括对活动概况、目的、步骤的介绍。之所以没有使用“目标”一词,是因为“目的”还包含了一些比目标更宽泛的东西,更侧重活动能为成人学习者带来的价值意识。以“体验式习作”这一活动为例,其活动概述可以写成:“学习者应参照范文撰写一篇体验式习作,其内容主要是自己的人生经历。撰写过程中,学习者应当有意识地同过去的自己进行对话。完成习作之后,学习者应参加团队学习活动,根据库伯的体验式学习环对习作的内容进行分享、讨论、分析和修改。”其活动目的可以写成:“通过分析学习者的人生经历,帮助他们发现自己一直信奉的道德原则或普遍原则,以及个人的经历、原则同社会普遍原则和文化惯习之间的联系。”体验式习作的互动步骤示例见表 9-3,笔者根据自身教学活动所积累的经验,对国外文献中的案例原文进行了较多的本土化修改。

表 9-3　活动过程设计示例——体验式习作的活动步骤

1. 准备工作 (1)向学习者解释体验式学习环的四个阶段:具体的体验、反思性观察、抽象概念化、主动的实验。 (2)向学习者讲解体验式习作的写作要求并提供范文。 (3)学习者根据范文完成体验式习作的写作(即完成自身人生经历的撰写)。

续表

2. 练习 A——我的体验式学习环 目的:分析自身人生经历的组成部分,找到自己信奉的道德原则或普遍原则。 (1)学习者带着自己的习作参加团队学习活动,从习作中选择一段想要重点讨论的人生经历,概括这段经历的主题。 (2)学习者根据体验式学习环的四个阶段分析这段选出的经历,并分别写在四张卡片上。 (3)指导者将分析近似主题的学习者分为一组,每组 2—3 人,要求学习者在小组内讲解自己的分析。 (4)小组成员依照体验式学习环的四个阶段,讨论每个人的习作还缺少哪些阶段的分析,或者对哪些阶段的分析还不够深入。 (5)学习者根据体验式学习环的四个阶段和小组讨论的结果,对习作进行修改。 3. 练习 B——假如我是一个…… 目的:站在他人的立场上理解自身的人生经历,发现他人立场中的社会普遍原则和文化惯习(实现体验式学习环的第三阶段——抽象概念化)。 (1)学习者在习作中找出自己在某个人生阶段遇到的问题,在团队活动时朗读对应的选段并简短描述这些问题。 (2)学习者把自己假设为其他社会角色,想象该角色在自己当时所处的情况中会如何想、如何做。 (3)以小组为单位,在每一位学习者完成步骤(1)和(2)后,组内讨论他们从每个人的人生经历和角色假设中总结出的社会普遍原则和文化惯习。 (4)学习者用这些社会普遍原则和文化惯习重新解释自己遇到的问题,修改自己的习作。 (5)学习者以小组为单位,依次朗读修改前和修改后的习作。 4. 练习 C——互评 目的:评价习作在叙事上的丰富性和连贯性,评价作者对体验式学习环的应用程度。 (1)学习者带 3 份习作来参加团队活动,2—3 人为一组。 (2)小组成员交换朗读彼此的习作。 (3)小组成员互相提问、讨论和评价。

改编自:改编自:Taylor K, Marienau C, Fiddler M. Developing Adult Learners: Strategies for Teachers and Trainers[M]. San Francisco:Jossey-Bass,2000:72-74.

活动技巧的设计一般发生在多轮次的活动实施之后,其内容来自学习者、学习活动中学习者的指导者以及学习活动的管理者对学习活动的记录、评价和反思。学习活动的评价可以有许多方式,分为学习过程评价和学习结果评价两方面。由于体验反思式的学习成果是生成式的,高质量的学习过程基本上可以保证高质量的学习成果,因而对过程的评价更为重要。过程评价包括对学习活动设计合理性的评价、对学习者参与意愿和参与程度的评价、对指导者具体做法的评价等,比较可行的方式是邀请学习者和指导者一同召开反思性的研讨会。结果评价主要以作业评阅、口头反馈、反思日记等形式展开，主要用于检验学习者是否学会了某些具体的理论和工具。

经过长期的评价和反思，一般能够总结出一些学习活动的实施技巧。以循环提问活动为例，该活动的目的是通过对先前学习(pre-learning)经验的挖掘来训练学习者的批判反思能力，主要通过指导者在团队活动中向学习者提问来实现，共有三种类别的问题：信息收集类、过去未来类和批判反思类。步骤上，要按照这三个类别的排列顺序依次向学习者提问，但具体问哪些问题，则应当在设计活动技巧时予以交代。表 9-4 的示例中，笔者将学习者的职业从"心理健康工作者"改为"成人学历教育工作者"，并根据我国的国情和该工作的实际情况对一些题干做了删减和修改。

表 9-4　活动技巧设计示例——循环提问的活动技巧

(假设本次活动的学习者均从事成人学历教育工作)
1. 信息收集类
(1)请描述你作为一名成人学历教育工作者的主要工作职责。
(2)请详细说明你在工作时遵循的典型工作程序。
(3)请描述你在成人学历教育领域的工作成果。
2. 过去未来类
(1)刚开始从事成人学历教育工作时，你如何描述自己的典型工作职责？你将来的工作职责有哪些？
(2)刚开始从事成人学历教育工作时，你遵循的工作程序是什么？你将来的工作程序是怎样的？
(3)你过去在成人学历教育领域有哪些工作成果和影响力？你未来的工作目标是什么？
3. 批判反思类
异同：
(1)你刚入行时的成人学历教育工作和现在有什么不同，又有哪些相似之处？
(2)如今公立和私立成人学历教育机构有哪些不同，又有哪些相似之处？
同意或反对：
(1)在我国，人们认同成人学历教育的服务方式吗？请举例说明。
(2)其他国家或地区的人会如何评价我国成人学历教育的一些做法？请举例说明。
意义或含义：
(1)你所做的工作对你所在的单位或部门来说有多重要？它的价值是什么？作为成人学历教育工作者，这对你来说意味着什么？
(2)成人学历教育领域的未来有哪些不确定因素？其原因是什么？

改编自：改编自：Taylor K，Marienau C，Fiddler M. Developing Adult Learners：Strategies for Teachers and Trainers [M]. San Francisco：Jossey-Bass，2000：167-169.

五、网格组团学习模式的评价监测

评价监测是乡镇成人教育治理的重要环节，但网格组团学习模式仍是一种建构过程中的理想模式，在国内仍未有完整的实践先例，因而也仍未有可供支持的田野调查数据。基于目前已有的田野资料和理论分析，笔者认为，将来应当对网格组团学习模式运营的总控制站、分控制站、网格及学习团队进行分级评价，对学习场馆、企事业单位等多元主体进行分类评价。顺序上，应当遵循“由近及远”的原则，先从最接近学习者的学习团队入手，重点评价其活动设计和活动记录情况，对参与活动的人数、频率进行监测。随后，应当考虑对网格的评价和监测，重点评价网格对学习团队及学习场所的开发和管理情况，监测网格的资源流入和流出情况。接下来可以对多元主体所做的贡献进行评价，监测多元主体的资源和网格需求的对接情况。然后，进行顶层设计，创建分级分类的指标和标准，形成完整的网格组团学习模式评价监测体系。最后，评价监测的实施离不开先进的信息技术手段，应当预先准备好技术和设备的完整配套。

参考文献

巴尔.叙述学——叙事理论导论[M].谭君强,译.北京:北京师范大学出版社,2015.

北京市人民政府.北京市社会建设工作领导小组办公室、中共北京市委社会工作委员会、北京市民政局关于印发《北京市社区居民委员会设立标准》的通知[EB/OL].(2021-01-13)[2023-08-07]. https://www.beijing.gov.cn/zhengce/zhengcefagui/202101/t20210119_2222667.html.

卜玉梅.虚拟民族志:田野、方法与伦理[J].社会学研究,2012(6):217-236,246.

蔡家麟.试论田野作业中的参与观察法[J].云南民族学院学报(哲学社会科学版),1994(1):52-56.

陈向明.质的研究方法与社会科学研究[M].北京:教育科学出版社,2000.

丛密林.鹿棋考[J].体育文化导刊,2011(8):111-114.

费特曼.民族志:步步深入[M].龚建华,译.重庆:重庆大学出版社,2007.

费孝通.乡土中国　生育制度　乡土重建[M].北京:商务印书馆,2011.

福柯.临床医学的诞生[M].刘北成,译.南京:译林出版社,2001.

付翠莲.乡村振兴视域下新乡贤推进乡村软治理的路径研究[J].求实,2019(4):76-83,111-112.

傅永军.哈贝马斯交往行为合理化理论述评[J].山东大学学报(哲学社会科学版),2003(3):9-14.

龚丽兰,郑永君.培育"新乡贤":乡村振兴内生主体基础的构建机制[J].中国农村观察,2019(6):59-76.

郭福昌,孙文正."燎原计划"实施10周年的回顾与展望[J].教育研究,1998

(12):31-36.

郭倩,信息化网格化打通乡村管理“梗阻”[N/OL].经济参考报,2019-07-23[2021-07-01].http://www.jjckb.cn/2019-07/23/c_138249161.htm.

何涛.档案见证建国初期的扫盲运动[J].北京档案,2014(8):55-57.

赫伯特·鲁宾,艾琳·鲁宾.质性访谈方法:聆听与提问的艺术[M].卢晖临,连佳佳,李丁,译.重庆:重庆大学出版社,2010.

胡锦涛.坚定不移沿着中国特色社会主义道路前进　为全面建成小康社会而奋斗——在中国共产党第十八次全国代表大会上的报告[M].北京:人民出版社,2012.

胡重明.再组织化与中国社会管理创新——以浙江舟山“网格化管理、组团式服务”为例[J].公共管理学报,2013(1):63-70,140.

江桥镇成人中等文化技术学校.梅源讲坛家长课堂——如何打造完美的隔代教育系列之“祖辈要警惕溺爱的行为”[EB/OL].(2023-05-15)[2023-08-06].https://mp.weixin.qq.com/s/Ys-c9Y3aVlSc3IYWggROpg.

江苏省教育厅.全省95%的乡镇建成标准化社区教育中心,社区教育师资不断充实[EB/OL].(2022-09-23)[2023-07-02].http://jyt.jiangsu.gov.cn/art/2022/9/23/art_86491_10613354.html.

康纳利,克莱丁宁.叙事探究[J].丁钢,译.全球教育展望,2003(4):6-10.

克兰迪宁,康纳利.叙事探究:质的研究中的经验和故事[M].北京:北京大学出版社,2008.

孔健.矾山镇:构建红色党建“小网格”,破解乡村治理“大难题”[EB/OL].(2021-01-06)[2021-07-02].http://www.lj.gov.cn/zwdt/xzdt/119930521.html.

李锋亮,雷虹.论教育的非货币化收益和溢出效益[J].清华大学教育研究,2007(6):65-69,94.

李红艳.乡村传播学概念解析——兼论乡村传播学与发展传播学之异同[J].新闻界,2008(6):42-44.

李鹏飞.社会联结:探索村民自治基本单元的关系基础[J].求实,2017(9):69-82.

林登.无缝隙政府:公共部门再造指南[M].汪大海,吴群芳,等译.北京:中国人民大学出版社,2002.

刘奉越.西方成人自我导向学习理论发展的比较研究[J].现代远距离教育,2014(2):28-33.

刘虹.话轮、非话轮和半话轮的区分[J].外语教学与研究,1992(3):17-24,80.

刘世锦,蔡颖,王子豪.人口密度视角下的中国经济潜在增长[J].经济纵横,2023(1):41-60.

卢荣善.农业现代化的本质要求:农民从身份到职业的转换[J].经济学家,2006(6):64-71.

吕俊莉.六洲棋初探[J].体育文化导刊,2014(8):53-56.

侣传振,李华胤.家户联结:探索村民自治基本单元的社会因素[J].广西大学学报(哲学社会科学版),2017(6):69-75.

马克思.资本论(第一卷)[M].北京:人民出版社,1963.

马亮,王程伟.管理幅度、专业匹配与部门间关系:对政府副职分管逻辑的解释[J].中国行政管理,2019(4):107-115.

马陆镇成人中等文化技术学校.青春不是年龄,而是一种心态——家门口的马陆镇老年学校[EB/OL].(2019-06-01)[2023-08-06].https://mp.weixin.qq.com/s/GbyiHvLKV1WuSyUhXS_2TA.

马陆镇成人中等文化技术学校.智学马陆,共建共享!马陆镇党成校举行党建共建结对签约仪式暨社区教育专题活动[EB/OL].(2022-11-16)[2023-08-06].https://mp.weixin.qq.com/s/lg42Ai_gw9VSIyhsx5KKuw.

马颂歌,李静静,徐雄伟.革新实验室的原理、案例、模型与教育应用展望——拓展性学习方法论的创新[J].远程教育杂志,2022(1):37-49.

马颂歌,李静静,徐雄伟.家校社协同育人机制如何生成——基于跨界革新实验室的方法探索[J].教育发展研究,2022(22):40-50.

马颂歌,王雨,徐雄伟.村民学习网格类型划分与体系设计——基于我国东、中部三省一市的田野调查[J].终身教育研究,2021(6):27-35,66.

马颂歌,王雨.拓展性学习视域下的农民非正式学习发生机制——基于要素定位法的理论分析[J].现代远程教育研究,2022(6):82-91.

马颂歌,吴刚.工作场所学习的类型辨析——历史渊源与理论模式[J].远程教育杂志,2016(1):19-27.

马颂歌.中国语境下的生存、批判、创造——质变学习的生态整合流派[J].现代远程教育研究,2018(3):19-29.

马小明,周晓丽.关于藏棋研究的几点思考[J].青海民族研究,2016(4):183-186.

苗元江.热情——积极心理学视角[J].广东社会科学,2015(3):64-69.

彭超.高素质农民培育政策的演变、效果与完善思路[J].理论探索,2021(1):22-30.

邱瑜.教育科研方法的新取向——教育叙事研究[J].中小学管理,2003(9):11-13.

芮德菲尔德.农民社会与文化:人类学对文明的一种诠释[M].王莹,译.北京:中国社会科学出版社,2013.

塞尔.社会实在的建构[M].李步楼,译.上海:上海人民出版社,2020.

上海教育.上海市教育委员会关于印发《2022 年上海市教育委员会终身教育工作要点》的通知[EB/OL].(2022-03-31)[2023-08-07].http://edu.sh.gov.cn/xxgk2_zdgz_jygzydynb_01/20220401/d0c8ec791dd64b988ccb57ce 1ced5a42.html.

上海开放大学党务公开网.2013 年上海市终身教育工作要点[EB/OL].(2013-01-17)[2023-08-06].https://dwgk.shou.org.cn/2013/0329/c19a915/page.htm.

上海市嘉定区江桥镇.上海江桥经济发展投资指南发展优势[EB/OL].(2023-12-06)[2023-12-07].http://jiangqiao.jiading.cn/jjfz/tzzn/content_267083.

上海市嘉定区马陆镇.C+C 区域化党建联盟主题党日暨北管村党建主题公园开园仪式拉开帷幕[EB/OL].(2021-06-29)[2023-08-03].http://malu.jiading.cn/xwzx/zhxw/content_732594.

上海市嘉定区马陆镇.嘉定新城(马陆镇)开展“雅和谐乡风韵时代之声”C+C 区域化党建联盟戏曲沙龙活动[EB/OL].(2021-01-13)[2023-08-03].http://dangjian.jiading.cn/gzdt/xxkb/content_700753.

上海市嘉定区马陆镇.今日面貌[EB/OL].[2023-07-15].http://malu.jiading.cn/zjjdxcmlz/jrmm.

上海市嘉定区马陆镇.马陆 C+C 区域化党建项目启动 四家单位结成首批联盟[EB/OL].(2017-04-07)[2023-08-03].http://malu.jiading.cn/xwzx/zhxw/content_395272.

上海市嘉定区人民政府.嘉定划细做实小微网格“细治入微”服务人心[EB/OL].(2023-03-10)[2023-08-09].http://www.jiading.gov.cn/xinwen/jddt1/szxw/content_828580.

上海市嘉定区人民政府.江桥镇联勤和城市网格化综合管理工作实施意见[EB/OL].(2014-02-21)[2023-08-06].http://www.jiading.gov.cn/publicity/jcgk/zdgkwj/gjzwj/15545.

上海市嘉定区人民政府.江桥镇全镇户籍总人口数[EB/OL].(2024-12)[2025-01-07].http://www.jiading.gov.cn/qqpd/zjjd/jzqh/jqz3.

上海市嘉定区人民政府.那些年嘉定被“合并”的镇,你还记得他们吗?[EB/OL].(2015-09-09)[2023-08-06].http://www.jiading.gov.cn/mspd/shgj/jdww/content_69653.

上海市教育评估院.转型　提升　超越:上海市街镇社区学校内涵建设创新百例[M].上海:华东师范大学出版社,2019.

上海市教育委员会.上海市教育委员会关于进一步推进镇(乡)成人中等文化技术学校标准化建设的意见[EB/OL].(2008-12-20)[2023-04-12].http://edu.sh.gov.cn/cmsres/21/2109e55853a747d39759c42e671b2fb0/e5583c3b1c2c2b842c679626d74c0f46.doc.

上海市人民政府网.市教委等关于印发《上海市老年教育发展“十三五”规划》的通知[EB/OL].(2016-11-09)[2023-08-06].https://www.shanghai.gov.cn/shssswzxgh/20200820/0001-22403_50169.html.

上海市人民政府网.市政府办公厅关于印发2013年市政府要完成的与人民生活密切相关的实事的通知[EB/OL].(2013-03-12)[2023-08-06].https://www.shanghai.gov.cn/nw30985/20200820/0001-30985_34908.html.

圣吉.第五项修炼——学习型组织的艺术与实务[M].2版.郭进隆,译.上海:上海三联书店,1998.

斯科特.国家的视角:那些试图改善人类状况的项目是如何失败的[M].王晓毅,译.北京:社会科学文献出版社,2019.

宿凤玲.武术传统师徒关系研究[D].太原:山西大学,2021.

孙建军,汪凌云,丁友良.从“管制”到“服务”:基层社会管理模式转型——基于舟山市“网格化管理、组团式服务”实践的分析[J].中共浙江省委党校学报,

2010(1):115-118.

田毅鹏,薛文龙.城市管理"网格化"模式与社区自治关系刍议[J].学海,2012(3):24-30.

汪奎.网络会话中"呵呵"的功能研究[D].上海:华东师范大学,2012.

王雨.基于拓展性学习理论的农民闲暇学习研究[D].上海:上海师范大学,2022.

魏戈.人如何学习——解读恩格斯托姆的《拓展性学习研究》[J].北京大学教育评论,2017(3):169-181.

魏玉山.新中国农民阅读史(1949—1966)[J].新阅读,2020(3):40-47.

吴刚,马颂歌.革新实验室:一种新的工作场所学习方法的基模[J].现代远程教育研究,2015(2):43-53,70.

武春霞,武洪隽.新中国成立后的全国扫盲运动[J].共产党员(河北),2020(1):51-52.

夏征农,陈至立.大辞海[M].上海:上海辞书出版社,2015.

邢以群,鲁柏祥,施杰,等.以学生为主体的体验式教学模式探索——从知识到智慧[J].高等工程教育研究,2016(5):122-128.

徐博龙.服务"零距离"——浙江省舟山市普陀区对渔农村实行网格化管理组团式服务[J].农村工作通讯,2009(2):59.

徐琴.乡村社会的行政化整合:表征、根源与效应——基于社会行动理论的分析[J].求实,2022(6):75-90,110.

徐勇.何为"纵向到底"?[EB/OL].(2023-04-11)[2023-04-12]. https://mp.weixin.qq.com/s/DnLIXdzJdNNZZMRN3Zh8vw.

徐勇.现代国家的建构与村民自治的成长——对中国村民自治发生与发展的一种阐释[J].学习与探索,2006(6):50-58.

徐语鸿,严明.师徒,一半规矩一半路[J].中华手工,2019(2):42-45.

严春晓.为贫困乡村产业发展培植动能[N/OL].农民日报,2019-11-20[2021-07-02]. http://szb.farmer.com.cn/2019/20191120/20191120_003/20191120_003_5.htm.

晏扩明,李义天.话语、交往与政治转向:哈贝马斯商谈伦理学的思想历程及其反思[J].国外理论动态,2021(6):42-50.

杨红运.南京国民政府时期的政治宣传与乡村整合——以抗战前江苏省保甲宣传为例[J].东北师大学报(哲学社会科学版),2017(1):77-84.

杨树铮.农村成人教育改革与发展[M].苏州:苏州大学出版社,2018.

杨嵩.观察学习理论下学徒制默会知识传递路径的质性研究[J].高教探索,2021(8):103-108.

伊列雷斯.我们如何学习:全视角学习理论[M].2版.孙玫璐,译.北京:教育科学出版社,2021.

于文浩.共创性学习:一种集体智慧的进化[J].远程教育杂志,2012(2):28-35.

张斌.古老的游艺塞棋考略[J].社会科学论坛,2015(4):105-110.

张钢,方珑.知识冲突与团队绩效:一个实证研究[J].科研管理,2007(6):12-21.

张立立,宗成河,卢敏.社会现实的建构——约翰·R.塞尔的社会事实本体论[J].国外社会科学,2002(3):88-91.

张钦钦."(这)一天天的"负面立场表达功能及其形成动因[J].宁夏大学学报(人文社会科学版),2023(1):54-59.

张伟,高建武,向峰.北京东城区:网格化模式迈入3.0[J].中国建设信息化,2017(3):38-41.

张文显,徐勇,何显明,等.推进自治法治德治融合建设,创新基层社会治理[J].治理研究,2018(6):5-16.

赵秀玲.中国乡村善治中的智库建设[J].求是学刊,2019(2):1-15.

赵雨,康红芹.新型职业农民培育路径探析——基于女性视角的个案研究[J].职教论坛,2020(2):108-114.

郑大华.中国文化保守主义研究的几个问题[J].天津社会科学,2005(2):129-136.

中共中央关于全面深化改革若干重大问题的决定[M].北京:人民出版社,2013.

中国共产党新闻网.解读上海市委一号课题成果《关于进一步创新社会治理加强基层建设的意见》[EB/OL].(2015-01-06)[2023-08-06].http://dangjian.people.com.cn/n/2015/0106/c117092-26336495.html.

《中国教育年鉴》编辑部. 中国教育年鉴 2000[M]. 北京:人民教育出版社,2000.

周定财. 基层社会管理创新中的协同治理研究[D]. 苏州:苏州大学,2017.

周建平. 大学实践教学的变革:情境学习理论的视角[J]. 高教探索,2009(4):80-83.

周雪光. 组织社会学十讲[M]. 北京:社会科学文献出版社,2003.

朱光明,陈向明. 教育叙述探究与现象学研究之比较——以康纳利的叙述探究与范梅南的现象学研究为例[J]. 北京大学教育评论,2008(1):70-78,189.

朱汉多,娄宇飞,李建成. 产业网格化管理助推农民增收[EB/OL]. (2010-04-05)[2021-07-02]. http://hynews. zjol. com. cn/hynews/system/2010/04/05/011990116. shtml.

朱启臻. 乡土文化建设是乡村振兴的灵魂[N/OL]. 光明日报,2021-02-25[2023-08-08]. https://topics. gmw. cn/2021-02/25/content_34646327. htm.

朱启臻. 新型职业农民与家庭农场[J]. 中国农业大学学报(社会科学版),2013(2):157-159.

竺乾威. 公共服务的流程再造:从"无缝隙政府"到"网格化管理"[J]. 公共行政评论,2012(2):1-21,178.

庄孔韶. 人类学通论[M]. 太原:山西教育出版社,2004.

卓越. 政府绩效评估指标设计的类型和方法[J]. 中国行政管理,2007(2):25-28.

Billett S. Constituting the workplace curriculum[J]. Journal of Curriculum Studies,2006(1):31-48.

Billett S. Integrating learning experiences across tertiary education and practice settings: A socio-personal account[J]. Educational Research Review, 2014,12:1-13.

Billett S. Learning in the circumstances of practice[J]. International Journal of Lifelong Education, 2014(5): 674-693.

Billett S. Mimetic Learning at Work: Learning in the Circumstances of Practice[M]. Dordrecht:Springer,2014.

Billett S. Mimesis: Learning through everyday activities and interactions at work

[J]. Human Resource Development Review,2014(4):1-21.

Bratus B S, Lishin O V. Laws of the development of activity and problems in the psychological and pedagogical shaping of the personality[J]. Russian Education and Society,1983(3):38-50.

Brookfield S. Understanding and Facilitating Adult Learning: A Comprehensive Analysis of Principles and Effective Practices[M]. San Francisco: Jossey-Bass,1986.

Colman A M. Modelling imitation with sequential games[J]. Behavioral and Brain Sciences,1998(5):686-687.

Cranton P. Understanding and Promoting Transformative Learning: A Guide to Theory and Practice[M]. 3rd ed. Sterling:Stylus Publishing,2016.

Daloz L A. The story of Gladys who refused to grow: A morality tale for mentors[J]. Lifelong Learning,1988(4):4-7.

Dirkx J M. Transformative learning theory in the practice of adult education: An overview[J]. PAACE Journal of Lifelong Learning,1998(7):1-14.

Donald M. Origins of the Modern Mind: Three Stages in the Evolution of Culture and Cognition[M]. Boston:Harvard University Press,1991.

Downey G. "Practice without theory": A neuroanthropological perspective on embodied learning[J]. Journal of the Royal Anthropological Institute,2010(S1): 22-40.

Downey G. Scaffolding imitation in capoeira: Physical education and enculturation in an Afro-Brazilian art[J]. American Anthropologist, 2008(2): 204-213.

Downing P E. Interactions between visual working memory and selective attention[J]. Psychological Science,2000(6): 467-473.

Engeström Y, Sannino A. Studies of expansive learning: Foundations, findings and future challenges[J]. Educational Research Review,2010(1):1-24.

Engeström Y. Learning by Expanding: An Activity-theoretical Approach to Developmental Research [M]. 2nd ed. Cambridge: Cambridge University Press,2015.

Forehand M. Bloom's taxonomy: Original and revised [J]. Emerging perspectives on learning, teaching, and technology, 2005, 8:41-44.

Halliday-Wynes S, Beddie F. Informal learning: At a glance[EB/OL]. (2009-07-22) [2022-02-01]. https://www.ncver.edu.au/data/assets/file/0008/2402/nd08022.pdf.

Illeris K. Transformative learning in the perspective of a comprehensive learning theory[J]. Journal of Transformative Education, 2004(2):79-89.

Irwin A, Michael M. Science, Social Theory and Public Knowledge[M]. Philadelphia: Open University Press, 2003.

Kegan R, Lahey L. How the Way We Talk Can Change The Way We Work: Seven Languages for Transformation[M]. San Francisco: Jossey-Bass, 2002.

Knowles M S. Self-directed Learning: A Guide for Learners and Teachers [M]. New York: Association Press, 1975.

Kolb D. Experiential learning theory and the learning style inventory: A reply to Freedman and Stumpf[J]. Academy of Management Review, 1981(2):289-296.

Kolb D. Experiential Learning: Experience as the Source of Learning and Development [M]. 2nd ed. Upper Saddle River: Pearson Education, 2015.

Kolb D. Experiential Learning: Experience as the Source of Learning and Development[M]. Englewood Cliffs: Prentice Hall, 1984.

Krathwohl D R. A revision of Bloom's taxonomy: An overview[J]. Theory into Practice, 2002(4):212-218

Lave J, Wenger E. Situated Learning: Legitimate Peripheral Participation [M]. Cambridge: Cambridge University Press, 1991.

Leontyev A N. The Development of Mind: Selected Works of Aleksei Nikolaevich Leontyev[M]. Pacifica: Marxists Internet Archive Publications, 2009: 187-191.

Malle B F, Moses L J, Baldwin D A. Intentions and Intentionality: Foundations of Social Cognition[M]. Cambridge: The MIT Press, 2001.

Marsick V, Watkins K. Informal and Incidental Learning in the Workplace [M]. London: Routledge, 1990.

Mezirow J. Perspective transformation[J]. Adult Education Quarterly, 1978 (2):100-110.

Mezirow J. Transformative Dimensions of Adult Learning [M]. San Francisco:Jossey-Bass,1991.

O'Sullivan E. Transformative Learning: Educational Vision for the 21st Century[M]. London, New York, Toronto: Zed Books Ltd, University of Toronto Press,1999.

Sacks H, Schegloff E A, Jefferson G. A Simplest Systematics for the Organization of Turn Taking for conversation [M]. New York: Academic Press,1978.

Sanfey H, Hollands C, Gantt N. Strategies for building an effective mentoring relationship[J]. The American Journal of Surgery,2013(5):714-718.

Sannino A. The emergence of transformative agency and double stimulation: Activity-based studies in the Vygotskian tradition[J]. Learning, Culture and Social Interaction,2015(4):1-3.

Scribner S, Cole M. Cognitive consequences of formal and informal education: New accommodations are needed between school-based learning and learning experiences of everyday life[J]. Science,1973(4112):553-559.

Scribner S. Vygostky's use of history [M]// Wertsch J V. Culture, Communication, and Cognition: Vygotskian Perspectives. Cambridge: Cambridge University Press,1985:119-145.

Taylor K, Marienau C, Fiddler M. Developing Adult Learners: Strategies for Teachers and Trainers[M]. San Francisco:Jossey-Bass,2000.

Williamson S N. Development of a self-rating scale of self-directed learning [J]. Nurse Researcher,2007(2):66-83.